Marie-Luise Röschli · Fäden fein gesponnen

Marie-Luise Röschli

# Fäden fein gesponnen

CBB

Christliche Buchhandlung
Rathausgasse 8, CH-5401 Baden

Verlag Christliche Buchhandlung, Baden
Umschlag: Reto Jehli, Foto Studio Jehli AG, Unterägeri
Überarbeitung: Alice Konrad, Unterägeri
Gesamtherstellung:
St.-Johannis-Druckerei, D-77933 Lahr/Schwarzwald
ISBN 3-85614-023-9

## Ein Tag voller Überraschungen

Drrrr, Drrrr, Drrrr! Das Klingeln des Telephons riss mich aus tiefstem Schlaf. Mit einiger Anstrengung gelang es mir, meine Augen leicht zu öffnen. Im ersten Moment hatte ich keine Ahnung wo ich eigentlich war. Doch in dem Augenblick als ich die Kälte spürte, die im Zimmer herrschte, stieg die Erinnerung in mir auf: ich befand mich daheim in meinem Elternhaus. Das aufdringliche Klingeln liess mich nicht lange meinen Gedanken nachhängen. Ich schob die schwere Federdecke nur gerade so weit auf die Seite, dass es mir möglich war, mit meiner Hand den Hörer des Telephons, das auf dem Nachttisch stand, abzuheben.

„Röschli", sagte ich automatisch.

„Oh, das freut mich jetzt, dass Sie sich gerade persönlich melden. Nicht wahr, Sie sind die Schwester von Herrn Krähenbühl? Ich bin Frau Tschachtli", antwortete eine mir völlig unbekannte Stimme.

„Jaa?"

„Wissen Sie, ich übergab Ihrem Bruder die Kleider für Sie und Ihre Familie. Nun liegen bei mir auch noch etliche Lebensmittel bereit, die ich Ihnen sehr gerne schenken würde. Könnte sie wohl jemand bei mir abholen?" fuhr die Frau sogleich fort.

Ich wusste überhaupt nicht, was ich ihr erwidern sollte und in meiner Überraschung vergass ich auch, mich für die Kleider zu bedanken. Die Frau merkte bald einmal, dass ich nicht richtig begriff, wovon sie eigentlich sprach, sie sagte nur noch, dass ich es meinem Bruder mitteilen solle, der wisse schon Bescheid und verabschiedete sich.

Schnell steckte ich meinen Arm wieder unter die Decke. War das eine Kälte! Ich blickte hinüber zu David. Von ihm war nicht viel mehr als die Stirn, die Augen und die Nasenspitze zu sehen.

„Guten Morgen Marie. Hast du gut geschlafen in deinem alten Zimmer?"

„Eigentlich schon. Ich bin nur einige Male erwacht, weil ich fror, besonders an der Nase."

„Mir ging es genau gleich“, antwortete David lachend. „Aber eben, wir befinden uns halt jetzt zu Hause in der Schweiz.

Schlafen die Kinder wohl noch? Ich gehe nachsehen.“

David erhob sich, lief zum Fenster und zog die Nachtvorhänge zurück. „Komm, steh auf und sieh hinaus. Es ist alles weiss. Es hat über Nacht geschneit“, rief er erstaunt aus.

Schweigend blickten wir zusammen durchs Fenster auf die weisse Pracht. Dass es Schnee haben würde bei unserer Heimkehr, nein, das hatten wir wirklich nicht erwartet. Ich lachte leise auf: „Was werden unsere ‚Negerli‘ dazu sagen? Schnee und dann gleich eine solche Menge!“

Gemeinsam gingen wir hinüber ins Zimmer, wo unsere fünf jüngeren, äthiopischen Adoptivkinder immer noch in tiefstem Schlaf unter ihren Decken lagen.

„Hallo Kinder, aufwachen! Es ist Zeit zum Aufstehen!“ rief David laut.

Langsam begannen sie sich zu regen, dann zu blinzeln und sich die Augen zu reiben. Erstaunt setzten sich Muluneh und Mulat auf. Ihnen ging es gleich wie mir vorher, sie konnten sich ebenfalls nicht besinnen, wo sie sich befanden. Während sich langsam eins ums andere aus den Decken schälte, öffnete David weit das Fenster.

„Kommt einmal her zu mir und schaut hinaus“, forderte er seine Jungmannschaft mit denselben Worten auf, wie vorher mich, ans Fenster zu treten..

„Was ist das, Vati? Ist das Schnee?“ fragte Mulat sogleich.

David griff hinaus auf das Fensterbrett, nahm eine Handvoll Schnee, formte einen Ball daraus und reichte ihn seinem fünfzehnjährigen Sohn. Behutsam nahm ihn Mulat in die Hand, um ihn bald darauf seinem um zwei Jahre älteren Bruder weiterzureichen. Der Schneeball wurde von jedem ganz vorsichtig angefasst und begutachtet.

„Was passiert mit dem Schneeball, wenn wir ihn hier im Haus drinnen im warmen Zimmer behalten?“ fragte die elf Jahre alte Genet.

„Dann schmilzt er und zurück bleibt nur ein wenig Wasser“,

erklärte ihr der Vater. „Zieht euch an und kommt hinunter ins Wohnzimmer. Ich rieche Kaffee und denke, Onkel Karli hat bereits das Morgenessen zubereitet."

Wie herrlich, dass mein Bruder, nachdem er aufgestanden war vor zwei Stunden, den Kachelofen eingeheizt hatte, der nun schon eine angenehme Wärme ausstrahlte. Ich setzte mich auf die warme Ofenbank und freute mich am schön gedeckten Tisch. Zahai, mit ihren zwanzig Jahren unsere älteste Adoptivtochter, trug das frisch gebackene Brot herein, welches Karli früh an diesem Morgen in der Bäckerei gekauft hatte. Hinter ihr brachte die achtjährige Falagu die Butter ins Wohnzimmer, ihr folgte der siebenjährige Fetene mit dem gefüllten Marmeladentopf.

„Kommt, setzt euch zu Tisch", forderte Karli uns alle auf. Er musste es nicht zweimal sagen, die feinen Sachen lockten uns zu sehr.

Ich erzählte ihm von dem Anruf, der mich vorhin aus dem Schlaf gerissen hatte und er erklärte mir lachend, dass das die Frau gewesen sei, von der die vielen Kleiderschachteln in der Waschküche stammten, die er mir am Abend vorher gezeigt hatte.

Bevor eines von uns sich aus dem Haus wagen durfte, mussten zuerst die geschenkten Kleider begutachtet werden. Zu unserer grossen Freude hatte es für jedes von uns passende Pullover, Hosen, Mäntel und Winterschuhe darunter. David und ich konnten wieder einmal nur staunen, wie Gott durch andere Menschen auch hier bereits wieder so wunderbar für uns gesorgt hatte. Wir waren erst am gestrigen Abend von unserer langen Seereise von Djibouti nach Rotterdam in die Heimat zurückgekehrt, zusammen mit unseren sechs adoptierten, äthiopischen Kindern. Mein Bruder Karli hatte uns freundlicherweise eine vorläufige Unterkunft in meinem Elternhaus angeboten.

Mit den neuen, warmen Kleidern gut ausgerüstet, liefen wir zusammen hinaus in den Schnee. Unsere Kinder setzten erst einen Fuss in die knirschende Pracht und dann ganz vorsichtig den anderen. Doch schnell verloren sie ihre Unsicherheit und unter grossem Gelächter war bald eine zünftige Schneeballschlacht im Gange, an der sich die ganze Familie beteiligte.

Staunten wir am Morgen schon über die Fürsorge Gottes, so taten wir es kurz vor dem Mittag noch viel mehr. David und Klär, seine Schwester, kamen mit einem vollgestopften Auto von ihrem Besuch bei Frau Tschachtli zurück. Ich traute meinen Augen nicht mehr, als ich alle Lebensmittel sah, die sie ausluden. 12 kg Zucker, viele verschiedene, grosse Pakete Suppen, einige Riesenbüchsen Ravioli, 10 kg Spaghetti, ebensoviel Reis, 12 l Öl, Mehl, Apfelkompott, Marmelade und noch vieles mehr.

„Herr, vergib mir, dass ich auch nur einen Moment lang Angst hatte vor dem Nachhausekommen mit so vielen Kindern“, murmelte ich leise vor mich hin. Ich schämte mich sehr über meinen Kleinglauben, der mir auf dem Schiff für einige Zeit sehr zu schaffen gemacht hatte.

Nach dem ausgiebigen Mittagessen legten wir uns alle ein wenig hin. Die gestrige lange Bahnfahrt von Rotterdam nach Zürich, dem letzten Abschnitt unserer 36 Tage langen Reise, war doch recht strapaziös gewesen. Die vielen neuen Eindrücke beim Willkomm auf dem Bahnhof und in meinem Elternhaus hinterliessen auch Spuren, vor allem bei unseren fünf jüngeren Kindern. Es war doch für sie alles noch fremd. Für Zahai weniger, da sie vor einem Jahr mit uns auf Besuch in der Schweiz weilte.

Ich fand nicht lange Ruhe, mich trieb es bald wieder hinaus in die Waschküche. Ich wollte noch einmal die Kleider durchsehen und aussortieren, was wir gebrauchen konnten. Meine Gedanken kreisten während dieser Arbeit um die Frau, welche alle diese Sachen für uns zusammengestellt hatte.

„Marie, komm bitte herein, es ist Besuch gekommen“, rief Karli.

Ich unterbrach meine Arbeit sofort. Wer konnte uns wohl schon an diesem ersten Nachmittag besuchen kommen?

Hinter dem Esstisch stand David's Vater neben Anita, seiner Enkelin. Er lachte leicht, als er mein Erstaunen bemerkte. Nein, den Vater hatte ich wirklich nicht hier erwartet. David, der gleich nach mir ins Wohnzimmer trat, war ebenso überrascht. Vater und Sohn schüttelten sich kräftig die Hände. Langsam tauchte eins nach dem anderen unserer Kinder auf. Ich beobachtete meinen Schwiegervater. Etwas verlegen reichte er seinen dunkelhäutigen Enkelkindern die Hand. Es war natürlich nicht ganz einfach für den älteren Mann, plötzlich fünf völlig fremden Kindern gegenüber zu sitzen, die zu seiner Familie gehörten. Als endlich Zahai erschien, ging ein lustiges Zwinkern über sein Gesicht. Die wenigstens kannte er und ihr zutrauliches: „Grüezi Grossvater", erfreute ihn. Während des Kaffeetrinkens bemerkte ich, wie er seine drei Enkel und die drei Enkelinnen aufmerksam musterte. Sie schienen einen recht guten Eindruck auf ihn zu machen und ihre natürliche Fröhlichkeit half, die erste Scheu zwischen ihnen zu überwinden. Darüber war ich von ganzem Herzen dankbar.

## Habe ich dir nicht geboten . . .

Unsere Ankunft in der Schweiz fiel gerade auf die Frühlingsferien, vor Beginn des neuen Schuljahres. Besser hätten wir es wirklich nicht treffen können. Auf diese Weise würde sich die Einschulung der jüngeren drei Kinder problemlos lösen lassen. Ich hatte ihnen auf der langen Schiffsfahrt bereits so viel Unterricht erteilt, dass sie deutsch lesen und schreiben konnten. Das Rechnen war einfacher, da war kein so grosser Unterschied zu dem, was sie in Äthiopien gelernt hatten, sie mussten nur die deutschen Zahlen auswendig lernen, dann ging es. David unterwies sie im Umgang mit unserem Geld. Viel Neues stürmte in den letzten Monaten auf unsere Jungmannschaft ein und nun würde es erst recht so weitergehen.

Ich besprach alles mit dem Schulpräsidenten, einem früheren Schulkameraden von mir. Wir vereinbarten, dass Falagu und Fetene in der zweiten, Genet in der vierten Klasse eingeschult würden.

Ein grösseres Problem war, Mulat richtig einzustufen. Er

wollte ja unbedingt einmal studieren und so kam nur die Sekundarschule für ihn in Frage. Ich suchte meinen ehemaligen Lehrer auf, der immer noch unterrichtete. Er hörte mich schweigend an, dann meinte er nach einiger Zeit nachdenklich: ,,Das ist gar nicht so einfach. Wie du mir sagst, kann dein Junge noch nicht besonders gut Deutsch und von vielen Fächern hat er bestimmt keine Ahnung. Meinst du wirklich, dass er einmal an die Universität gehen will?"

,,Ja, daran zweifle ich keinen Moment!" antwortete ich bestimmt.

,,Hm, ja. Also weisst du, in die erste Sekundarschulklasse kann ich ihn nicht aufnehmen, denn da würde er die Prüfungszeit nie bestehen. Aber . . ., ja wir können es in der zweiten Klasse versuchen. Da muss er keine Prüfung mehr machen und wird einfach aufgenommen. Wenn er es schafft, ist es gut, sonst . . . Doch du musst dir völlig bewusst sein, dass es für ihn unbeschreiblich schwer sein wird, da mitzuhalten. Was in meiner Möglichkeit liegt, ihm zu helfen, werde ich, und sicher auch der Klassenlehrer, tun."

Mit einem teils erleichterten, teils aber immer noch schweren Herzen, verliess ich meinen alten Lehrer. Eine Hürde hatte ich genommen, jetzt hiess es für Mulat, die anderen zu überspringen. Ich sprach lange und ernst mit unserem Jungen und versuchte, ihm von den immensen Schwierigkeiten, die auf ihn zukommen würden, ein Bild zu machen. Er blickte mich ruhig an und sagte: ,,Mutti, hab keine Angst um mich, ich bin es gewöhnt zu lernen. Mich reizen die neuen Aufgaben."

,,Ja, das weiss ich und . . . wir haben auch noch einen Herrn, der dir dazu die Kraft geben kann, das wissen wir beide, nicht wahr?"

Mulats Augen leuchteten freudig auf und zuversichtlich nickte er. Er würde es mit Gottes Hilfe schaffen!

,,Morgen gehen wir zusammen mit unseren Schulkindern nach Winterthur, um die Schultaschen einzukaufen. Das Auto von Marlies und Peter ist zwar klein, aber wenn sie nahe zusammenrücken, finden trotzdem alle vier auf der hinteren

Sitzreihe Platz", erklärte David, als ich ihm von meinem Gespräch über die Einschulung berichtete.

Wir befanden uns erst drei Tage in der Heimat und bereits hatte sich für vieles, was mir vorher schwer auf dem Herzen lag, eine Lösung gefunden. Die vier Jüngsten hatten einen Schulplatz und Zahai durfte schon am nächsten Montag in einem Betrieb, in welchem Eier verarbeitet wurden, mit der Arbeit beginnen. Karli's Freundin hatte ihr zu dieser Stelle verholfen. Unsere eigene älteste Tochter und ihr Freund hatten uns ihren fahrbaren Untersatz zur Verfügung gestellt, so dass wir etwas beweglicher waren. Das bedeutete für uns eine grosse Hilfe. Nur noch David und der siebzehnjährige Muluneh, der zu alt war um noch eingeschult zu werden, mussten einen Arbeitsplatz finden.

*Habe ich dir nicht geboten: Sei fest und unentwegt? So lass dir nicht grauen und fürchte dich nicht; denn der Herr, dein Gott, ist mit dir auf allen deinen Wegen.* Josua 1,9.

Dieser Vers war unser Wahlspruch und hatte uns so viele Male Trost und Zuversicht geschenkt. Auch jetzt wieder bewahrheitete sich dieses Wort. Der Herr sorgte für uns hier in der Heimat, genau gleich wie er es in Israel, in Äthiopien und auf der Reise getan hatte. Warum nur wurde mein Herz immer so schnell wieder verzagt und unruhig?

Fröhlich machten David und ich uns am nächsten Morgen mit den vier Schülern im Auto auf den Weg in die Stadt. Lustig winkten sie den zurückbleibenden Geschwistern zu. Ursula und Peter standen mit Muluneh und Zahai draussen vor dem Haus und blickten uns nach. Unsere eigenen zwei Jüngsten kamen natürlich gleich nach Hause, uns zu besuchen. Jetzt wurde in Bruder Karli's Haus der Platz noch ein wenig enger. Ursula würde in zwei Wochen in Baden die Lehre als Pflegerin – und Peter konnte in Zürich als Heizungsmonteur anfangen. Beide hatten noch Ferien und wollten diese Zeit mit uns verbringen. Nur Dave, unser ältester Junge, war noch nicht bei uns aufgetaucht.

„Das ist aber nicht der Weg, der nach Winterthur führt", sagte ich zu David, als ich bemerkte, dass er Richtung Teufen fuhr.

„Das weiss ich selber auch. Aber ich dachte, ich fahre über die Irchelränke nach Flaach. Dort besuchen wir Frau Tschachtli und du kannst dich bei ihr für alles bedanken. Sie hat bestimmt Freude, dich und einige unserer Kinder kennenzulernen."

Die gute Frau traute ihren Augen kaum, als sie uns in ihr Heimatwerkgeschäft eintreten sah. Auch ihre zwei Kundinnen schauten erstaunt drein, als sie unsere vier hellbraunen Afrikaner erblickten.

„Ich möchte Ihnen ganz herzlich danken für alles, was Sie uns geschenkt haben", sagte ich sogleich zu der freundlich lächelnden Frau. „Für uns sind es sehr wertvolle Sachen, die wir gut gebrauchen können."

„Dann ist es ja gut. Sehen Sie, ich habe auch hier im Laden viele Gegenstände, die ich verschenken möchte. In einigen Wochen gebe ich mein Geschäft auf. Sie werden sicher bald eine eigene Wohnung einrichten müssen. Kommen Sie nur später einmal vorbei und lesen Sie alles aus, was immer Sie brauchen können. Lampenschirme, Vorhangstoff und vieles mehr. Sie dürfen mir wirklich ohne Hemmungen sagen, was immer Sie gerne von mir haben möchten."

Mir blieb bei diesem Angebot beinahe der Atem weg. „Wie haben wir nur so etwas verdient? Warum tun Sie das für uns?" stotterte ich.

„Ihr Bruder hat mir von Ihnen und Ihren zehn Kindern erzählt. Das hat mir solchen Eindruck gemacht und Gott hat es mir ganz deutlich gezeigt, dass ich Ihnen helfen soll", erwiderte sie ganz ruhig.

David und ich sahen uns nur sprachlos an. Ja, wir hatten hier den gleichen Gott wie in Äthiopien! Er half uns wieder viel mehr, als wir es uns vorstellen konnten.

„Wohin sind Sie jetzt unterwegs", fragte Frau Tschachtli.

„Wir gehen nach Winterthur, um Schultaschen für diese Vier einzukaufen", antwortete David.

Nur einen kurzen Augenblick besann sich unsere Wohltäterin, dann öffnete sie die Ladenkasse, nahm einen Schein heraus und drückte ihn David in die Hand. Wir getrauten uns kaum, einen Blick darauf zu werfen. Mein Gott! 500 Franken! Wie war so etwas nur möglich?

Mit Tränen in den Augen verabschiedeten wir uns von der guten Frau. Schweigend fuhren wir lange Zeit dahin. Auf einmal sagte David: „Nicht wahr, Marie, es geschehen nicht nur in Afrika Wunder, sondern auch hier in der Schweiz." Ich konnte zu seinen Worten nur nicken.

## Willkommen zu Hause

Am Sonntagmorgen machten wir uns auf den Weg zum Gottesdienst, David und ich mit unseren acht Kindern. Fest eingehüllt in warme Mäntel und dicke Mützen und mit gefütterten Stiefeln an den Füssen, schritten wir durch den knirschenden Schnee. Die sechs Äthioperlein fanden es urkomisch, dass bei jedem Atemzug ein weisses Wölklein aus ihrem Mund in die Luft stieg. Sie machten einander lachend darauf aufmerksam.

„Vati, schau wir rauchen!" rief Falagu kichernd aus.

„Ich will dir! Zeig einmal her, wo hast du die Zigarette versteckt", ging David gleich auf ihren Scherz ein und drohte ihr spassend mit erhobenem Zeigefinger.

Mir war seltsam zumute auf diesem Gang zu unserer Kirche. Wie viele Gottesdienste hatte ich hier während meiner Jugendzeit besucht. Im Friedhof, gleich vor der Kirche, waren auch die Gräber wo meine frühverstorbenen Eltern beerdigt waren. Jetzt durfte ich nach fünfzehnjähriger Abwesenheit mit dem grössten Teil meiner Familie wieder hierher kommen. Ich empfand es als ein ganz besonderes Heimkommen und doch überkam mich eine seltsame Scheu beim Eintritt in das Gotteshaus.

Der alte Mesner bekam kugelrunde Augen als er uns sah. Zu meinem Erstaunen erkannte er mich sofort. „Marie, sind das deine Kinder?" Lachend zeigte er auf unsere Jungmannschaft.

„Natürlich."

„Möchtet ihr gerne die Glocken läuten", wandte er sich gleich den Kleinen zu.

,,Was ist das? Glocken läuten?" fragte Genet leise.

,,Du wirst es schon hören. Komm nur. Du darfst hier auf diesen Knopf drücken", erklärte der Mesner.

Zögernd folgte Genet der Anweisung und als nichts geschah, forderte der freundliche Mann sie auf, es noch einmal, aber etwas kräftiger zu versuchen. Dieses Mal klappte es. Nach wenigen Augenblicken läuteten die Glocken vom Turm herab den Gottesdienst ein.

,,So geht das heute? Früher durften wir hie und da bei Ihnen oben auf dem Turm an den Seilen ziehen", sagte ich.

,,Ja, das ist schon lange her, als du als kleines Mädchen mit langen blonden Zöpfen hier zum Unterricht gekommen bist", erwiderte er, lustig mit den Augen zwinkernd. ,,Und jetzt hast du eine so grosse Familie."

Nicht nur der Mesner, auch die meisten der Gottesdienstbesucher, blickten erstaunt auf die Fremden, die da mehr als eine Stuhlreihe füllten. Aber schon bald hörte ich es hinter mir leise tuscheln: es ist die Marie mit ihrer Familie aus Afrika. David blickte mich grinsend an. Was hast du anderes erwartet, signalisierten seine Augen. Na ja, an das Auffallen musst du dich jetzt halt gewöhnen.

Beim Verlassen der Kirche, nach einem wirklich schönen Gottesdienst, wollten uns viele freundlich die Hände schütteln. Ich hatte Mühe, die Leute zu erkennen und wurde recht verlegen, als einer sagte: ,,Aber, weisst du denn nicht mehr wer ich bin. Wir sind doch acht Jahre zusammen in dieselbe Klasse gegangen!"

Ich blickte ihn genauer an. Im gleichen Augenblick fing ich an zu lachen. ,,Natürlich! Wo hatte ich nur meine Augen. Du bist der Köbi!"

Ich hatte nie gedacht, je wieder in meiner alten Heimat zu wohnen. Mein Leben war so erfüllt gewesen mit interessanten Erlebnissen, dass ich mich überhaupt nicht mehr mit meiner Jugendzeit beschäftigt hatte und deshalb fiel es mir so schwer, mich an die Menschen hier zu erinnern. Später machte mir einmal eine Klassenkameradin den Vorwurf, ich sei stolz geworden und wolle sie nicht mehr kennen. Aber dem war wirklich nicht so und mit der Zeit kamen mir die Leute auch wieder bekannter vor.

Am Montagmorgen läutete es bei uns an der Tür. Ursula ging öffnen und trat mit dem Pfarrer ein, der gestern den Gottesdienst gehalten hatte. Ein wenig befremdete mich dieser schnelle Besuch. Doch er erklärte sogleich freundlich: „Ich bin erst vor einigen Jahren ebenfalls mit meiner Familie von Afrika heimgekehrt und ich weiss, wie seltsam und fremd einem das meiste vorkommt. Ich möchte Sie alle einfach ganz herzlich in unserer Kirchgemeinde willkommen heissen und hoffe, dass Sie sich bald heimisch fühlen hier in Freienstein."

Pfarrer Hofmann interessierten unsere Kinder und er freute sich, als er vernahm, dass Mulat dieselbe Klasse besuchen würde wie eine seiner Töchter und somit auch bei ihm in den Unterricht kommen würde. Er blieb nur kurze Zeit. Beim Abschied drückte er mir wortlos einen Briefumschlag in die Hand. Alle blickten mich gespannt an, als ich ihn öffnete. Darin lagen Fr. 300.– . „Schaut Kinder, wie herrlich Gott für uns sorgt", rief ich laut aus.

David staunte nicht schlecht bei seiner Heimkehr, als er von dem Besucher und seinem Geschenk erfuhr.

Am Morgen in der Früh verliess uns Zahai mit bang klopfendem Herzen. Am Abend kam ein strahlendes junges Mädchen heim. Sie umarmte mich herzlich. „Mutti, alle Leute waren so nett zu mir und ich glaube, ich werde mich an meinem Arbeitsplatz bald eingewöhnt haben", erzählte sie begeistert.

Mir fiel ein schwerer Stein vom Herzen, denn immer wieder gingen meine Gedanken während des Tages zu Zahai und ich fragte mich, wie es ihr wohl ergehe. „Herr, mein Gott, ich danke Dir dafür", sagte ich leise.

Noch sassen wir beim Abendbrot, als sich der nächste Besucher bei uns meldete. Auch er war ein Vertreter unserer Kirche, nämlich der Präsident der Kirchenpflege. Mein Bruder lachte: „Das ist zuviel der Ehre. Am Morgen der Pfarrer und jetzt du."

„Ja gelt, das hast du wohl noch nie erlebt! Aber ich denke, es ist für deine Schwester und ihren Mann wichtig, dass sie spüren dürfen, dass sie mit ihrer Familie in unserem Dorf herzlich willkommen sind", erwiderte Willy Wirth.

„Ja, wir sind dankbar, dass wir bereits so viel Liebe erfahren durften in dieser kurzen Zeit. Das macht uns nicht nur das Eingewöhnen leichter, sondern bestätigt auch unser Gefühl, dass es wirklich Gottes Wille war, dass wir in die Heimat zurückgekehrt sind und das ist wohl das Allerwichtigste für uns." David schien sich über den Besuch sehr zu freuen und schon in diesem ersten Moment des Kennenlernens bahnte sich eine tiefe Freundschaft zwischen ihnen an. Er sagte auch sogleich zu, als Herr Wirth uns einlud, am Mittwochabend um 20 Uhr zu ihnen in den Hauskreis zu kommen.

An diesem Abend hatten wir wieder viel Grund, unserem Herrn für alles zu danken, was er uns durch andere Menschen Gutes getan hatte. Fröhlich sangen wir nach dem Bibellesen und dem Gebet einige unserer alten, englischen Lieder. Sogar Karli sang mit.

## Arbeitssuche

Obschon wir es uns in Äthiopien fest vorgenommen hatten, dass David sich Zeit lassen würde, um einen wirklich guten Arbeitsplatz zu finden, kaufte er sich bereits an unserem zweiten Tag in der Heimat den Tages-Anzeiger mit dem speziellen Stellenanzeiger. Ueberall wo wir hinkamen, drehte sich bald einmal das Gespräch um die jetzige Situation auf dem Arbeitsmarkt. Die Schweiz steckte das erste Mal seit dem zweiten Weltkrieg in einer Krise. Es gab ziemlich viele Arbeitslose und die Angst, den Arbeitsplatz zu verlieren, sass vielen im Nacken. David liess sich davon anstecken und er nahm sich vor, nicht allzu wählerisch zu sein, sondern sogleich zuzugreifen, wenn sich ihm eine rechte Gelegenheit böte.

Vor unserer Abreise in Äthiopien hatte er sich schon mit der BIGA (Bund für Industrie, Gewerbe und Arbeit) in Verbindung gesetzt und die versprachen, ihm bei der Arbeitssuche behilflich zu sein. Als er sich bei dieser Amtsstelle meldete, sandten sie ihm einige Adressen von offenen Stellen. Darunter befand sich diejenige der Firma Rieter in Winterthur. David meldete sich dort und wurde auch zu einem Gespräch vorgeladen. Hoffnungsvoll machte er sich auf den Weg. Niedergedrückt kehrte er zurück.

Er erzählte: „Als ich mich bei der Empfangsdame meldete, wurde ich sofort in ein Büro gewiesen. Dort sass ein älterer Herr hinter dem Schreibtisch. Nach der Begrüssung sagte er unumwunden: ‚Hier sind Sie also! Wir haben Ihre Papiere von der BIGA erhalten. Wir werden Sie anstellen, nur müssen wir jetzt noch irgendwo einen geeigneten Platz für Sie finden.'

Im ersten Moment vermochte ich nichts zu erwidern, dann jedoch fragte ich: ‚Sie würden mich also sozusagen nur gezwungenermassen anstellen? Sie haben gar keinen richtigen Posten für mich?'

‚Ja, so ist es.'

‚Ich glaube, das ist nicht das, was ich suche', antwortete ich mit fester Stimme. Er sollte nicht spüren, wie elend ich mich innerlich fühlte. Ich verabschiedete mich kurz. Mein Besuch in dieser Grossfirma hatte nur wenig Zeit in Anspruch genommen."

„Nimm es nicht zu schwer, du wirst bestimmt etwas Geeignetes finden", sagte ich aufmunternd.

„Ja, das glaube ich auch. Wir hatten es uns doch fest vorgenommen, nichts zu überstürzen. Daran sollten wir uns jetzt auch halten." David lachte mich an. Für den Moment waren die düsteren Wolken am Himmel verschwunden.

Doch einfach nur wartend herumzusitzen ohne etwas zu unternehmen, das vermochte mein tatendurstiger David natürlich auch nicht. Als nächstes sprach er in der Firma Sulzer vor. Mein Bruder Willy hatte es ihm angeraten. Auch dieses Mal war es vergebens. Sie hatten einfach nirgends einen Posten frei, der nur annähernd den Arbeitszeugnissen von David entsprochen hätte. Dieses Mal übergab er mir, halb ernst, halb lachend, eine 50 Frankennote.

„Das ist mein erstes in der Heimat selbst verdientes Geld."

„Wie meinst du das?"

„Nach dem negativen Gespräch bei Sulzer forderten sie mich auf, an der Kasse eine Spesenentschädigung abzuholen. Das hier ist sie."

In der Nacht konnte ich einfach den Schlaf nicht finden, während David neben mir schon längst in allen Tönen schnarchte. Wieder einmal wollte die Angst, das böse Schreckgespenst, von mir Besitz ergreifen. Schwere Gedanken drehten sich in meinem Kopf herum und ich wälzte mich im Bett unruhig von einer Seite zur anderen. Wie, wenn David überhaupt keine Arbeit fand? Was würden wir dann tun? Natürlich hatten wir noch für ein paar Monate genügend Geld. Aber was, wenn das aufgebraucht war? Was, wenn ...?

Mir wurde immer banger zumute und ich konnte kaum noch atmen. Doch plötzlich erinnerte ich mich an unseren Vers: Habe ich dir nicht geboten ... Wie ich diese Worte in mir aufsteigen fühlte, kam mir sogleich auch alles wieder in den Sinn, was wir in den wenigen Tagen unseres Hierseins schon alles für herrliche Führungen erleben durften. Getröstet und voller Hoffnung schlief ich ein.

„Ich möchte einmal Familie Wildberger in Schaffhausen telephonieren und fragen, wie es ihrem Sohn und der Schwiegertochter geht, die einmal einige Tage bei uns in Addis-Abeba wohnten, als sie sich auf der Durchreise befanden", sagte ich am nächsten Morgen zu Karli.

Mein Bruder hatte vor zwei Tagen einen Unfall erlitten und lag mit gebrochenen Rippen im Bett. Nur dank dem, dass ich hier wohnte, musste er nicht in Spitalpflege. Ich sagte ihm auch ganz deutlich, dass das wieder einmal der genaue Zeitplan Gottes war.

„Also meinst du, dass ich jetzt, weil du da bist, verunfallt bin", fragte er grinsend.

„Nein, sicher nicht. Aber ich bin da und kann für dich sorgen. Übrigens kannst du nicht Gott die Schuld geben an deinem Unfall, denn er hat dich nicht geheissen, über das glitschige Brett ins Fenster einzusteigen."

Karli blickte mich nur an, dann erwiderte er: „Ich glaube du hast recht."

Frau Wildberger hatte grosse Freude an meinem Anruf und erzählte gleich, dass ihr Sohn nun in Frankreich lebe und dass sie ein drei Monate altes Kindlein hätten.

„Mein Sohn hat mir sehr viel von Ihnen erzählt. Was machen Sie jetzt hier in der Schweiz?"

Ich berichtete ihr von unserer Rückkehr mit der ganzen Familie. Ihre nächste Frage kam für mich völlig überraschend.

„Hat Ihr Mann schon Arbeit gefunden?"

„Nein und es ist auch nicht so einfach in der jetzigen Zeit etwas Passendes zu finden."

Wissbegierig fragte sie mich aus, was David denn gelernt habe und was er arbeiten möchte. Gerne, ohne dabei viel zu denken, gab ich ihr Bescheid.

„Ich werde es einmal meinem älteren Sohn sagen. Vielleicht weiss er etwas. Jetzt muss ich aber einkaufen gehen." Mit diesen Worten verabschiedete sich Frau Wildberger von mir.

Bereits am nächsten Morgen rief ihr Sohn bei uns an und verlangte David zu sprechen. Er riet ihm, sich doch bei der Firma Escher Wyss in Zürich vorzustellen, es seien einige Stellen offen. David überlegte es sich nicht lange, er rief gleich an, um sich zu erkundigen. Er wurde für den nächsten Tag zu einem Gespräch vorgeladen. An diesem Abend kam er mit einer Anstellung im Sack nach Hause.

„Sie haben mir verschiedene Arbeitsplätze gezeigt. Ich konnte auslesen, was ich wollte", erzählte er mir.

„Für was hast du dich entschieden?"

„Für etwas, von dem ich noch nichts verstehe. Nämlich aus Konstruktionszeichnungen Daten sammeln und in computergesteuerte Bearbeitungsmaschinen einlesen. Ich werde am nächsten Dienstag, also am 22. April 1975, meinem 42sten Geburtstag, bei der Escher Wyss beginnen."

Das war wieder einmal typisch David. Jeder andere würde das auslesen, was er ganz bestimmt beherrschte und mit der Arbeit anfangen, bei der er etwas vorzeigen konnte. Nicht so mein Mann! Ihn interessierte das, von dem er noch nicht wusste, wie es funktioniert.

Nun musste nur noch für den siebzehnjährigen Muluneh

etwas gefunden werden. Das würde nicht ganz einfach sein, denn er verstand von allen sechs Kindern am wenigsten deutsch und hatte dadurch auch am meisten Hemmungen, sich auszudrücken.

Am Samstag waren wir bei einem alten Freund und seiner Familie eingeladen. Hans hatte uns zweimal in Äthiopien besucht und kannte unsere Kinder recht gut. Wir erzählten bei unserem Besuch natürlich auch von all dem, was wir in den letzten Tagen erlebt hatten, aber auch von der Arbeitssuche für Muluneh.

Spontan fragte er ihn: „Hättest du Lust in einer Garage zu arbeiten?"

Etwas überrumpelt von der Frage, konnte Muluneh erst keine Antwort geben. Mulat übersetzte die Frage von Hans ins Amharische. Nach einer Weile antwortete er verlegen: „Wenn du meinst ich kann das. Warum nicht."

Hans rief sogleich seinen Schwager an, der in Zürich eine Autogarage besass und erklärte ihm alles ganz kurz.

„Ich glaube schon, dass er willig ist, jede Arbeit zu machen", hörten wir ihn sagen. Dann nach einem Moment: „Danke, ich werde es ihnen ausrichten."

Zu uns gewandt fuhr er fort: „Mein Schwager sagte, er könne einen arbeitswilligen Burschen gut gebrauchen. Er solle sich am Montagmorgen bei ihm vorstellen."

Wir alle staunten. Nun befanden wir uns noch keine zwei Wochen in der Heimat und schon hatten alle ihren Platz gefunden. David, Zahai und Muluneh durften arbeiten, Mulat, Genet, Falagu und Fetene konnten die Schule besuchen. Uns kam es wieder wie ein Wunder vor.

„Jesus, vergib mir meinen Kleinglauben und meine Zukunftsangst. Du sorgst ja so wunderbar für uns."

Muluneh und David konnten beide am 22. April ihre Stellen antreten – und gleichentags konnte Peter seine Lehre in Zürich beginnen. David musste an seinem ersten Arbeitstag schon ein paarmal leer schlucken, als er auf seinem Anstellungsvertrag las: Stellung: ‚Anreisser'. Welch ein Unterschied zu dem, was er in Äthiopien war: Fabrikationsmanager! Aber er hatte nicht lange Zeit, seinen düsteren Gedanken nachzuhängen, die neue, ungewohnte Arbeit fesselte ihn. Er würde bestimmt nicht lange Anreisser bleiben!

## Das Haus ist schon vergeben!

Nicht nur den Stellenanzeiger, nein auch die Inserate von Wohnungsvermietungen und Hausverkäufen las David vom ersten Tag an aufmerksam durch. Vorübergehend war unser Wohnen bei Bruder Karli eine gute Lösung, aber auf die Dauer würde es nicht gehen mit so vielen Leuten auf derart engem Raum zusammenzuleben. Mein Bruder war zu lange alleine gewesen, als dass er auf die Länge diesen Betrieb ausgehalten hätte und ich wollte auch so schnell wie möglich wieder in eigenen vier Wänden haushalten. Vor allem sehnte ich mich danach, die Kleider in Kästen aufzuhängen und jedem Gegenstand seinen Platz zuweisen zu können. Immer nur alles in Koffern verstauen zu müssen, um es dann wieder mühsam herauszusuchen, war nicht besonders angenehm.

Währenddem ich das Morgenessen zubereitete, blätterte David bereits den Inseratenteil durch.

„Karli, hör mal, hier steht: Alter Hausteil mit zwei Wohnungen an der Dorfstrasse 24 in Freienstein zu verkaufen. Der Preis ist Fr. 90'000.–. Weisst du wo das ist?“

„Nein, ich habe keine Ahnung, aber ich wohne Dorfstrasse 27. Also muss es ganz hier in der Nähe sein.“

„Mich interessiert es. Kommst du nach dem Frühstück mit?“

Natürlich stimmte mein Bruder sogleich zu. Die beiden Männer verliessen gemeinsam das Haus. Nach einer knappen Stunde kehrten sie fröhlich heim.

„Marie, ich habe für uns ein Haus gekauft“, rief David mir gleich beim Eintreten zu.

„Hast du. Wo?“ Das Ganze kam mir nun doch ein wenig zu plötzlich.

„Da unten wo Martha Meier wohnt, der hintere Teil“, erklärte mein Bruder rasch.

„Nein, nein! Aber nicht dort", rief ich tief erschrocken aus.

„Warum nicht dort", fragten Karli und David überrascht, wie aus einem Munde.

„Das. Ja . . ., das kann ich euch nicht so einfach erklären", stotterte ich. „Bitte, David, mach diesen Kauf wieder rückgängig."

„Nein, das kann ich nicht. Wir haben es durch Handschlag versprochen und du weisst doch, das gilt als ungeschriebenes Gesetz. Frau Ritschard hat uns bereits zugesagt, sie wird es niemandem sonst verkaufen, auch nicht für ein höheres Angebot. Wir waren die ersten, die sich dafür interessierten. Ich dachte, du würdest dich freuen, bald ein eigenes Heim zu besitzen." David sagte es leicht eingeschnappt.

„Da gehst du einfach hin und kaufst ein Haus, ohne mich vorher zu fragen, ob ich das will, oder ob es mir gefällt", gab ich völlig ausser Fassung zurück, machte rechtsumkehrt, lief die Treppe hinauf in mein Zimmer und setzte mich auf mein Bett. Ich stützte die Ellenbogen auf meine Knie und barg mein heisses Gesicht in den Händen.

„Nein, dort will ich nicht wohnen, um nichts in der Welt", murmelte ich vor mich hin. Zorn wallte in mir auf über meinen Mann. Wie konnte er nur so etwas tun? Geht einfach hin und kauft ein Haus! Und dann ausgerechnet dort! Dort wo ich unter keinen Umständen wohnen wollte. Aber warum eigentlich nicht? Darüber konnte ich mir selber keine rechte Antwort geben. Ich wusste nur eines, in dieses Haus wollte ich nicht ziehen.

Von dem Moment an, wo wir uns mit unserer Heimreise beschäftigt hatten und ich wusste, dass Bruder Karli uns aufnehmen würde, war ich oft in Gedanken durch die Strassen meines Dorfes spaziert. Ich hatte mir auch Häuser angeschaut und dieses und jenes als zukünftiges Heim für uns sehen können, ohne zu wissen, ob es überhaupt zu kaufen oder zu mieten sei. Einfach so als Wunschtraum. Aber schon in meinen Träumen wusste ich eines ganz gewiss: In dem grossen, in mehrere Hausteile eingeteilten Haus an der Dorfstrasse, würde ich niemals Wohnsitz nehmen. Warum in mir eine solch tiefe Abwehr gerade gegen dieses Haus oder deren Bewohner herrschte, davon habe ich bis heute noch keine Ahnung. Irgendwie muss es mit einer mir nicht mehr bewussten, wahrscheinlich äusserst unangenehmen Kindheitserinnerung zusammenhängen. Ich musste während meiner ganzen Kindheit täglich mehrere Male dort vorbeigehen auf meinem Weg zur Schule oder zum Einkaufen. Und jetzt erstand David ausgerechnet in diesem Haus einen Hausteil! Das konnte und durfte einfach nicht wahr sein!

Ich spürte, dass ich nicht mehr alleine war und hob den Kopf. David sah ein wenig schuldbewusst zu mir herunter.

„Was ist denn nur los mit dir“, fragte er leise, als er mein tränenüberströmtes Gesicht erblickte. „Ich glaubte, ich würde dir eine grosse Freude machen mit meinem schnellen Entschluss und jetzt reagierst du auf diese mir völlig unerklärliche Weise. Kannst du mir nicht sagen was los ist? Warum du gerade dieses eine Haus nicht haben willst?“

Ich schneuzte meine Nase in das Taschentuch, das er mir reichte, dann versuchte ich meine Gedanken in Worte zu fassen. Aber David war nicht fähig, mich zu verstehen und im Grunde genommen ich mich selber auch nicht.

„Komm doch erst einmal mit und sieh es dir an. Ich denke, es gefällt dir. Ich darf den Kauf nicht mehr rückgängig machen. Frau Ritschard vertraut auf meinen Handschlag und sie zeigte eine solch überschwängliche Freude, als sie vernahm, dass ich dein Mann bin und wir mit unseren ‚Negerlein‘ in ihr Haus einziehen würden. Aber weisst du, Marie, wenn es dir dann ganz und gar unmöglich ist, dort drinnen zu wohnen, können wir das Haus immer wieder verkaufen. Das verspreche ich dir.“

Ich trocknete meine Tränen, wusch mir das Gesicht und machte mich mit den gemischtesten Gefühlen mit David auf den Weg, um ‚unser‘ Haus zu besichtigen. Vor der Tür des verkauften Hausteiles musste ich, gleichzeitig mit David, trotz meines Kummers, laut lachen, denn da stand gross geschrieben auf einem Karton: DAS HAUS IST SCHON VERGEBEN!

Elsi Ritschard strahlte, als sie uns kommen sah. Ich erkannte sie gleich wieder. Sie war die älteste Schwester einer Schulkameradin. Stolz zeigte sie uns ihr Heim. Sie erklärte dabei begeistert, es hätten schon viele Leute angerufen und es seien auch einige bereits vorbeigekommen und hätten ihr schon mehr geboten. „Doch versprochen ist versprochen. Ich stehe zu meinem Wort“, sagte sie einfach.

Mir wurde immer elender zumute beim Rundgang durch das Haus. Jeder Raum mit Möbeln überladen. Unmöglich! für meinen Geschmack wenigstens. Die Räume schienen noch niedriger zu sein als in meinem Elternhaus; besonders im Parterre, wo sich das kleine Wohnzimmer mit einem alten, grünen Kachelofen, ein Schlafzimmer, die Küche mit einem Holzkochherd mit zwei elektrischen Kochplatten, eine kleine Toilette und ein Abstellraum befand. Unbeschreiblich düster kam mir die ganze Wohnung vor. Immer weniger sah ich uns darin heimisch werden. Nicht so mein Ehemann. Voll Enthusiasmus stellte er sich das Ganze bereits neu gestrichen und nett eingerichtet vor.

Eine Aussentreppe führte in den ersten Stock hinauf. Die obere Wohnung bestand wiederum aus einer kleinen Küche, in der es auch eine Badewanne gab, einem Wohn- und Schlafzimmer sowie einem Abstellraum ohne Fenster. Die Toilette befand sich draussen auf der kleinen, gedeckten Veranda. Geheizt wurde der Wohnraum mit einem kleinen Kachelofen. Vom ersten Stock ging es eine Treppe höher, hinauf in den Estrich, in dem sich noch ein heimeliges Schlafzimmer befand. Dieses Zimmer war das einzig Positive, das ich an diesem ganzen Haus sehen konnte.

„Warum wollen du und dein Mann das Haus eigentlich verkaufen?“ fragte ich Elsi.

„Weisst, der Nachbar, der dort oben, gleich neben unserem ersten Stockwerk wohnt, mag mich nicht mehr leiden, seit ich in zweiter Ehe meinen Walter geheiratet habe und er tut uns beiden alles nur Erdenkliche zuleide und macht uns das Leben bitter schwer. Mein Walter ist nicht sehr gesund und hält diese schlimmen Spannungen und täglichen Angriffe nicht mehr aus. Seine Firma in Winterthur hat uns eine bequeme und äusserst günstige Dreizimmerwohnung in Aussicht gestellt. Ich bin froh, wenn wir so schnell wie möglich hier weg können.“

Während Elsi so ehrlich von ihren Problemen berichtete, wurde mir immer unheimlicher ums Herz. Zu all dem, dass mir der Hausteil überhaupt nicht gefiel, nun auch noch ein böser Nachbar! David fand wohl auch, dass das, was die Besitzerin da alles erzählte, mich nicht gerade erbaute, sondern eher niederdrückte. Er hatte es plötzlich eilig, ‚unser' Haus wieder zu verlassen.

Ich sprach kein Wort auf dem kurzen Heimweg und auch David schwieg. Zu Hause machte ich mich wortlos daran, das Mittagessen vorzubereiten. Während ich den Salat wusch, kreisten meine Gedanken um das Haus, welches David so voreilig gekauft hatte und um das Gespräch über den bösen Nachbarn. Immer wieder wollten mir die Tränen hochsteigen und ich wünschte mir nichts sehnlicher, als dass noch irgend etwas geschehen könnte, was diesen Kauf vereiteln würde. Vielleicht gelang es uns nicht, das Geld zusammenzubringen. Das wäre die einfachste Lösung. Doch dem war leider nicht so. David's Mutter war sogleich bereit, uns das Fehlende vorzustrecken und auf das Haus eine zweite Hypothek zu nehmen. Mit ihrer und der Hilfe unserer ältesten Tochter, wurde alles innert kürzester Zeit perfekt abgewickelt und bereits nach zwei Wochen gehörte der verhasste Hausteil an der Dorfstrasse 24 uns.

Wenn ich mich auch über die Lösung nicht besonders glücklich fühlte, hatte ich mich doch so langsam an den Gedanken gewöhnt, dorthin zu ziehen. Ich war David schon längst nicht mehr böse. Wie hätte ich es auch sein können, wusste ich doch ganz genau, dass er das Haus nicht aus böser Absicht gekauft hatte, sondern aus Liebe zu mir und unseren Kindern, um für uns so bald wie nur irgend möglich ein gemütliches Heim zu schaffen.

Eines aber versprach mir David hoch und heilig, er würde niemals mehr ein Haus für uns kaufen, ohne mir dieses vorher zu zeigen und mein Einverständnis einzuholen.

## Das Gewitter

Sobald die Ritschards ausgezogen waren, begannen wir umgehend mit der Renovierung unseres Heimes. Wir benötigten vor allem ein grösseres Wohnzimmer. Deshalb brachen David, Willy und Klär die Zwischenwand, die zum Schlafzimmer führte, heraus. Meine Schwägerin und ich fingen an, die mit Farbe übermalten, getäferten Wände in mühseliger Arbeit abzulaugen, sie auf diese Weise in den Naturzustand zu versetzen und sie nach dem Trocknen zu lackieren. Die Veränderungen im Haus wirkten sich auf meinen Gemütszustand so positiv aus, dass ich immer zufriedener wurde über David's Hauskauf, und ich konnte es ihm sogar sagen. Bis alles mehr oder weniger hergerichtet war, wohnten wir immer noch oben bei Onkel Karli, in meinem Elternhaus.

Eine der ersten Arbeiten, die David und Willy in Angriff nahmen, war, ein Loch in die Küchendecke zu sägen, damit wir über eine kleine Stiege ins Obergeschoss gelangen konnten. Ich wollte die Eingangstüre, die von draussen hereinführte, abgeschlossen halten. Peter und Mulat, die im ehemaligen Wohnzimmer des ersten Stockes schliefen, sollten nicht kommen und gehen können wie es ihnen gerade passte, sondern denselben Eingang benutzen wie wir anderen auch.

Ich war froh, so vollbeschäftig zu sein mit dem Herrichten unserer Wohnung, denn mir kam es am Anfang recht komisch vor, dass ich als einzige der Familie nichts besonderes zu tun hatte. In Äthiopien war ich erst auf der Farm mit den Tieren, nachher in der Stadt mit dem Stoffbedrucken und dem Souvenirladen voll ausgelastet gewesen und hatte auch Kontakt mit vielen Menschen. Jetzt war ich plötzlich nur noch Hausfrau und Mutter und diese zwei Posten füllten mich bei weitem nicht aus. Ja, es kam sogar so weit, dass ich eifersüchtig war auf Zahai, Muluneh und Peter, die alle mit ihrem Lohn einen Teil zum Unterhalt der Familie beitragen konnten. Als Zahai freudestrahlend ihren ersten Lohn nach Hause brachte, konnte ich mich fast gar nicht mit ihr darüber freuen. Nur mit Mühe gelang es mir, sie in die Arme zu nehmen und sie für ihren Einsatz an der

Arbeitsstelle zu loben. Ich kam mir so schrecklich nutzlos vor. David schalt mich zwar nachher liebevoll aus, als ich ihm mein Leeregefühl bekannte. Er meinte: „Wenn du nicht so gut haushalten und für uns sorgen würdest, dann könnten wir noch so viel Geld nach Hause bringen, es würde trotzdem nicht genügen. Also trägst du einen guten Teil zu unserem Wohlergehen bei.“ Aber die Leere blieb trotzdem.

Sogar der gefürchtete Nachbar entpuppte sich als gar nicht so schlimm. Er war und blieb zwar ein Sonderling, aber er grüsste uns immer freundlich und sprach sogar hie und da ein paar Worte mit den Kindern. Ich erfuhr dann später, dass er, vor unserem Einzug, weit mehr Angst vor uns und unserer grossen Familie hatte als wir vor ihm. Die Nachbarsleute, deren Eingangstür direkt neben der unseren war, freuten sich auf uns. Trudy Wiederkehr, die mit ihrem Mann hinter uns wohnte, versorgte uns freundlicherweise schon während unserer Umbauarbeiten mit heissem Kaffee. Schon bald konnte ich überhaupt nicht mehr verstehen, warum mich der Kauf dieses Hauses in solch panische Angst versetzt hatte. Ich hatte David Vorwürfe gemacht anstatt mich bei ihm zu bedanken, das tat mir im nachhinein leid.

An einem wunderschönen, heissen Sommertag, Mitte Juni, war ich mit dem Malen der Küche beschäftigt. Der Schweiss rann mir in Strömen übers Gesicht. Ich nahm nur zu gerne Trudy's Einladung zu einem Glas kalten Eistee an. Müde setzte ich mich zu ihr unter den aufgespannten Sonnenschirm. Wie immer wusste sie alle Neuigkeiten vom Dorfleben zu erzählen. Ich hörte ihr schweigend zu, kannte ich doch die wenigsten Leute von denen sie sprach. Bald gesellte sich Herr Schwarz zu uns, ein Rebbauer, dem alle anderen Hausteile gehörten. Ich erkundigte mich nach seinem Weinberg und den Feldern.

„Es steht alles bestens, das Korn fängt bereits an zu reifen. Die Ernte wird dieses Jahr sehr früh sein und es wird auch eine wunderbare Weinlese geben“, antwortete er glücklich.

Schon während ich oben bei meinem Bruder für meine Familie das Nachtessen vorzubereiten begann, wurde es immer düsterer in der Küche. Es schien sich am Himmel etwas anzubahnen. Immer dunklere Wolken zogen sich drohend zusammen und ich atmete richtig auf, als David mit den drei Kindern von der Arbeit nach Hause kam.

„Falagu, ruf Karli zum Essen herein! Er befindet sich noch im Garten", befahl ich unserer Jüngsten. Flink sprang sie hinaus zu ihrem geliebten Onkel.

„Puh, ist das jetzt plötzlich eine komische Stimmung draussen. Es ist auch völlig windstill und schwül. Ich bin froh, hast du zum Essen gerufen, es ist gar nicht mehr gemütlich", meinte mein Bruder beim Hereinkommen.

Kaum sassen wir um den Tisch herum, erhellte der erste grelle Blitz unser Wohnzimmer bis in die hinterste Ecke. Ein furchtbarer Donnerschlag folgte.

„Mein Gott, der Blitz hat sicher irgendwo eingeschlagen", rief David laut aus. Nun folgte Blitz auf Blitz und ein Donner dröhnte heftiger als der andere. Wir waren alle bleich geworden und blickten einander erschrocken an. Die Kinder rückten ängstlich zusammen, weil sie sich fürchteten. Das war einfach grauenhaft, wie es draussen tobte. Die Bäume neigten sich bei dem plötzlich aufkommenden Sturm beinahe bis zum Boden. Die Schleusen des Himmels öffneten sich und ein unbeschreibliches Hagelwetter ging los. Baumnussgrosse Hagelkörner prasselten einige Minuten lang trocken auf die Erde nieder und zerschlugen Blumen und Gemüse. Einen Moment lang schien das Unwetter einzuhalten, dann fing es an zu giessen, wie ich es noch nie gesehen hatte.

„Jetzt möchte ich nicht irgendwo draussen sein", sagte Karli laut in die im Wohnzimmer herrschende Stille hinein.

„Nein, da können wir schon Gott danken, dass wir hier in der gemütlichen, sicheren Stube sein dürfen", gab ich zurück.

Endlich beruhigte sich das Inferno, die Blitze zuckten weniger grell, der Donner dröhnte leiser und der Regen schien etwas nachzulassen. Wir fingen wieder an, uns wohler zu fühlen.

„Mulat, hole bitte noch eine Schüssel Kartoffeln aus der Küche. Sie steht auf dem Kochherd", bat ich.

Mulat öffnete die Türe zur Küche, machte einen Schritt

hinein, dann schrie er auf: „Mutti, Karli, die ganze Küche ist voll Wasser!“

Mit einem Satz sprangen wir auf und eilten alle zur Küche. Mulat hatte nicht übertrieben: die ganze Küche stand unter Wasser. Wo kam denn das her? Unsere Blicke gingen zur Hintertür. Ja, wirklich unter der Tür drückte das Wasser herein.

„Schliesse die Wohnzimmertüre zu, ich mache die vordere Küchentüre auf, damit das Wasser abfliessen kann. Ich muss nachsehen was los ist“, rief Karli. Mit Riesenschritten sprang er durch die Küche hindurch zur Vordertüre hinaus, die in die Scheune führte.

Nur einen kurzen Moment später kam er genau so eilig wieder hereingerannt. „Ich muss die hintere Türe öffnen, sonst drückt der schmutzige Wasserstrom sie ein, der sich von der oberen Strasse die Gartentreppe herunterwälzt. Die Hagelkörner haben alle Abläufe verstopft. Am besten bleibt ihr im Wohnzimmer. Gebt acht, dass nicht auch dort zuviel Wasser hereinfliesst“, befahl er uns.

Die Kinder und ich folgten dem Befehl. Nur David blieb draussen bei Karli, um ihm zu helfen. Ich rollte in der Stube den Teppich zusammen und wartete ungeduldig darauf, ebenfalls hinausgehen zu können um mitzuhelfen. Aber es war auch wichtig, dass ich bei den Kindern blieb, denen es recht unheimlich zumute war. Wie aufgescheuchte Hühner sassen sie auf der Ofenbank und auf dem Sofa. Es ging gar nicht lange, bis auch ins Wohnzimmer schmutzigbraunes Wasser eindrang. Glücklicherweise hielt es sich in Grenzen. Dank dem, dass wir eine Hinter- und Vordertüre in der Küche hatten, floss der Wasserstrom nur durch die Küche hindurch und richtete nicht allzuviel Schaden an.

Als wir endlich hinausgehen durften, begannen wir im Eiltempo mit allen zur Verfügung stehenden Tüchern und Putzlappen den gröbsten Schmutz und das stehende Wasser aufzuwischen. Richtig sauber machen, das mussten wir auf den nächsten Morgen verschieben, wenn alles einigermassen trocken und der Schaden abzuschätzen war.

Uns trieb es auch mit aller Macht hinaus. Wir mussten doch zu unserem Haus hinunter, um zu sehen, was das Unwetter dort für Schaden angerichtet hatte. Der Regen hatte völlig aufgehört und bereits strahlte wieder die Sonne von einem beinahe wolkenlosen Himmel. Aber wie sah es nur auf der Strasse und in den Gärten aus! Vom Berg herunter wälzte sich ein breiter Strom schmutziges Wasser, in dem viele Äste und Zweige sowie kleine und grössere Steine mitgerissen wurden; es sah richtig gefährlich aus. Aber wir mussten die Strasse überqueren, um zu unserem Haus zu gelangen. Vor unserem Gärtchen blieben wir stehen. Alles, was ich mit Begeisterung gepflanzt hatte und was noch am Nachmittag eine Augenweide war, lag völlig zerstört und von den Hagelkörnern zerschlagen da. Von den Tomaten verblieben nur noch die blätterlosen Stöcke, die an Stecken aufgebunden waren. Mir stiegen die Tränen hoch als ich die ganze Bescherung sah. Aber wenigstens war in unserem Haus noch alles beim alten geblieben und nichts wurde überschwemmt.

Die Feuerwehr befand sich im vollen Einsatz. Überall mussten verstopfte Abläufe freigelegt und mit Wasser gefüllte Keller ausgepumpt werden. Einer dieser Feuerwehrmänner kam mir bekannt vor. Ich blickte genauer hin und erkannte Herrn Schwarz, der mir am Nachmittag so begeistert von der in Aussicht stehenden Ernte erzählt hatte. Er schaute mich an und sagte nur tieftraurig: „Es ist alles kaputt gegangen. Nichts ist mehr ganz geblieben.“ In seinen Augen sah ich es verdächtig schimmern.

„Wie klein ist doch der Mensch und wie zerbrechlich die ganze Natur, wenn die Urgewalt eines Sturmes über sie derart hinwegfegt wie soeben“, sagte David nachdenklich.

## Schulzeit

Unsere vier Jüngsten sassen im Wohnzimmer hinter ihren Aufgaben. Ich musste sie niemals anhalten zu lernen. Es war für sie alle völlig selbstverständlich, dass zuerst die Schulaufgaben dran kamen und sie erst nachher hinaus durften, um mit ihren Freunden zu spielen.

Am ersten Schultag begleitete ich die drei Kleinen – wie wir sie meistens nannten – zur Schule. Es war weder Genet, Falagu, Fetene noch mir so ganz geheuer zumute, als wir zusammen nach Rorbas, ins Nachbardorf, gingen. Aber jedes versuchte, es vor dem anderen zu verstecken. Die Schüler der Unterstufe wurden dort, diejenigen der Oberstufe in Freienstein unterrichtet.

Wie würden wohl meine drei ‚Negerlein' aufgenommen werden? Fänden sie bald Freunde oder würden sie Aussenseiter bleiben, oder gar ausgelacht werden wegen ihrer braunen Hautfarbe? Würde die Umstellung von der äthiopischen zur Schweizerschule nicht ein zu schweres Problem für sie? Das waren so die bangen Fragen, die mich beschäftigten.

Doch wieder einmal wurde ich, wie so oft, von Gottes Liebe überwältigt und durfte darüber staunen, wie wunderbar Gott für uns sorgte. Bereits am ersten Tag warteten vor 13.00 Uhr für jedes von unseren Kleinen ein Klassenkamerädlein vor der Haustür, um sie zur Nachmittagsschule abzuholen. Ach, warum machte ich mir nur immer zum voraus solch unnütze Sorgen? Wann lernte ich es endlich einmal, ganz einfach Gott zu vertrauen bis ins kleinste Detail?

Jedes der Kinder kam in seiner Klasse recht gut mit. Eine Lehrerin gab ihnen am Mittwochnachmittag zwei Stunden Extraunterricht in Deutsch, was ihnen natürlich sehr nützte und weiterhalf. Besonders Genet brachte bald nach jeder Prüfung gute Noten nach Hause.

Mulat büffelte in jeder freien Minute an seinen Aufgaben. Oft musste ich ihn sogar zwingen, einmal für eine Verschnaufpause hinaus an die Sonne, oder ins Schwimmbad zu gehen. Er lernte mit vollem Einsatz und hatte bereits tolle Fortschritte gemacht. Sein Klassenlehrer forderte ihn auf, dreimal in der Woche schon um 7.00 Uhr zur Schule zu kommen, damit er ihm in den Fächern, in denen er noch Schwierigkeiten hatte, helfen konnte. Dank dieser unentgeltlichen Unterstützung von Herrn

Kägi hatte er praktisch keine Probleme, dem Unterricht zu folgen.

An einem herrlichen Sommertag fand der Sporttag aller Klassen statt. Unsere Kinder hatten noch nie so etwas erlebt und machten mit grosser Begeisterung überall mit. Für sie war alles noch ein richtiges Spiel und Ehrgeiz ein völliges Fremdwort. Vielleicht sprangen sie gerade deshalb so leichtfüssig davon, kletterten an vorderster Stelle auf die Stange und warfen die Bälle am weitesten.

Dass sie zum Mittagessen nicht nach Hause mussten, sondern gleich an Ort und Stelle verpflegt wurden, war etwas ganz Besonderes. Die auf dem Grill gebratene Wurst, ein Stück frisches Brot und ein Glas mit kühlem Süssmost schmeckten herrlich.

Wunderbar gestärkt ging es am Nachmittag weiter mit dem Staffettenlauf und einigen Gruppenwettkämpfen. Bald schon merkten die Mitschüler, dass sie meistens gewannen, wenn einer der Afrikaner in ihrer Gruppe mitspielte. Niemanden verwunderte es deshalb, dass immer und in allen Disziplinen, die Namen der dunkelhäutigen Kinder zuerst aufgerufen wurden.

Mit Spannung wurde die Preisverteilung erwartet. „Erster im Fünfzigmeterlauf der Zweitklässler: Fetene Röschli." Begeistert wurde geklatscht. Erste im Fünfzigmeterlauf der Zweitklässlerinnen: Falagu Röschli. Der Applaus wurde noch stärker. Erste im Hundertmeterlauf der Viertklässlerinnen: Genet Röschli. Jetzt hörte das Klatschen fast nicht mehr auf. Den Tausendmeterlauf der Sekundarschüler hatte Mulat Röschli gewonnen. Vor Freude über diesen Sieg, schrien seine Freunde lauthals: „Bravo." Beinahe in jeder Disziplin im Rennen holte eines unserer Kinder den ersten Preis. Sicher gab es auch hie und da einen schwer enttäuschten Zweiten, wenn einer bis jetzt noch nie einen echten Gegner gehabt hatte, aber im grossen Ganzen freuten sich alle mit.

David und ich waren nicht wenig stolz über den Erfolg unserer Jungmannschaft. Mit Freude zeigten sie uns ihre glänzenden ‚Goldmedaillen'. Sie hatten ihrem Heimatlande Ehre gemacht. Die Äthiopier waren schliesslich schon seit einigen Jahren, vor allem in den Zehntausendmeter-Läufen Olympiasieger, und Ababa Bekele das grosse Vorbild jedes sportbegeisterten Schulkindes. Von diesem Tag an, das war ja klar, wurden unsere vier Jüngsten richtige Sportfans.

Am Abend vor der ersten Schulreise konnten Fetene und Falagu vor Aufregung beinahe nicht einschlafen. Die Gedanken an den morgigen Tag kreisten in ihren Köpfen. Wie würde die Reise mit der Lehrerin, einer Mutter als Begleiterin und den Kameraden wohl verlaufen? War der Uetliberg ein hoher Berg? Es hätte auch einen Turm dort oben, hatte die Lehrerin erzählt. Für alle anderen war es bestimmt nicht ein solch grosses Ereignis, denn die hatten letztes Jahr schon an einer Schulreise teilnehmen dürfen.

Die Rucksäcke waren bereits gepackt. Ich hatte versprochen, die Brote und die Würste dann am Morgen früh noch zu richten. Falagu musste immer wieder aufstehen und in ihrer Geldtasche nachsehen, ob das Fünffrankenstück, welches sie von mir als Sackgeld erhalten hatte, wirklich noch drinnen steckte. So reich war sie noch nie. Nicht einmal teilen musste sie es mit dem Bruder, denn Fetene hatte, was für ein Glück, ebenfalls ein gleiches, glänzendes Geldstück erhalten. Endlich, es war schon bald 23.00 Uhr, wurde es ruhig im Haus.

Bevor nur eines der anderen sich den Schlaf aus den Augen gerieben hatte, waren die beiden schon völlig munter. Sie wollten auf keinen Fall die Abreise verpassen. Sie mochten es kaum erwarten, bis das Frühstück endlich fertig war und ich den Proviant bereitgemacht hatte und der Zeiger an der Uhr gegen 8.00 Uhr rückte. Die beiden kamen mir vor wie zwei ungezähmte Füllen, die ungestüm warteten, bis endlich die Stalltür geöffnet würde und sie hinausstürmen durften. Ich blickte ihnen nach, wie sie zusammen mit ihren Freunden eilig die Strasse hinunter gingen. Was würden sie wohl alles erleben an diesem Tag?

Zwei müde, aber überglückliche Zweitklässler kamen gegen Abend von ihrem Ausflug zurück. In den Händen hielt jedes von ihnen ein kleines Päcklein.

„Schau Mutti, das ist für dich“, sagte Falagu, „wir haben das von unserem Geld für dich im Laden unten gekauft.“ Beide streckten mir strahlend ihr Geschenk entgegen.

„Ihr bringt mir von eurer Schulreise etwas mit?“ Ungläubig blickte ich die beiden an.

„Ja, wir hatten es so schön heute und du musstest zu Hause bleiben und arbeiten, da dachten wir, du hättest sicher Freude, wenn wir dir etwas kaufen würden. Wir brauchten nicht viel Geld für uns. Mach es doch endlich einmal auf und sieh nach was es ist und ob es dir gefällt.“ Die kleine Wortführerin wurde langsam ungeduldig.

Behutsam öffnete ich das erste Päcklein. Zum Vorschein kamen drei bunt bemalte Trinkgläser. „Sind die hübsch! Vielen, vielen Dank!“ rief ich vor Freude aus. Das zweite Päcklein enthielt noch einmal dasselbe.

„Fetene und Falagu, ich kann euch gar nicht beschreiben, was für eine riesige Ueberraschung und grosse Freude ihr mir mit diesen Geschenken bereitet habt. Das Geld war ja für euch und ihr hättet es für Schleckzeug ausgeben können. Das habt ihr nicht gemacht, sondern mir etwas heimgebracht.“ Ich nahm die beiden über die gelungene Überraschung überaus glücklichen Kinder nacheinander in die Arme und gab jedem einen Kuss, während mir Tränen der Rührung in die Augen stiegen. Gab es wohl noch eine andere Mutter hier in unserem Dorf, die heute auf dieselbe Art von ihren Kindern beschenkt wurde wie ich?

Beim Nachtessen wussten die beiden viel von ihrer Schulreise zu erzählen. Alles hatten sie einfach herrlich gefunden. Die Reise mit der Bahn nach Zürich, den Spaziergang hinauf auf den Berg, das Braten der Würste zum Mittagessen, das Spielen zusammen, und dann erst die Fahrt mit der Bahn den Berg hinunter. Es war für sie wirklich ein toller Tag gewesen. Als ich dann vor allen Familienmitgliedern noch von der gelungenen Ueberraschung und meiner unbeschreiblichen Freude berichtete, kannte ihre Seligkeit beinahe keine Grenzen mehr.

An diesem Abend war mein Herz mit einer grossen Dankbarkeit erfüllt über das unermessliche Geschenk, das Gott uns mit den sechs uns anvertrauten Kindern gemacht hat.

## Die Adoption

Da die Schweiz kein Rechtsabkommen mit Äthiopien besass, galt die in Äthiopien durchgeführte Adoption hier nicht. Wir mussten die Kinder noch einmal nach Schweizerrecht neu adoptieren. Langsam wurde es Zeit damit, denn Zahai würde im September ihren zwanzigsten Geburtstag feiern und das Ganze musste noch vorher über die Bühne.

Ich fing an herumzutelephonieren. In Bern teilten sie mir mit, dass sie die Geburtsurkunden noch einmal hätten an die Schweizerbotschaft in Addis-Abeba zurücksenden müssen, da sie nur in Amharisch und Englisch ausgestellt gewesen seien. Konnte wirklich dort im Auswärtigen Amt in Bern niemand englisch? David und ich ärgerten uns über die verlorene Zeit.

Beim nächsten Anruf erklärten sie mir, dass sie das eingereichte Adoptionsgesuch schon längst nach Schaffhausen weitergeleitet hätten, da wir ja dort heimatberechtigt seien. Ich solle auf dem Rathaus einmal anfragen, wie weit sie mit den Papieren wären.

Es brauchte verschiedene Anrufe, bis ich endlich mit dem für Adoptionen verantwortlichen Mann verbunden wurde. Ich erklärte ihm, um was es ging. Erst hörte er mir schweigend zu, dann plötzlich sagte er sarkastisch: „Ach so, jetzt komme ich nach, Sie sind die Spinner, die sechs afrikanische Kinder adoptieren wollen!“

Im ersten Moment verschlug es mir beinahe den Atem. Doch dann antwortete ich, mich zur Ruhe zwingend: „Ja, wir sind die Spinner!“

„Hm, na ja . . .“ Es schien dem Herrn am anderen Ende des Drahtes nicht mehr ganz wohl zu sein, dass ihm die unbedachte Äusserung über die Lippen gerutscht war. „Ja . . ., Sie müssen sich an das Bezirksgericht Bülach wenden, denn seit kurzem ist der Wohnort für Adoptionen zuständig.“

Obschon es mich ärgerte, dass die in Bern mir nicht schon die richtige Adresse angeben konnten, war ich doch von Herzen froh, dass wir es nicht mit dem Mann von Schaffhausen zu tun hatten. Und es tat auch gut, zu wissen, wie sie auf Ämtern über uns dachten. Spinner waren wir also!

In Bülach wurde mir, zum ersten Mal, wenigstens freundlich mitgeteilt, dass die Papiere so schnell wie möglich behandelt und dann nach Freienstein weitergeleitet würden. So hiess es für uns also: weiterwarten.

Glücklicherweise dauerte es nicht allzu lange, bis wir eine Vorladung vom Gemeinderat erhielten. Wir sollten am Freitagabend, den 21. Juli 1975 mit allen unseren zehn Kindern, um 20.00 Uhr im Gemeinderatszimmer zu einer Besprechung erscheinen.

Für diesen wichtigen Anlass konnten sich unsere drei auswärts wohnenden Kinder ohne Probleme den Abend frei machen. Es war das erste Mal, dass wir als ganze Familie wieder zusammenkamen. David und ich musterten unsere zehn Kinder aufmerksam, bevor wir uns auf den Weg in die Gemeinderatskanzlei begaben. Ja, sie durften sich sehen lassen!

Wir wurden schon vor dem Eingang vom Gemeindeschreiber erwartet. Er begrüsste uns freundlich und führte uns ins Sitzungszimmer. Ausser dem Gemeindepräsidenten befand sich dort noch einer der Gemeinderäte. Es mussten drei Zeugen anwesend sein. Wir wurden aufgefordert, uns um den mächtigen Tisch zu setzen. Nur gerade ein einziger Stuhl blieb leer.

Nachdenklich blickte der Präsident auf unsere bunte Schar, bevor er die Sitzung eröffnete. Erst sprach er zu unseren eigenen vier Kindern. Er machte ihnen klar, dass, wenn sie sich jetzt zu der Adoption der sechs äthiopischen Kinder bereit erklären würden, sie dann auch wissen müssten, dass diese, genau wie sie, einmal erbberechtigt wären.

„Wenn ihr damit einverstanden seid, dass eure Eltern diese sechs Kinder adoptieren, dann unterschreibt bitte dieses Formular da.“ Er reichte das Dokument an Marlies weiter. Eines nach dem anderen unterschrieb ohne zu zögern.

Dann wandte er sich an die anderen sechs: „Wenn ihr in

Zukunft die Kinder von David und Marie-Luise Röschli sein wollt, dann müsst ihr hier unten unterschreiben." Er übergab das Schriftstück dem Gemeindeschreiber und der legte es erst Zahai, dann Muluneh, nachher Mulat, danach Genet vor. Jedes setzte seine Unterschrift darunter. Ohne auf die zwei Jüngsten zu achten, brachte er es dem Gemeindepräsidenten zurück.

„Ich habe noch nicht unterschrieben", meldete sich da Fetene energisch und Falagu sagte ebenfalls entschlossen: „Ich auch nicht. Wir wollen ebenfalls unterschreiben."

Lachend reichte der Präsident das Schreiben über den Tisch hinweg den beiden zu. „Na also, wenn ihr unbedingt wollt. Ich dachte, ihr wäret noch zu klein."

Mit heissen Backen unterzeichneten die beiden das für uns alle wichtige Dokument. Alle anderen Anwesenden mussten krampfhaft das aufkommende Lachen unterdrücken.

„Sie werden dann Bericht vom Bezirksgericht Bülach erhalten, wenn alles rechtskräftig ist und Sie das Familienbüchlein nach Buchberg, Ihrer Heimatgemeinde senden müssen, damit die Eintragungen dort gemacht werden können." Dem Gemeinderatspräsidenten sah man an, dass er an der soeben beendigten Amtshandlung seine wahre Freude hatte. Für ihn waren wir bestimmt keine Spinner!

Nachdenklich schritten David und ich hinter unseren zehn Kindern her zurück zu unserem Haus. Ich griff nach seiner Hand und drückte sie fest.

„So Schatz, nun sind sie endlich auch auf dem Papier unsere Kinder geworden", sagte David mit einem Strahlen in den Augen.

„Ich freue mich sehr darüber. Wenn ich diese stattliche Schar da vorne betrachte, steigt in meinem Herzen eine tiefe Dankbarkeit auf für unseren Herrn, der uns alle diese Kinder geschenkt hat", erwiderte ich leise.

„Mir geht es ebenso. Ich bin richtig glücklich."

Plötzlich fing David laut zu lachen an. Ich blickte erstaunt zu ihm hoch.

„Erinnerst du dich noch an die Briefe, die wir an den Gemeinderat von Buchberg geschrieben haben von Äthiopien aus, mit der Bitte, uns bei der Adoption der sechs Kinder behilflich zu sein? Wir erwarteten beide, dass meine ehemaligen Schulkameraden alles tun würden, um uns zu helfen. Wir erhielten zu unserem Befremden nie eine Antwort. Nun werden sie nicht einmal gefragt, ob sie einverstanden sind mit dieser Adoption, sondern erhalten nur den rechtsgültigen Bescheid vom Bezirksgericht und müssen die Eintragung ins Bürgerrechtsregister machen. Sechs ‚Negerlein' sind Bürger von unserem kleinen Heimatdorf! Das hat es bestimmt noch nie gegeben." Ich stimmte fröhlich in sein Lachen ein.

Bevor wir bei Kuchen und Getränken den Abschluss dieses ereignisvollen Abends feierten, holten wir noch die englischen Gesangbücher vom Büchergestell herunter. Wir wollten zuerst mit Singen, Bibellesen und Beten unserem Herrn für alles danken, was er auch jetzt an diesem Abend wieder für uns getan hatte. Das war für alle von uns im jetzigen Moment das Wichtigste. Schon lange hatte unser Gesang nicht mehr so kräftig getönt wie an diesem Abend.

„Gelobt sei unser Herr Jesus Christus. Ihm gehört Preis, Ehre und Dank für alles! Amen."

## Die Versuchung

Jedes unserer Kinder erhielt ein kleines Taschengeld. Pro Schuljahr 50 Rappen in der Woche. Das war bestimmt nicht gerade viel, aber sie kamen eigentlich ganz gut damit zurecht, denn immer, wenn sie etwas Ausserordentliches brauchten, durften sie kommen und es sagen.

Ich war es gewohnt, ein genaues Kassenbuch über alle Ausgaben zu führen. Auch über die täglichen Einkäufe. Auf diese Weise wusste ich immer auf den Rappen genau, wieviel Geld ich zu Hause hatte. Es war mir fast zu einem lieben Hobby geworden. Als ich vom Einkaufen nach Hause kam, setzte ich mich gleich hin, nahm das Kassenbuch hervor, begann die Eintragungen vorzunehmen und das Geld nachzuzählen. Es fehlten fünf Franken. Komisch, ich hatte doch nichts anderes gekauft, als ich auf dem Zettel hatte. Ich begann noch einmal nachzurechnen. Ja, es stimmte wirklich, fünf Franken fehlten. Ich nahm es nicht allzu tragisch. Vielleicht hatte ich vorher bereits einmal einen Rechenfehler gemacht und es nicht gemerkt. Jetzt hatte ich nicht Zeit es nachzurechnen.

Am nächsten Tag passierte wieder dasselbe. Dieses Mal fehlten zwei Franken. Also nein, das gibt es doch nicht! Ich kann mich doch nicht jeden Tag verrechnen! Mir wurde es richtig ungemütlich zumute. Haben wir einen Dieb im Haus? Aber wer könnte es denn sein? Ich beschloss, niemandem etwas zu sagen, jedoch von jetzt an sehr wachsam zu sein. Ich zählte ganz genau das Kleingeld in meiner Geldtasche und war eigentlich am nächsten Morgen gar nicht verwundert, als schon wieder ein Geldstück fehlte.

Am Abend kam Zahai zu mir und sagte etwas verlegen: „Mutti, ich weiss nicht wie ich es dir sagen soll, aber ich glaube mir fehlt Geld."

„Was, dir auch!"

„Was heisst das, Mutti? Geht es dir ebenso?"

„Ja!"

„Meinst du, wir haben einen Dieb im Haus?" Zahai blickte mich tief erschrocken an. „Wer könnte es sein?"

„Ich weiss es wirklich nicht", erwiderte ich traurig, „aber es muss eines von unseren Kindern sein, sonst ist ja niemand in unserem Haus. Lass gegen niemanden etwas verlauten, ich finde es bestimmt heraus."

In dieser Nacht schlief ich unruhig. Immer wieder stieg in mir die Frage auf: „Wer stiehlt? Und warum?" David spürte, dass mich etwas beschäftigte und fragte: „Was ist los? Warum kannst du nicht einschlafen? Es ist ja bereits ein Uhr."

Ich hatte es mir so fest vorgenommen, ihn nicht mit dieser Geschichte zu behelligen bevor ich wusste, was eigentlich los war. Jetzt jedoch konnte ich nicht mehr anders, ich begann zu weinen und teilte ihm unsere Beobachtungen mit. Das brachte David für einen Moment völlig aus der Fassung. Auch er hatte wohl nie mit so etwas gerechnet. Eines unserer Kinder ein Dieb!

Am nächsten Tag war herrliches Wetter und ich beschloss,

die Leintücher unserer drei Kleinsten zu waschen. Als ich die Matratze vom Bett des Jüngsten hob, um sie umzukehren, stockte mir der Atem. Was entdeckte ich da! Fein säuberlich lagen nebeneinander zwei Fünffrankenstücke, ein Zweifränkler, zwei Zehnernoten und einiges Kleingeld. Mein Herz klopfte zum Zerspringen und ich musste mich schnellstens auf den nächsten Stuhl setzen. Unser Kleinster war der Dieb! Nein, das hatte ich überhaupt nicht erwartet. Aber warum tat er das? Lange Zeit sass ich wie gelähmt dort im Zimmer und die wirrsten Gedanken schwirrten mir durch den Kopf. Hatte ich als Mutter versagt? Hatte ich ihm zuviel Freiheit gelassen? Zuwenig auf ihn aufgepasst? Ganz mechanisch stand ich auf, nahm die schmutzige Wäsche vom Boden, ging in die Küche hinüber und legte alles in die Waschmaschine.

Den ganzen Morgen lang beschäftigte mich das Entdeckte und liess mich nicht zur Ruhe kommen. Glücklicherweise wussten die Kinder so viel zu erzählen, dass ihnen meine Schweigsamkeit gar nicht auffiel. An diesem Tag war ich froh, dass sie alle am Nachmittag wieder zur Schule gehen mussten. Ich hätte es sonst wohl kaum fertig gebracht, bis zum Abend das Geheimnis zu wahren. Aber ich wollte dem Kleinen eine Falle stellen und ihn auf frischer Tat ertappen.

Nach dem Nachtessen halfen alle David, draussen Holz in den Schuppen tragen. Zahai hatte ihr Geld genau gezählt und dann die Geldbörse auf ihrem Bett liegen lassen. Während wir emsig arbeiteten, bemerkte ich, dass unser Jüngster plötzlich von Unruhe gepackt, ins Haus verschwand. Nicht allzulange dauerte es und er kehrte wieder zu uns zurück. Doch mir schien, das schlechte Gewissen sei ihm anzumerken. Ich gab Zahai einen Wink und wir gingen zusammen in ihr Zimmer.

„Sieh, Mutti, es fehlt ein Zweifrankenstück! Also stimmt es wirklich, mein kleiner Bruder ist ein Dieb!" Sie warf sich in meine Arme und begann zu schluchzen. Tröstend hielt ich sie fest, obschon ich auch am liebsten mit ihr zusammen geweint hätte.

Ich lief hinauf ins Kinderzimmer, hob die Matratze hoch und da lag das zuletzt entwendete Geldstück neben den anderen.

Was sollte ich nun tun? Ich begab mich mit schwerem Herzen wieder hinaus zu meiner Familie, blickte dem kleinen Knaben in die Augen und sagte leise: „Bitte komm einmal mit mir ins Haus ."

Ich konnte sehen, wie die Angst sogleich in ihm hochstieg, als er meine Worte vernahm. David stoppte einen Moment mit seiner Arbeit, schaute mich verständnisvoll an, dann fuhr er sogleich fort, Holz aufzuschichten. Es sollte niemand sonst etwas vom Vorgang merken.

Mein Junge folgte mir zögernd hinauf in sein Zimmer. Er wusste bereits, was es geschlagen hatte, bevor ich seine Matratze hochhob. Er wurde unter seiner braunen Hautfarbe ganz bleich und begann zu zittern.

„Weisst du was das ist?"

Verhalten nickte er.

„Du hast das Geld mir und Zahai gestohlen. Gibst du das zu?" Wieder gab er nickend seine Zustimmung zu meinen Worten.

„Warum hast du das getan?"

Er erwiderte nichts. Aber ich hatte auch keine Antwort erwartet. Schmerzerfüllt sah ich ihn an.

„Weisst du, dass du Vati, Zahai und mich mit deinem Stehlen sehr traurig gemacht hast? Mir tut es selber sehr leid, aber ich muss dir jetzt zur Strafe den Hintern versohlen, damit es für dich eine Lektion fürs ganze Leben ist."

Mit zusammengebissenen Zähnen nahm ich den Knaben über mein Knie und versetzte ihm, mit der blossen Hand, einige kräftige Schläge auf sein Hinterteil. Mir liefen dabei die Tränen über die Wangen und mich schmerzten die Schläge sehr, wahrscheinlich mehr als ihn.

„So, nun gehst du zu Zahai und entschuldigst dich bei ihr und gibst ihr das gestohlene Geld wieder zurück. Nachher gehst du sogleich ins Bett. Ich will dich heute nicht mehr sehen", befahl ich streng.

Der Kleine blickte hoch, sah meine Tränen, stiess einen Schrei aus und warf sich mir in die Arme. „Mutti, Mutti, nein, nein, das werde ich nie mehr in meinem Leben tun. Ich stehle gewiss nie mehr von jemandem Geld. Es tut mir so leid. Bitte weine nicht mehr!“

Er klammerte sich mit aller Kraft an mich, als wollte er mich nicht mehr loslassen. Ich strich ihm sanft über sein Kraushaar, gab ihm einen leichten Kuss und sagte: „Ich glaube es dir. Geh jetzt zu Zahai hinunter.“

Von diesem Tage an hat sich unser Jüngster nie mehr etwas angeeignet, was nicht ihm gehörte.

## Waldgottesdienst

Unsere Kirchgemeinde plante einen Waldgottesdienst hinter dem Schloss Teufen durchzuführen. Wir freuten uns alle darauf, denn das Programm sah vielversprechend aus. Wir würden bestimmt einige neue Bekanntschaften schliessen können. Onkel Karli hatte sogar versprochen mitzukommen, und das hiess etwas.

Am Samstagabend gab es einen herrlichen Sonnenuntergang und wir waren alle sicher, dass es am nächsten Morgen strahlendes Wetter geben würde. Doch dem war leider gar nicht so. Der Himmel war wolkenverhangen und die Verantwortlichen wussten gar nicht recht, wie sie entscheiden sollten.

Zahai machte bereits zwei Wochen nach unserer Ankunft hier in der Schweiz in der Jungen Kirche mit. Die Jugendlichen waren mit der Durchführung des Plauschprogrammes beauftragt. Sie verliess unser Haus bereits um 6.00 Uhr und versprach mir, bald zurückzukommen, um zu berichten, ob der Gottesdienst im Freien abgehalten würde, denn dann gab es noch einiges für das vorgesehene Picknick vorzubereiten. Ich schlüpfte noch einmal unter die Bettdecke und schlief schnell wieder ein.

Kurz vor 8.00 Uhr trat Zahai in unser Schlafzimmer und rief fröhlich: „Das Wetter ist viel besser geworden. Ich muss gleich wieder gehen, denn wir wollen im Wald alles für die Spiele bereitmachen.“

Doch bevor sie ihre Worte in die Tat umsetzte und das

Zimmer wieder verliess, fing sie plötzlich zu kichern an, um dann in ein lautes Lachen auszubrechen. David und ich sahen unsere grosse Tochter erstaunt an. „Was ist denn mit dir los?“ fragten wir wie aus einem Munde.

Doch Zahai war es überhaupt nicht möglich, uns zu antworten. Sie stand nur da, lachte, lachte, lachte und die Tränen kollerten ihr über die Wangen.

„Komm sag schon, was hast du so Lustiges erlebt an diesem frühen Morgen?“ forderte David sie auf.

Endlich begann sie, sich immer wieder lachend unterbrechend, zu erzählen: „Ich hatte mit Doris abgemacht, dass ich sie zu Hause abhole. Da wir nicht wussten, ob wir wirklich heute unseren Einsatz leisten mussten, weil das Wetter so unsicher war, bat mich Doris ins Wohnzimmer zu treten.“

Wieder schüttelte ein Lachkrampf Zahai und hinderte sie am Weitersprechen. „In der Stube war es recht düster. Trotz der frühen Morgenstunde sass die alte Grossmutter von Doris bereits in ihrem Lehnstuhl bei der Ständerlampe und las in der Bibel. Die alte Frau blickte auf mich, schüttelte ihren Kopf, nahm die Brille ab und schaute wiederum auf mich. Ich sagte freundlich: ‚Guete Morge.‘

Die alte Frau erwiderte nichts, sondern blickte weiter auf mich, als sähe sie irgend eine Erscheinung. Nach einer Weile setzte sie ihre Brille wieder auf die Nase, um sie aber gleich danach wieder abzunehmen. Sie zog ihr Taschentuch hervor und begann die Brille sorgfältig zu putzen, bevor sie sie erneut aufsetzte. Sie musterte mich von Kopf bis Fuss. Mir wurde so langsam unheimlich zumute. Plötzlich fragte sie: ‚. . ..‘“

Zahai konnte mit dem besten Willen nicht mehr weitersprechen. Es schüttelte sie vor Lachen. Wir mussten ihr erst Zeit lassen, um sich zu fassen. Das war gar nicht so einfach, denn David und ich warteten gespannt auf das, was nun kommen würde.

„Also, die Grossmutter fragte: ‚Sag einmal, (hahaha) bist du wirklich so braun oder (hahaha) ist meine Brille derart schmutzig?‘

Doris rief entrüstet aus: ‚Aber Grossmutter!‘ Ich jedoch

bestätigte ihr lachend, dass ich wirklich so braun sei wie sie es sehe.

‚Wie kommt denn das?‘

‚Ja, wissen Sie, ich bin halt ein Negermädchen aus Äthiopien.‘

Die alte Frau merkte nun, dass ihre Brille nicht so schmutzig war, wie sie geglaubt hatte. Aber wie ein braunes Mädchen am Morgen in aller Frühe in ihr Wohnzimmer kam, das konnte sie halt immer noch nicht ganz begreifen und dann erst noch eines das Schweizerdeutsch verstand und sprechen konnte.

Jetzt muss ich aber schleunigst gehen. Doris wartet.“

Zahai putzte sich die Tränen aus den Augen, winkte uns noch einmal fröhlich zu und war bereits aus der Tür verschwunden, bevor wir ein Wort erwidern konnten. David und ich sahen einander an, dann sagte David grinsend: „Das muss für die Grossmutter ein rechter Schreck gewesen sein im Morgengrauen.“

Der Gottesdienst draussen im Freien war wirklich ein besonderes Erlebnis für uns alle. Es nahmen sehr viele Leute daran teil, die sonst nie in der Kirche zu sehen waren. Vor allem Familien mit ihren kleinen und grösseren Kindern. Was machte es da schon aus, dass die Worte des Pfarrers oft in den hinteren Reihen nicht zu verstehen waren und die Lieder nicht gerade kräftig tönten ohne Orgelbegleitung.

Die Burschen und Mädchen der Jungen Kirche hatten gute Vorarbeit geleistet, denn an drei verschiedenen Plätzen warteten herrlich lodernde Holzfeuer auf die Würste, die gebraten werden sollten. Bald umwehte uns ein leckerer Duft von Grillwürsten und Fleisch. Auch wir packten unsere mitgebrachten Esswaren aus. Voller Begeisterung hielten Falagu, Fetene und Genet für Onkel Karli, David und mich je eine Wurst über die Glut, bevor sie für sich eine braten wollten. Das tat gut, von ihnen so verwöhnt zu werden.

Nach dem Essen fand ein Geschicklichkeits- und Ratespiel im Wald und auf der Wiese statt, an dem sich Familien und einfach aufs Geratewohl zusammengewürfelte Gruppen beteiligten. Wir wussten nicht gerade viel über die historischen

Daten von unserem Dorf und dem Schloss Teufen, dagegen erkannte David jeweils auf den ersten Blick von welchen Bäumen die Blätter stammten und die Kinder holten gute Punkte beim Klettern, Springen und Sackhüpfen. Wir gewannen sage und schreibe den dritten Preis.

Sogar mein Bruder fand, zu einem solchen Gottesdienst liesse er sich wieder einmal einladen.

## Aus Gottes Garten

In unserem Haus hatten wir nur Holzfeuerung, ausser dem elektrischen Kochherd, den ich beinahe nie benutzte. Schon in meiner Kindheit konnte man im Winter von der Gemeinde ein Waldstück pachten, in dem der Förster mit seinen Leuten die dürren, abgestorbenen Bäume gefällt hatte. Das war auch jetzt noch der Fall. David sprach den Förster an und der war nur zu gerne bereit, uns für wenig Geld ein recht ausgedehntes aber auch unvorstellbar steiles Waldstück zum Aufräumen zu überlassen.

Frohgemut machten sich David, alle unsere sieben bei uns wohnenden Kinder, unsere Geschwister Klara und Willy mit Tochter, Schwiegersohn, ihren beiden Enkeln und mir an einem Samstagmorgen um 8.00 Uhr mit dem Auto auf den Weg hinauf auf den Irchel. Sägen, Äxte und alles andere zum Holzen benötigte Werkzeug hatten wir eingepackt. Natürlich durften auch die feinen Grillwürste, das frische Brot, der heisse Milchkaffee in Thermoskrügen und das Gebäck zum Dessert nicht fehlen.

Bald dröhnten die wuchtigen Schläge der Äxte, der kreischende Ton der Kettensäge und das fröhliche Lachen der Kinder durch den sonst stillen Wald. Emsig wurde gearbeitet und es bereitete alt und jung Spass, zu sehen, wie der Stoss dicker Baumstämme stetig anwuchs. David und Willy arbeiteten mit der Säge. Die Jüngsten und wir Frauen schleppten die zersägten Baumstämme und Äste zu Peter und Walter heran, die sie mit ihren schweren Äxten weiter bearbeiteten.

Zur verdienten Mittagsruhe setzten wir uns alle um das hell lodernde Feuer, liessen uns das Essen schmecken und genossen es, die müden Glieder auf dem warmen Waldboden auszustrecken. Frisch gestärkt von all den guten Sachen machten wir uns jedoch bald wieder an die strenge Arbeit.

Vier Samstage lang arbeiteten wir zusammen dort oben am Irchel, dann sah unser Waldstück schön aufgeräumt aus und wir sahen mit Befriedigung das viele aufgestapelte Holz an.

„Wie bringe ich das jetzt nach Hause?“ fragte David seinen Schwager, nachdenklich die Menge Baumstämme betrachtend.

„Nicht wahr, das Zusammentragen und Bearbeiten war eins, aber nun wohin mit dem Segen“, erwiderte Willy. „Frag doch einen Bauern, ob er es dir heimführt.“

Auf dem Heimweg fuhren wir bei einem am Irchelhang gelegenen Bauernhof vorbei. Zu Davids grosser Freude willigte der Bauer sogleich ein, uns zu helfen. Die nächsten zwei Samstage waren die Männer und die Jungen damit beschäftigt, abwechslungsweise die zwei bereitgestellten Traktoranhänger von Herrn Pfister mit unserem Holz zu beladen. Dass der junge Bauer uns dann am Schluss beinahe nichts für die vielen Fuhren verlangte, freute uns natürlich ganz besonders.

Als wir alles Holz fertig verarbeitet und im Estrich oben versorgt hatten, sahen wir, dass wir für mindestens drei Jahre genügend Holz zum Kochen und zum Heizen besassen. Was für ein Riesengeschenk aus dem Wald unsres Gottes, fast umsonst.

Im Mai rief mich Klara eines Morgens an und fragte: „Ganz in unserer Nähe wird ein Feld Spinat abgeerntet. Hättest du Lust mitzukommen und für euch Spinat abzulesen?“

„Wie geht das vor sich?“

„Du wirst es dann schon sehen. Ich komme dich holen. Du kannst auch noch die drei Jüngsten mitnehmen zum helfen.“

Gespannt wartete ich auf Klara, die uns mit ihrem Auto abholte. Auf dem Feld in der Nähe ihres Dorfes wimmelte es bereits von Frauen und Kindern. Alle waren mit Plastiktaschen oder Körben bewaffnet und bückten sich emsig.

„Die Bauern pflanzen für die grossen Konservenfabriken Gemüse an. Wenn alles zur Ernte bereit ist, werden die Felder mit Maschinen abgeerntet. Aber am Rand und manchmal auch an unebenen Stellen im Acker, bleibt immer etwas stehen und da erlauben dann die meisten Bauern den Leuten, dies abzulesen. Ich hole auf diese Weise praktisch alles Gemüse auf dem Feld, das heisst: Spinat, Erbsen, Karotten und Buschbohnen zum Einfrieren", erklärte mir meine Schwägerin.

„Das ist ja toll! Da mache ich natürlich auch mit. Wir essen gar viel Gemüse und so kann ich viel Geld sparen", rief ich begeistert aus.

Am Rande des Feldes gab es sehr viel Spinat abzulesen. Voller Begeisterung halfen Genet, Falagu und Fetene mit. Tasche um Tasche füllten wir. Fast konnten wir nicht mehr aufhören. Immer entdeckten wir wieder ein paar besonders schöne Blätter. Vollgepackt kehrten wir nach Hause zurück.

Als die Kleinen beim Nachtessen beeindruckt von ihrem Erlebnis alles erzählten, beschlossen David und die Grossen, sie wollten doch auch noch etwas beitragen zum Wintervorrat an Gemüse. Wir machten uns mit unserem Volkswagenbus, scherzhafterweise ‚Negerli-Express' genannt, auf den Weg und jedes sammelte noch einmal Spinat, bis die Taschen prall gefüllt waren.

Soviel Spinat gewaschen, überbrüht und eingefroren wie am nächsten Tag, hatte ich noch niemals in meinem Leben; 50 Portionen! Ich konnte das grüne Zeug beinahe nicht mehr ansehen.

Am liebsten lasen wir Erbsen auf. Das bereitete uns den grössten Spass. Klara und Willy fuhren praktisch jeden Abend durch die Umgebung, um zu sehen, wo irgendwo ein Erbsenfeld abgeerntet wurde. Die Bauern arbeiteten meistens bis spät am Abend auf ihren Äckern, damit sie dann am folgenden Morgen bereits wieder pflügen und das nächste Gemüse ansäen konnten. Unsere Geschwister gaben uns Bescheid, wo etwas zu holen sei und wir machten mit ihnen ab, dass wir uns am Morgen vor Sonnenaufgang, also so ungefähr um 4.00 Uhr, beim Erbsenfeld treffen würden.

„Marie, komm steh auf, es ist Zeit. Der Wecker hat geläutet." David weckte mich aus tiefstem Schlaf. Er musste nicht zweimal rufen, ich war sogleich hellwach. Auch die Kinder, sogar die Schlafmütze Peter, standen umgehend auf, ohne zu murren. Das neue Abenteuer lockte.

Es war herrlich, mit der frohgelaunten Gruppe in den beginnenden Tag zu fahren. Klara und Willy erwarteten uns schon beim Erntefeld. Mit Kesseln in den Händen, begannen wir die prallvollen Erbsenschoten abzulesen. Erst war es noch recht kühl und auch leicht dämmerig. Bald jedoch begann sich der Himmel im Osten leicht rot zu färben und wir durften beobachten, wie die Sonne langsam hinter den Baumwipfeln des vor uns liegenden Hügels hochstieg. Wir hörten alle auf zu arbeiten und sahen dem wunderbaren Naturschauspiel zu.

„Oh, wie schön", sagte Genet andächtig. Wir anderen nickten nur zu ihren Worten. Sie drückten genau unsere Gefühle aus.

Danach ging die Arbeit noch einmal so flink von unseren Händen. Sack um Sack wurde gefüllt, und mit einer reichen Fracht beladen, machten wir uns auf den Heimweg. David und die grösseren Kinder mussten sich bald auf die Fahrt zur Arbeit begeben. Aber erst stärkten wir uns alle noch bei einem reichhaltigen Frühstück, bevor das gewohnte Tagwerk begann.

Die Kinder hatten am Nachmittag schulfrei und jedes brachte noch ein Kamerädlein mit nach Hause, das half, Erbsen zu enthülsen. Unter lustigen Gesprächen und tatkräftiger Mithilfe der Nachbarin Trudy, lief uns die Arbeit schnell von der Hand, und dass es dann um vier Uhr ein feines Stück Kuchen als Belohnung gab, war sonnenklar.

Unsere grosse Gefriertruhe, die Zahai von ihrem ersten Lohn für mich gekauft hatte, füllte sich und ich bekam das Gefühl, mit dem Gemüseeinfrieren auch einen gewissen Anteil zum Wohlergehen der Familie beizusteuern. Das machte mich glücklich.

Für uns war dieser unverdiente Erntesegen keine Selbstverständlichkeit, sondern ein ganz besonderes Geschenk Gottes aus seinem wunderbaren Garten.

## Reich beschenkt

Was hatte ich mich doch auf der langen Schiffsreise mit unnötigen Sorgen herumgequält. Eine meiner Kümmernisse, die mich lange Zeit schwer beschäftigten, war auch, ob wohl das Geld, das David verdienen würde, für unsere zahlreiche Familie genügte. David erhielt zwar nicht annähernd so viel Lohn wie in Äthiopien und das Leben hier in der Schweiz war viel teurer als in unserer alten Heimat. Doch halfen Zahai und Muluneh durch ihr Kostgeld mit, das sie getreulich jeden Monat bei mir ablieferten, sogar Peter steuerte von seinem geringen Lehrlingslohn etwas bei. Auf diese Weise gelang es mir, jeden Monat eine kleine Summe als Notgroschen auf die Seite zu legen.

Dank dem selbstgeernteten Gratisgemüse bekam meine Haushaltkasse einen willkommenen Zustupf und auch die Tomaten und der Salat, die in unserem kleinen Garten gediehen, halfen mit in meinem Sparprogramm. Ja, auch da konnte ich immer wieder für Extraausgaben etwas auf die hohe Kante legen. Es gab halt gar viele Geburtstage und sonst kleine Feste zu feiern in unserer Grossfamilie.

Gott selber bezeugte uns immer wieder seine besondere Liebe durch andere Menschen. Oft durften wir nur still staunen über die Grösse der uns entgegengebrachten Fürsorge.

Ich war immer noch daran – zusammen mit Klara – unser Häuschen in Ordnung zu bringen, als es eines Nachmittags leise an die Tür klopfte. Ich öffnete und blickte erstaunt auf die über 80jährige Frau, die ein wenig verlegen draussen stand. Sie hielt ein kleines Päcklein und einen Briefumschlag in der Hand und blickte mich an. Endlich sagte sie: „Meiner Schwester und mir geht es gut. Wir erhalten jeden Monat die AHV (Alters- und Hinterbliebenen-Versicherung). Nun haben wir beschlossen, Ihnen diesen Beitrag für Ihre Familie zu übergeben."

„Vielen herzlichen Dank", erwiderte ich leicht gehemmt und nahm das Geschenk entgegen.

„Wissen Sie, oder darf ich noch du und Marie sagen? Weisst, ich kannte dich schon als Kind. Also meine Schwester und ich wären einst gerne miteinander in die Mission gegangen. Es wurde leider nichts daraus. Jetzt können wir irgendwie etwas direkt dazu beitragen. Ich möchte dich jetzt aber nicht mehr länger bei deiner Arbeit versäumen." Glücklich verabschiedete sich die alte Frau von mir.

Behutsam öffnete ich den Briefumschlag. Zwei nagelneue Zwanzigernoten lagen darin, schön säuberlich zusammengefaltet. Im kleinen Päcklein befanden sich zwei Paar handgestrickte Wollsocken für David oder Peter. Welch liebe Geste der zwei alten Frauen, die ganz bestimmt nicht im Überfluss lebten.

„Siehst du, Klara, was ich bekommen habe von der Frau an der Tür? Irgendwie beschämt mich das Ganze, denn wirklich nötig haben wir diese Gabe nicht. Aber zurückweisen durfte ich das Geschenk erst recht nicht, das wäre eine Beleidigung gewesen für sie."

„Ganz bestimmt!"

„Weisst du, es ist gar nicht so einfach, Gaben anzunehmen. Das muss erst einmal gelernt sein. Das Sprichwort: geben ist seliger als nehmen ist wahr."

An einem Sonntagmorgen brachte Muluneh, der vor dem Frühstück draussen in der Werkstatt etwas an seinem Fahrrad nachschaute, einen herrlichen, noch warmen Kuchen herein.

„Wo hast du jetzt diesen Kuchen her", fragte ich völlig überrascht.

„Er lag auf dem Küchenfenster."

„Hast du jemanden gesehen, der ihn hinlegte?"

„Nein, niemanden."

Der Kuchen schmeckte herrlich zum Dessert nach dem Mittagessen. Ich habe nie herausgefunden, wer ihn dorthin gelegt hatte. Aber ich hatte Friedy Frei, unsere liebste Nachbarin und Hauskreisgenossin, im Verdacht. Sie und ihr Mann Heiri taten uns zuliebe was immer sie nur konnten.

Acht Waschmaschinen voll Wäsche war so das Normale, was sich in einer Woche bei uns anhäufte. War das Wetter schlecht, durfte ich alles in den überdachten Holzschuppen unserer Freunde hängen. Gar nicht selten geschah es, dass, wenn ich die getrocknete Wäsche abnehmen wollte, die liebe Friedy diese bereits geholt, gebügelt, zusammengelegt und meistens sogar schon geflickt hatte. Sagte ich ein Wort des Dankes, wehrte sie bescheiden ab und meinte nur: „Ich tat es gern für euch.“

Jeden Tag kaufte ich im Laden zwei Kilogramm Brot. Unserer Jungmannschaft schmeckte das Frühstück aus frischem Brot, Butter und Marmelade immer besonders gut. Jedes nahm noch ein Stück Brot mit Wurst oder Käse als Zwischenverpflegung mit zur Arbeit oder zur Schule. Für Peter und Muluneh bereitete ich am Abend vorher jeweils ein kaltes Mittagessen zum Mitnehmen vor, oft einen Wurstsalat oder ein bis zwei Sandwiches. Da blieb meistens von dem Brot kein Krümchen mehr übrig.

Vor dem Einkaufen schrieb ich mir immer genau auf, was ich an diesem Tag kochen wollte und was ich somit besorgen musste. Auf diese Weise kam ich nicht in Versuchung, mehr nach Hause zu bringen als ich unbedingt brauchte. Schokolade musste ich schon gar keine kaufen, denn die Kinder wurden von den verschiedensten Leuten immer wieder damit beschenkt.

Ich legte meine zwei Brote, die Teigwaren, die Tomatensosse und das Kilogramm Pfirsiche, die ich mir heute einmal ausnahmsweise leistete, auf den Ladentisch, um sie zu bezahlen.

Die Frau an der Kasse sah alles an, dann schob sie das Brot beiseite und erklärte freundlich: „Sie müssen das Brot nicht bezahlen. Eine Frau hat für zwei Wochen die täglichen zwei Kilogramm Brot für Sie bezahlt.“

„Wie bitte?“

„Ja, Sie haben recht gehört! Es hat jemand, der ungenannt bleiben möchte, das Brot, das Sie brauchen, für die nächsten zwei Wochen im voraus bezahlt.“

„Dann . . ., ja, dann richten Sie ihr meinen Dank aus“, antwortete ich stockend.

Als es einen Monat später wieder geschah, verriet mir die Verkäuferin, auf mein Drängen hin, im Vertrauen, wer es war. Ich konnte es beinahe nicht glauben, denn von Frau Senn, einer anderen Nachbarin, hätte ich so etwas niemals erwartet.

Ein Freund von uns arbeitete mit seinem eigenen kleinen Lastwagen als Verteiler von Früchten und Gemüsen für viele

Geschäfte. Er fuhr morgens um 4.00 Uhr los auf den Grossmarkt und kehrte meistens im Laufe des Nachmittags zu seiner Familie zurück. Fast tagtäglich brachte er Früchte, Beeren und Salate, die nicht mehr ganz frisch waren, mit nach Hause. Seine Frau Nelly vermochte beim besten Willen nicht alles zu verarbeiten. Hans Allenspach brachte uns kistenweise von den begehrten Sachen. Ich kochte von dem, was dann jeweils noch übrig blieb, Marmelade ein und der Rest kam in die Tiefkühltruhe, die sich zusehends füllte.

Hie und da kam es aber auch einmal vor, dass einen etwas fast erdrückte. Die Leute brachten Kleider, Kleider und noch einmal Kleider. Die Kästen in den Kinderzimmern platzten beinahe und im Estrich standen Säcke voll herum. Ich wusste nicht mehr wohin damit. Ich getraute mich jedoch nicht zu sagen, dass wir schon genügend hätten, weil ich einmal eine Frau damit schwer beleidigt hatte.

„Nächste Woche ist bei uns eine Kleidersammlung vom Roten Kreuz, bringt doch die Kleider zu uns", riet mir Klara.

Gleich am nächsten Tag begann ich mit dem Aussortieren der Kleider und Schuhe. Wenn ich fand, dass die Kinder es noch tragen könnten, behielt ich es. Fein säuberlich legte ich alles in die Regale oder hängte es auf Bügel.Es war eine Riesenarbeit, aber als wir die Schranktüren wieder zuschliessen konnten, atmeten wir alle erleichtert auf, wie von einer Last befreit.

## Die alte Schuld

Bei einem unserer Besuche bei David's Vater übergab dieser uns einen mit unserem Namen, jedoch mit seiner Adresse versehenen Brief. David öffnete ihn sogleich und seiner Miene nach zu schliessen, enthielt er eine unangenehme Nachricht. Er steckte ihn wortlos ein und ich mochte ihn in Gegenwart anderer nicht nach dem Inhalt fragen. Obschon ich noch nicht wusste, was in dem Schreiben stand, beschlich mich ein ungutes Gefühl und eine leise Ahnung stieg bereits in mir auf, dass unsere Vergangenheit uns eingeholt hatte.

Kaum im Auto fragte ich David: „Was steht in dem Brief?"
„Ach, einer fordert uns auf, den Schuldbrief, den er von uns hat, baldmöglichst zu begleichen", antwortete David leichthin.
„Wieviel?" Mir klopfte plötzlich das Herz bis zum Hals.
„Hm, es ist ... Ja, der ganze angeforderte Betrag ist 15 000 Franken." Jetzt tönte David's Stimme nicht mehr ganz so ruhig wie vorhin.
„Mein Gott, so viel Geld haben wir doch nicht!" rief ich zutiefst erschrocken aus.
„Der Gläubiger lässt sicher mit sich reden. Wir können die Schuld bestimmt auch monatlich abzahlen, wenn sich keine andere Lösung zeigt", meinte David tröstend.
„Weisst du, ich habe eigentlich innerlich schon längst auf einen solchen Brief gewartet. Der Schuldenberg, den wir einst zurückliessen, verjährt ja nie. Ich habe immer gewusst, dass wir eines Tages anfangen müssen, ihn abzutragen. Aber nun macht mir diese grosse Summe doch zu schaffen. Es kam zu plötzlich, wie aus heiterem Himmel."
In trübe Gedanken versunken fuhren wir heimwärts. Die Schönheit der Natur nahmen wir an diesem Abend gar nicht wahr. Nicht einmal der Anblick von drei äsenden Rehen, die ruhig auf einer Waldwiese standen, vermochte uns aufzuheitern. In meinem Kopf wirbelten die Gedanken wild durcheinander. Wären wir doch in Äthiopien geblieben. Was passiert, wenn wir nicht bezahlen können? Wird jetzt einer nach dem anderen mit einem alten Schuldbrief auftauchen? Wir fühlten uns richtig erleichtert, als wir sahen, dass bei uns zuhause alle Lichter bereits gelöscht waren. Wir wollten mit niemandem mehr ein Gespräch führen.
„Marie, warum sind wir nun eigentlich derart niedergedrückt? Wir wussten doch beide, dass es nur eine Frage der Zeit ist, bis so ein Brief zu uns ins Haus geflattert kommt. Ich glaube, wir dürfen auch dieses Problem unserem Herrn hinlegen und ihm vertrauen, dass alles so herauskommt, wie es für uns gut ist. Ich werde morgen einmal das Inkassobüro anrufen und sehen, was ich erreichen kann."
David hatte sich bereits wieder gefasst und konnte mich mit

seinen Worten trösten und aufrichten. Trotzdem schlief ich nicht gar so gut in dieser Nacht; mich quälten Alpträume. Es half mir auch nicht viel, dass ich immer wieder versuchte, alles unserem Herrn im Gebet hinzulegen. Die Zukunftsangst hatte die Oberhand gewonnen.

Natürlich war am Abend meine erste Frage an David: „Wie ist es mit dem Telephon an das Inkassobüro gegangen?"

„Erst gar nicht gut, der Herr am Apparat trumpfte richtig auf und sprach von Betreibung und dass er die ganze Summe eintreiben wolle. Als ich ihm dann jedoch erklärte, dass wir zehn Kinder hätten und sonst nichts, wurde er auf einmal ein wenig zahmer. Später, als ich mich dann bereit erklärte, die Summe in monatlichen Raten zu 50 Franken abzuzahlen, liess er plötzlich mit sich reden. Er sagte, nein, das wollten sie nicht. Sie hätten kein Interesse, so lange auf ihr Geld zu warten. Ich solle ihm einen Vorschlag machen, wieviel ich für die Tilgung des Schuldbriefes zu zahlen bereit sei. Ich wollte aber nicht so schnell eine Antwort geben. Wir haben nun abgemacht, dass ich ihn in drei Tagen wieder anrufen werde. Jetzt müssen wir beide zusammensitzen und ausrechnen, was wir an Erspartem auf der Bank haben, bevor ich ihm Bescheid geben kann."

Also hiess das für mich weiter warten und bangen. Hin- und hergerissen zu sein zwischen Angst und Vertrauen, das waren für mich immer die schwersten Zeiten. Doch auch die schwierigste Warterei geht einmal zu Ende. Ich fühlte eine Zentnerlast von mir fallen, als David nach dem letzten Gespräch mit dem Besitzer dieses Schuldbriefes nach Hause kam und berichtete: „Er hat sich mit zwei Drittel des Betrages einverstanden erklärt. Wir werden eine Rechnung mit einem Einzahlungsschein zugeschickt erhalten. Du musst sie dann so schnell wie möglich begleichen."

„Weisst du David, ich glaube, es war nur das erste Mal so ein Schock. Nun haben wir die erste Hürde, unsere alte Schuld abzutragen, überwunden. Auch wenn wir jetzt praktisch alles Geld weggeben müssen, das wir besitzen, bin ich doch irgendwie froh darüber."

David blickte mich erstaunt an. „Wie meinst du das, froh sein darüber?" „Mich hat diese Schuld doch immer irgendwie bedrückt und so wie ich dich kenne, erging es dir nicht viel anders. Wir wollen den Glaubensweg mit unserem Herrn gehen und doch war und ist da immer noch etwas, das nicht ganz in Ordnung ist in unserem Leben. Nun hat der Herr angefangen, das für uns aufzudecken und gibt uns die Möglichkeit, es in Ordnung zu bringen."

Mein Partner und Kumpel, mit dem zusammen ich schon so manche Schwierigkeit in unserem Leben überwunden hatte, nickte nur verhalten dazu.

Das hiess aber gar nicht, dass es nicht jedes Mal wieder einen inneren Kampf absetzte und erst eine grosse Angst aufstieg, wenn wieder jemand mit einer alten Rechnung auftauchte. Es gab auch solche, die gar nicht erst an uns schrieben, sondern gleich den Betreibungsbeamten vorbeischickten. Der Beamte war einer unserer Nachbarn und es war ihm furchtbar peinlich, wenn er mit einer Betreibungsandrohung bei uns vorbeikommen musste. Meistens waren es überforderte oder ungerechte Beträge, die auf diese Weise geltend gemacht wurden.

Der Schweizer Botschafter in Addis-Abeba hatte uns schon vor Jahren nahegelegt, der Solidaritätsversicherung beizutreten. Besonders als wir die Kinder aufnahmen und die Swiss-Farm aufzubauen begannen. Die Versicherung war bestimmt für Auslandschweizer, die wegen Revolutionen oder Kriegswirren in ihrer Wahlheimat alles verloren und ohne Besitz in die Schweiz zurückkehren mussten. Auf sein Drängen hin schlossen wir damals diese Versicherung ab. Zuhause dachten wir in den ersten Monaten überhaupt nicht mehr daran, denn wir waren ja nicht gezwungen worden, das Land zu verlassen, sondern gingen freiwillig, weil es für uns und unsere Kinder zu unsicher wurde. Natürlich konnten wir unseren Hausrat nicht mehr so gut verkaufen wie wenn die Lage noch ruhig gewesen wäre, aber wir erfüllten die gestellten Bedingungen für eine Auszahlung der Versicherungssumme bei weitem nicht.

Erst als uns ein Freund riet, doch einmal an die Versicherung nach Bern einen Brief zu senden und ihnen von unserer Familiensituation und der Heimkehr mit unseren sechs Kindern zu berichten, machten wir von dieser Möglichkeit Gebrauch. Es war gar kein leichtes Unterfangen, das Schreiben an die Versicherung richtig aufzusetzen. Es kostete David und mich einige Schweisstropfen. Wir versuchten, die letzten Wochen und Monate in Äthiopien so gut als möglich ehrlich zu beschreiben. Nicht zu dramatisch, doch auch nichts zu verschleiern. Zuerst kam gar keine positive Antwort. Wir würden überhaupt keine Bedingungen erfüllen, da wir ja nicht ausgewiesen worden seien, etc. etc. Alles genau so, wie wir es vorher schon geahnt hatten. Zu unserem Erstaunen stellten sie im selben Brief jedoch noch weitere Fragen. Nur zwei Wochen später erhielten wir ein Schreiben, das wir niemals erwartet hatten. Wir würden zwar die Bedingungen der Versicherung noch immer nicht erfüllen, aber angesichts der Tatsache, dass wir sechs äthiopische Kinder adoptiert und sie in die Schweiz mitgenommen hätten, würden sie uns die ganze Versicherungssumme von Fr. 30'000.–, sage und schreibe: dreissigtausend Franken auszahlen!

Ich vermochte mich einen Moment lang fast nicht mehr zu rühren, während ich den wunderbaren Inhalt dieses Briefes in mich aufnahm. Ich konnte nur stammeln: „Herr, Du mein Gott, kann das möglich sein? Nur Deiner Güte ist dieser unerwartete Entscheid zu verdanken. Hab Lob und Dank!"

David geriet genau wie ich völlig aus der Fassung, als ich ihm am Abend den inhaltsschweren Brief zu lesen gab. Freudig rief er aus: „Mir soll noch einmal jemand sagen, wir hätten keinen Gott, der auch noch heute Wunder wirkt!"

In unserem Haus herrschte beim Nachtessen und danach bei der Andacht eine unbeschreibliche Hochstimmung und eine tiefe Dankbarkeit für unseren Herrn. Dieses unerwartete Geschenk half uns, wieder etwas von unseren Schulden abzuzahlen und sogar noch einen Teil auf die Bank zu bringen. Zur Feier des Tages lud David die ganze Familie zu Eiscoupes in ein Restaurant ein.

In all dem Erleben durften wir wieder die besondere Liebe unseres Herrn Jesus Christus erfahren, denn niemals kam jemand mit einem Schuldbrief daher, wenn es uns unmöglich war, ihn einzulösen. Jedesmal wenn ich glaubte, etwas Geld auf die

Seite legen zu können, kam einer mit einer neuen Forderung daher. Mir selbst fiel das jeweils besonders schwer. Oft waren es recht bedeutende Summen. Glücklicherweise übernahm David immer die Verhandlungen mit den Gläubigern. Ich hätte das nicht tun können, allerdings lernte ich dabei, in allem einfach Gott völlig zu vertrauen und nicht mehr auf das ersparte Geld zu sehen oder mit dem Bankkonto zu liebäugeln. Es war wunderbar, zu erfahren, wie er uns darin beistand, unser altes Leben langsam, Schritt für Schritt, in Ordnung zu bringen.

## Bandwurm und andere Geschichten

„Mutti, mir ist es einfach nicht ganz wohl. Ich habe oft Bauchschmerzen. Ich glaube ich habe einen Bandwurm", klagte Zahai.

„Je nun, in diesem Fall bleibt dir nichts anderes übrig, als einen Arzt aufzusuchen."

Unser Dorfarzt befand sich zu dieser Zeit gerade in den Ferien. Ein junger Assistenzarzt vertrat ihn während seiner Abwesenheit. Der blickte seine Patientin sehr erstaunt an, als diese ihm gleich nach der Begrüssung frei heraus erklärte, dass sie mit grösster Wahrscheinlichkeit einen Bandwurm hätte.

„Wie bitte? Was sagen Sie?" fragte er, Zahai dabei richtig komisch von oben bis unten musternd.

„Ich habe einen Bandwurm und möchte ihn gern loswerden!"

„Sind Sie ganz sicher?"

„Natürlich, ich weiss doch, wie die Ausscheidungen von dem Wurm aussehen." Zahai fand es irgendwie ulkig, dass der Arzt sie beinahe wie ein Weltwunder anstarrte.

„Wenn Sie sicher sind, dass es das ist, dann kann ich Ihnen Medikamente dagegen geben. ... Aber, ... eh, ich habe einen Wunsch. Könnten Sie mir nicht den Kopf des Bandwurmes bringen, wenn er dann weggeht", fragte er leicht verlegen.

„Sicher kann ich das. Aber warum?"

„Wissen Sie, wir haben im Studium oft davon gehört und

gelesen, auch Bilder angesehen. Jedoch einen richtigen Bandwurm habe ich noch nie vor mir gehabt. Das würde mich sehr interessieren."

Lachend versprach sie ihm das. Zahai brachte ihm bei ihrem nächsten Besuch in der Praxis das Gewünschte, sorgfältig in einem Marmeladeglas verpackt.

Martha, unsere Tür-an-Tür-Nachbarin hatte eine besondere Gabe, immer ausgerechnet dann bei mir in der Stube aufzutauchen, wenn ich mich einmal an einem Nachmittag ein wenig hinlegte. Sie klopfte niemals an, sondern trat einfach ein und bat mich meistens, ihr beim Zusammenzählen der verschiedenen Postüberweisungen, die sie zu machen hatte, behilflich zu sein. Fand sie mich ruhend vor, konnte sie mich völlig entgeistert anblicken und fragen: „Hast du geschlafen? Bist du müde?"

In einem solchen Moment stieg in mir das schlechte Gewissen auf, denn bei uns hatte es früher immer geheissen: nur faule Leute legen sich am heiterhellen Tag hin. Wie doch solche anerzogenen Meinungen einen das ganze Leben lang begleiten können. In solchen Augenblicken hätte ich die Martha am liebsten ins Pfefferland gewünscht. Obschon sie sonst eine wirklich liebevolle Nachbarin war und unsere Kinder beschenkte wo sie nur konnte.

Zwischen den beiden Dörfern Freienstein und Rorbas fliesst die Töss. Über den Fluss führt eine alte römische Bogenbrücke mit einem etwa 60 cm breiten Steinmäuerchen auf beiden Seiten. Auf diesem Mäuerchen die Brücke zu überqueren, war der Spass beinahe jedes Kindes, obschon, oder gerade weil es eigentlich verboten war. Mich selber hatte das niemals gelockt. Ich war viel zu ängstlich und auch nicht schwindelfrei. Hingegen unsere drei... na ja!

„Frau Röschli, ich muss Ihnen unbedingt etwas sagen." Eine mir unbekannte Frau sprach mich an, gerade als ich mit vollgepackten Taschen den Laden verlassen wollte.

„Ja." Der Ton, in welchem die Frau das sagte, gefiel mir überhaupt nicht.

„Ich denke, ich muss es Ihnen jetzt einfach einmal sagen.

Ich habe schon oft beobachtet, wie Ihre drei Kinder über die Brückenmauer gehen und das ist doch viel zu gefährlich. Ich habe sie davor gewarnt, aber sie lachten mich nur aus."

Mich ärgerte die Art und Weise wie die Rüge vorgebracht wurde. Mein Gesicht lief tomatenrot an und ich fragte, vielleicht auch nicht gerade so freundlich wie ich es hätte sein sollen: „Sind es denn nur unsere Kinder, die solchermassen über die Brücke gehen?"

„Nein, das nicht, aber Ihre braunen Kinder kennt man halt aus allen heraus und von den anderen weiss ich den Namen nicht", gab sie zur Antwort.

Ich konnte nicht verhindern, deswegen laut aufzulachen. So war das also, unsere ‚Negerlein' stachen halt aus allen heraus. Die Anklägerin wandte sich ob meines Lachens beleidigt ab und lief weg. Sie beruhigte sich dann jedoch gleich wieder und verabschiedete sich freundlich, als ich ihr nachrief, dass ich es meinen Kindern verbieten würde.

Ich versuchte den Kindern klar zu machen, dass das Überqueren der Brücke auf dem Mäuerchen viel zu gefährlich sei und eben, dass sie halt von allen Kindern am meisten auffallen würden. Sie versprachen mir, es nicht mehr zu tun, aber ob sie Wort hielten, danach forschte ich nie.

Endlich erreichten unsere zwei ersten Schiffskisten ihr Ziel. Die dritte kam erst zwei Monate später bei uns an. Beinahe platzte unser Haus aus den Nähten ob all den verschiedenen Souvenirs und Haushaltgegenständen, die wir in unserer alten Heimat gekauft und verschifft hatten. Glücklicherweise gehörte uns ein Keller und ein geräumiger Estrich. Es machte Spass, die vielen Sachen wieder auszupacken. Die grossen Schafwollteppiche hatten leider in unserem kleinen Wohnzimmer keinen Platz. Wir mussten sie einmotten und im Estrich aufbewahren, bis sich ein Käufer dafür finden liess.

Dank der grossen Schiffskiste, die wir ihnen als Gerätehaus versprachen, erlaubten uns Martha und Heiri ihren dick mit Efeu überwucherten ehemaligen Hühnerhof abzubrechen. Das Hühnerhaus stand direkt vor unserem Hauseingang und war beileibe keine Zierde mehr. Kaum zu glauben, wieviel besser das Licht von draussen nun eindringen konnte und wieviel heller unsere Küche jetzt war.

David hatte mit Begeisterung und Freude die vielen Souvenirs auf dem Markt in Addis-Abeba eingekauft. Jetzt veräusserte er, mit den älteren Kindern zusammen, mit ebenso viel Spass, die Sachen wieder auf dem Flohmarkt in Zürich. Fast jeden Samstagmorgen in der Frühe fuhren sie mit dem vollgepackten 'Negerli-Express' los. Meistens kehrten sie erst gegen Abend, müde, aber über den Erfolg glücklich, mit voller Geldtasche, wieder heim. Das half uns unsere Finanzen ein wenig aufzupolieren.

Diana, meine liebe Freundin aus unserer Zeit in Eilat, schrieb aus Holland, wo sie bei ihrer Mutter in den Ferien weilte, dass sie uns gerne mit der Mutter und Tochter Chedwa besuchen wollte. Ich freute mich auf dieses Wiedersehen wie einst als Kind auf das Christkind. Niemals hätte ich geglaubt, Diana in diesem Leben noch einmal zu sehen.

David und ich holten die drei Frauen auf dem Hauptbahnhof in Zürich ab. Diana und ich blickten einander an, erkannten uns sogleich, dann fielen wir uns weinend in die Arme. Dreizehn Jahre der Trennung waren wie weggewischt. Unsere Liebe zueinander hatte diese Jahre überlebt.

Es war ein Vergnügen, mit unserem Besuch herumzureisen. Vor allem für die 20-jährige Chedwa war alles ein besonderes Erlebnis. Als sie den Rheinfall sah, meinte sie: „Mutter, was meinst du, was passieren würde, wenn wir diesen Wasserfall in den Negev verpflanzen könnten? Wie würde dort bald alles blühen und gedeihen."

Auf dem Grimselpass hatte es noch recht viel Schnee und bald waren wir in eine heftige Schneeballschlacht verwickelt. Unser Besuch, sowie unsere Kinder, waren noch niemals auf so einem hohen Berg gewesen und Schnee hatte Diana's Tochter auch noch nie gesehen. Mit ihnen zusammen freuten wir uns ebenfalls aufs neue über alles.

Sogar meine Hebräischkenntnisse frischte ich während dieser wenigen Tage wieder ein bisschen auf.

## Der Fernseher

David's Mutter weilte wieder einmal für einen Nachmittag bei uns zu Besuch. Sie kam mit der Bahn um 13.00 Uhr und blieb meistens bis nach dem Nachtessen. David brachte sie jeweils später mit seinem Auto wieder zurück nach Eglisau und ich begleitete ihn immer.

Mutter konnte natürlich nicht tatenlos herumsitzen, sondern musste immer etwas werkeln. Im Sommer inspizierte sie jedes Mal meinen Garten. Sie konnte es dann nicht lassen, das Unkraut zwischen dem Gemüse und den Blumen herauszuzupfen. Für sie bedeutete das etwas Schreckliches und sie mochte es nicht ausstehen, wenn ein Garten nicht gepflegt war. Im Winter nahm sie den Korb mit der Flickwäsche hervor, um die zerrissenen, immer wieder liegen gebliebenen Sachen endlich zu flicken und in Ordnung zu bringen. Letzteres war mir weit lieber, denn im Garten zu arbeiten machte mir bedeutend mehr Spass, als mich mit der Flickwäsche abzumühen. Auch war es mir nicht so besonders angenehm, wenn die Nachbarn sahen, dass die Schwiegermutter mit meiner Gartenarbeit nicht zufrieden war. Wieder so ein alter Zopf von früher. Man liess sich doch nicht helfen, solange man noch jung und bei Kräften war. Sich also der tatkräftigen Hilfe wegen lieber schämen, als sie sich dankbar gefallen lassen. Ach, wie ist man doch oft so dumm und undankbar.

Die Enkel schätzten den Besuch der Grossmutter dafür umso mehr. Nie kam sie, ohne etwas Gutes in ihrer umfangreichen Handtasche mitzubringen. Einen Kuchen, oftmals eine gefüllte, selbstgebackene Roulade, die sie besonders ihrem Sohn zuliebe brachte, aber auch andere gute Dinge. Es machte der Grossi, wie wir sie nennen, immer Freude, uns zu verwöhnen. Aber nicht nur wegen der Mitbringsel war ihr Besuch derart geschätzt, sondern auch, weil die Grossi Zeit hatte mit ihnen Spiele zu machen. Eile mit Weile, Schwarzpeter, Neunestein und andere. Ihr verleidete es niemals, so lange die Enkel wollten, hielt sie mit. Sehr im Gegensatz zu mir, denn Spiele machen war nie meine Stärke. Ich hatte weder Vergnügen daran noch die Zeit dazu.

Nicht nur unsere Kinder wussten um die Spielleidenschaft der Grossi, auch die Nachbarskinder hatten schon bald einmal herausgefunden, dass da jemand auf Besuch kam, der sich die Zeit nahm, sich mit ihnen abzugeben.

An einem unfreundlichen Februartag weilte die Grossi wiederum bei uns. Das Wohnzimmer füllte sich nach dem frühen Abendessen zusehends. Immer mehr Freunde unserer Jungmannschaft tauchten auf. Jetzt mussten sogar David und ich mithelfen, denn ein Spiel alleine genügte nicht mehr für alle. Es herrschte eine wahrhaft friedliche Stimmung in unserer Stube und es war ein herrliches Bild, so viele schwarzgelockte und blondhaarige Köpfe über die Spiele gebeugt zu sehen. Die schwarzen, braunen und blauen Augen der Mitspieler leuchteten auf, wenn sie gewannen, konnten jedoch auch einmal ärgerlich aufblitzen beim Verlieren.

Das schönste Spiel kam immer ganz zum Schluss. Der Höhepunkt von allem war das Schokoladespiel. Die Grossi brachte nämlich nicht nur eine ganz gewöhnliche Schokolade mit, sondern jedesmal eine Riesentafel. Der Hut, die Serviette, die Handschuhe, der Teller, das Messer, die Gabel und natürlich der Würfel, die dazu benötigt wurden, waren schnell geholt. So lustig ging es sonst selten zu bei uns. Jeder, der eine Sechs gewürfelt hatte, musste so schnell wie möglich die Utensilien anziehen, dann mit Messer und Gabel versuchen, das Schokoladenpapier zu öffnen. War die Vorarbeit getan, durfte sich jeder Mitspieler an der Schokolade gütlich tun, aber erst wenn er sich dementsprechend angezogen hatte. Wie ärgerlich, wenn gerade in dem Moment, wo man so weit war, ein Stück des süssen Leckerbissens auf die Gabel aufzuspiessen, ein anderer schrie: „Sechs!“ und man alles zusammen weiterreichen musste. Die Wogen der Bombenstimmung schlugen hoch und ich musste hie und da besänftigend eingreifen, wenn in der Hitze des Gefechtes einem der Spieler ein derbes Wort entschlüpfte. Ich war eigentlich meistens froh, wenn die Schokolade aufgegessen und somit das Spiel zu Ende war.

Lachend verabschiedeten sich die Nachbarskinder, die Grossmutter suchte ihre Siebensachen zusammen und wir begaben uns mit ihr auf den Heimweg.

„Das hat mir heute Spass gemacht mit den vielen Kindern zu spielen“, meinte die Grossmutter.

„Weisst du Mutter, ich bin wirklich froh, dass wir keinen Fernsehapparat haben“, sagte David.

„Was hat das jetzt mit dem Spielen zu tun“, fragte ich erstaunt.

„Ja, glaubst du denn, dass auch nur einer unserer sportbegeisterten Jungen während den olympischen Winterspielen, die jetzt im Februar 1976 stattfinden, mit uns und Grossi spielen würden. Ich finde es auch sehr schön, dass so viele ihrer Freunde zu uns gekommen sind. Wo erleben die Kinder denn sonst noch so eine Gemeinschaft und du siehst auch, dass sie sogar vorher beim Bibellesen mit dabei sind?“

„Ich bin überhaupt glücklich, besitzen wir keinen solchen Kasten und genau wie du, möchte ich nie einen haben“, bestätigte ich David.

Am nächsten Abend sah ich durchs Küchenfenster David angefahren kommen. Ich schob die angerichtete Schüssel Kartoffelrösti in den warmen Ofen und wartete, bis die Heimkehrer ins Haus treten würden. Allen voran kam Zahai gerannt. Sie öffnete in seltsamer Eile die Küchentür und rief laut mit sich beinahe überschlagender Stimme: „Mutti, Mutti, Vati hat einen Fernseher gekauft!“

„So einen Schmarren musst du mir jetzt ganz sicher nicht angeben“, erwiderte ich ärgerlich.

„Ganz bestimmt“, sagte sie, darauf beharrend.

Ich blickte gespannt auf die Näherkommenden. Peter trat als erster herein, mit einem kleinen Karton in der Hand. Er lachte fröhlich, seine Augen blitzten schelmisch. Hinter ihm kam Muluneh. Er trug eine grössere Kartonkiste. Ich schüttelte begriffsstutzig den Kopf und schaute prüfend auf meinen Mann, der zuletzt eintrat. Er grinste leicht verlegen und zuckte die Schultern.

„Aber David, du willst mir doch nicht sagen, dass du

wirklich einen Fernseher gekauft hast?“ fragte ich ihn, völlig entgeistert.

„In dem Karton drin ist zwar ein solcher Kasten, wie du denkst. Aber . . . !“

„Ach, du meine Güte! Wie konntest du nur!“

„Setz dich lieber mal hin und höre mir zu, bevor du etwas sagst. Ich will dir das Ganze erklären.“

Immer noch nichts verstehend, folgte ich David mit leicht summendem Kopf ins Wohnzimmer und setzte mich auf das Sofa. Alle unsere Kinder versammelten sich neugierig um uns.

„Marie, du kennst mich doch und weisst, dass ich immer voller Ideen stecke und dass mir vieles an meinem Arbeitsplatz nicht gefiel. Ich fand Verschiedenes, wie es gehandhabt wurde, viel zu kompliziert und arbeitsaufwendig. In der Fabrik gibt es ein eigenes Büro, wo man Verbesserungsvorschläge einreichen kann. Nun, ich machte davon Gebrauch. Sie haben zwar nur einen meiner Vorschläge angenommen und mir auch eine Entschädigung dafür ausgerichtet, aber heute fand eine Verlosung von allen das ganze letzte Jahr vorgelegten Ideen statt. Ja, und was soll ich nun weiter noch viel dazu sagen. Ich gewann den ersten Preis und das ist eben dieser kleine Farbfernseher.“

„Gestern sagten wir beide noch einstimmig: Nie einen solchen Kasten und jetzt, keine 24 Stunden später, steht schon einer hier in unserer Stube.“ Ich schüttelte wieder ungläubig den Kopf. Aber plötzlich fand ich die ganze Situation derart verrückt und urkomisch, dass ich laut zu lachen begann. Es dauerte nur einen Moment und die ganze Familie stimmte fröhlich und richtig übersprudelnd in mein Gelächter ein.

Wir hatten glücklicherweise nie Probleme mit dem Fernseher. Die Kinder zogen es immer noch vor, draussen oder mit der Grossi zu spielen, anstatt in den viereckigen Kasten zu gucken. Es fiel uns allen nicht schwer, nach den Nachrichten den Apparat wieder abzustellen und den Abend gemeinsam zu beschliessen.

## Probleme und Problemchen

Als unsere eigenen drei Ältesten so richtig ins Pubertätsalter kamen, waren sie bereits ausser Haus und wir hatten sie in der schwierigsten Phase nicht erlebt. Da sie sehr jung auf eigenen Beinen stehen mussten, hatten sie eigentlich gar nicht die Zeit dazu, gross rebellisch zu sein.

Jetzt musste ich mich plötzlich mit Halbwüchsigen zurechtfinden und das fiel mir gar nicht leicht. Peter war achtzehn Jahre alt und wollte natürlich schon seinen eigenen Weg gehen, obschon wir meistens verhältnismässig gut miteinander auskamen. Das überraschte mich eigentlich, denn er hatte doch sechs Jahre lang von uns getrennt in einem Schulheim gelebt. Vielleicht weil er sich dort auch in die Heimordnung einfügen musste, ging es zu Hause gut.

Seine grosse Leidenschaft war das Motorrad. Mit seinen Freunden zusammen unternahm er oft Ausflüge. Einmal ging es sogar bis in die Südschweiz. Mit bangem Herzen sah ich unserem Peter nach, als er mit Sack und Pack, um sechs Uhr abends, auf seinem Motorrad davonfuhr. ‚Herr, mein Gott, beschütze Du ihn und seine Freunde', murmelte ich vor mich hin.

Ich konnte überhaupt nicht richtig schlafen in dieser Nacht. Immer wieder quälten mich schwere Träume. Es nützte gar nichts, mich selber auszuschelten wegen meiner Ängstlichkeit und mir einzureden, dass es ja nicht das erste Mal sei, dass sich Peter auf eine Reise begab. Nicht einmal das Beten brachte viel Erleichterung. Auf alle Fälle war ich froh, als der Morgen anbrach und ich aufstehen konnte.

„Du kommst mir vor wie eine Glucke, deren Kinder das erste Mal unter ihren Flügeln hervor in die Welt hinaus spazieren", lachte David mich liebevoll aus. Aber auch das munterte mich nicht auf, ich blieb weiterhin unruhig.

Peter hatte mir versprochen, dass er mir im Laufe des Morgens telephonieren würde, wie die Fahrt verlaufen sei. Wir besassen kein eigenes Telephon, sondern mussten hinüber zu Trudy gehen. Ich atmete auf, als mich die Nachbarin rief und sagte, Peter sei am Apparat. ‚Siehst du, jetzt hast du dir wieder unnötige Sorgen gemacht', schalt ich mich aus, während ich ans Telephon eilte.

Trotzdem klopfte mein Herz immer noch ungestüm, als ich den Hörer abhob und mich meldete.

„Guten Morgen Mutti. Ich bin es, Peter."

„Wie geht es dir?"

„Hm, so la la!"

„Was heisst so la la?"

„Ich bin heute nacht am Gotthard gestürzt!"

„Und . . . ?"

„Ich habe mir die Ellbogen, die Hände und die Knie zerschunden. Es schmerzt höllisch! Und das Motorrad ist in zwei Teile zerbrochen. Alles ist kaputt."

„Ums Himmels willen, was hast du gemacht?"

„Es ging erst alles gut, aber auf dem Weg vom Gotthardpass ins Tal hinunter muss ich eingeschlafen sein. Ich bin an den Randstein gefahren und auf die Strasse gestürzt. Ich kann von Glück sagen, dass nicht gerade ein Auto daherkam, und Mutti, neben dem Rand ging es in ein tiefes Tobel hinunter, wenn ich auf die andere Seite gefallen wäre, dann . . .!" Peter vermochte beim blossen Gedanken daran nicht mehr weitersprechen.

„Nicht wahr, Peter, da hat Gott wieder einmal seine schützende Hand über dich gehalten", antwortete ich. Mich schauderte, wenn ich daran dachte, was hätte sein können. Also war meine Unruhe in der Nacht doch nicht so unerklärlich.

Peter kehrte trotz seines schweren Sturzes nicht heim. Er wollte unbedingt die Ferien mit seinen Freunden erleben. Aber viel habe er nicht davon gehabt, beichtete er mir später.

Was mir auch sehr zu schaffen machte, war, dass er eine erst vierzehnjährige Freundin hatte. Dem jungen Mädchen erlaubten die Eltern einfach alles. Sie konnte am Abend ausgehen so lange sie nur wollte. Es fragte sie niemand zu Hause nach dem Wohin oder was sie machte. Das war nicht gerade das, was ich mir für unseren Peter wünschte und ich verbrachte viel Zeit damit, für ihn um Bewahrung zu beten. Mir fiel wirklich ein Stein vom Herzen, als unser Sohn fand:

Mädchen seien doch doof, mit Jungen auszugehen sei viel interessanter.

Von seinem Vater hatte er die Begeisterung für das Sammeln von alten Sachen und das Ausprobieren und Austüfteln von verschiedenen, manchmal nicht ungefährlichen Dingen geerbt. David und ich sassen uns im Wohnzimmer gegenüber und tauschten unsere Gedanken aus über alle Ereignisse des Tages, als plötzlich ein heftiger Knall die Stille zerriss. David sprang, kreidebleich geworden, von seinem Sitz auf und rannte so schnell er nur konnte hinaus in die Werkstatt. Ich folgte ihm viel langsamer, mir war der Schreck in alle Glieder gefahren. Noch bevor ich durch die Haustür war, kamen Vater und Sohn herein. Peter sah noch bleicher aus als David. Ein Blick auf unseren Jungen genügte, um mir die ärgsten Befürchtungen zu nehmen; er sah noch heil aus.

„Hast du mir jetzt einen Schrecken eingejagt! Was hast du wieder angestellt?“ fragte ich gleich, mit immer noch etwas bebenden Lippen.

„Du kannst dir gar nicht vorstellen, was für eine Dummheit unser Sohn im Begriff war auszuführen! Er versuchte alte Patronen aufzuschweissen. Das darin verbliebene Pulver hat sich entzündet und ist explodiert. Das hätte wirklich ins Auge gehen können“, erwiderte David an seiner Stelle grollend.

Ich schaute prüfend auf Peters Hände, um herauszufinden, ob er noch alle Finger hatte. Ausser dass sie ein wenig rot waren, konnte ich nichts Abnormales entdecken. Unser Junge hatte keinen Schaden davongetragen. Nur der Schock sass ihm noch in den Knochen – uns übrigens auch. Gott muss für ihn bestimmt immer einen ganz besonders tatkräftigen Schutzengel bereitgehalten haben.

Zahai mauserte sich auch so langsam zu einer eigenen Persönlichkeit. Wir stiessen oft recht heftig aneinander und da ich ein Mensch bin, der nur sehr schwer in Zwietracht leben kann, litt ich sehr darunter. Sagte ich etwas, das ihr nicht passte, schnappte sie sofort ein. Wollte sie etwas, das ich nicht wollte, war es ganz bestimmt nicht in Ordnung für sie und sie liess mich das auch ganz deutlich fühlen. Sie machte auch praktisch nichts mehr mit, was wir mit der ganzen Familie unternahmen und verbrachte ihre Freizeit lieber bei fremden Leuten. Für David und mich war das schwer zu verstehen. Ich glaube das Schwierigste an der Sache war, dass alles erst kam, als eigentlich die Pubertätsphase bei ihr schon längst hätte vorbei sein sollen.

Die ganze Situation spitzte sich je länger je mehr zu und wurde für uns alle langsam aber sicher untragbar. Eines Samstagmorgens begehrte sie wieder heftig auf wegen einer Kleinigkeit und maulte herum, was bis vor kurzem einfach nicht denkbar gewesen wäre bei ihr. Jetzt wurde es sogar David zu bunt und er fuhr sie wütend an. Natürlich war das in diesem Moment gerade das, was das ganze Fass zum Überlaufen brachte. Anstatt zu spüren, dass es jetzt genug war, stiess Zahai noch ein böses Wort hervor, bevor sie aus der Stube rennen wollte. Ihr Vater hielt sie am Ärmel fest und verpasste ihr eine schallende Ohrfeige.

Mir stockte der Atem. David schlug praktisch nie eines der Kinder und bestimmt keines, das über zwanzig Jahre alt war. Man hätte eine Nadel zu Boden fallen hören können, solch eine Stille herrschte einen Moment lang zwischen uns dreien.

Dann sagte David beherrscht: „Es tut mir leid, dass es so weit kommen musste. Ich hätte nie geglaubt, dass ich dich einmal schlagen würde. Aber jetzt war es einfach genug. Ich glaube, wenn du dich nicht mehr in unser Familienleben einfügen kannst oder willst; suchst du dir besser irgendwo bei fremden Leuten ein Zimmer oder mietest eine Wohnung. Mutti und ich können und wollen nicht mit jemandem im Streit zusammenleben."

Unsere grosse Tochter blickte uns beide mit weit aufgerissenen Augen an. Unter ihrer braunen Haut war sie ganz bleich geworden. Sie erwiderte kein einziges Wort, machte rechtsumkehrt und verschwand in ihr Zimmer. Dort warf sie sich auf ihr Bett und weinte bitterlich. Mir tat das ganze in tiefster Seele weh, aber als ich ihr folgen wollte, befahl mir David mit harter Stimme: „Lass sie alleine. Sie muss jetzt selber ihren Weg finden. Es hilft uns allen nichts, wenn wir das jetzt nicht durchkämpfen."

Zahai suchte sich eine Wohnung und verliess uns nach drei Wochen. Sie fand, dass sie nun alt genug sei, um auf eigenen Füssen zu stehen. David und mir tat es leid, aber es war wohl besser, sie ziehen zu lassen. Glücklicherweise konnten Zahai und ich uns noch vor ihrem Auszug aussprechen und aussöhnen. Wir legten im Gebet alles vor unseren Herrn und konnten uns wirklich alles vergeben, was wir uns gegenseitig mit bösen Worten und Unverständnis angetan hatten. Nach der Aussprache fielen wir uns beide in die Arme und weinten miteinander.

Keines von uns hatte je Heimweh nach Äthiopien und das verwunderte mich eigentlich. Aber die Nachrichten, die uns von dort erreichten, waren nicht gerade erbauend und wir dankten Gott, dass wir nicht mehr in der alten Heimat weilten. David und ich waren todsicher, dass wir niemals mehr nach dem Land im schwarzen Kontinent zurückkehren würden. Heute lachen wir über diese Gedanken, und mit uns noch viele Leute.

Was mir in der Schweiz am meisten zu schaffen machte und vor dem ich mich auch gefürchtet hatte, waren die Wintermonate. Besonders der November lag mir auf dem Magen, wo es so früh schon dunkel wird und der Nebel oft den ganzen Tag lang keinen hellen Lichtschein durchlässt. Im Sommer ging es ja noch an in unserem Haus, obschon auch da fast kein Sonnenstrahl bis in die hinterste Ecke durchzudringen vermochte. Mir fehlte auch das Arbeiten draussen im Garten und zum Einkaufen zu gehen verspürte ich überhaupt keine Lust. Ich sass oft untatenlos in meinem Wohnzimmer und kämpfte gegen eine ungewohnte Stimmung an, die mich mehr und mehr in die Tiefe reissen wollte. Ich kam mir unnütz vor. Unfähig die Kinder im rechten Glauben zu erziehen und David eine gute Frau sein zu können. Mit solchen Hirngespinsten quälte ich mich herum. Ich getraute mich gar nicht, David von meinen Gedanken und Ängsten zu erzählen. Ich meinte, er würde mich doch nur auslachen deswegen, oder gar darüber böse werden. Waren er und die Kinder zu Hause, ging es recht gut, aber die vielen Stunden des Alleinseins! Ich fiel langsam aber sicher in eine richtige Depression, ohne es zu realisieren.

Aber wenigstens gelang es mir noch, meine tägliche Andachtsstunde zu halten. Ich betete, las die Bibel und versuchte auch hie und da einmal ein Lied zu singen. Eines Morgens während des Bibelstudiums ging mir das Wort im Johannesevangelium 14, 23 auf: Wenn jemand mich liebt, wird er mein Wort halten, und mein Vater wird ihn lieben, und wir werden zu ihm kommen und Wohnung bei ihm machen.

Ich liess diese herrlichen Worte in mir nachklingen und meditierte darüber. Wir werden zu ihm kommen und Wohnung bei ihm machen. Also war ich ja gar nie alleine! Warum fühlte ich mich denn so verlassen? Ich liebte doch Gott und Jesus Christus, seinen Sohn! Da stand doch, dass sie in mir wohnen würden. Glaubte ich denn nicht, was in der Bibel stand? Doch! Also, warum sollte ich noch länger traurig sein? Jesus wohnte in mir! Ich musste diesen dummen Gedanken nicht länger nachhängen, ich durfte sie im Namen Jesus Christus wegweisen. Wenn Gott in mir wohnt, dann machte es auch nichts aus, wenn es draussen düster und im Haus drinnen dunkel war. Gott ist Licht und wenn das Licht in mir wohnt, kann ich alle Lasten tragen.

In mir stieg mehr und mehr eine wohltuende Wärme auf und eine lange nicht mehr verspürte Ruhe überflutete mich. Ich sass über eine Stunde völlig still da, ohne etwas zu tun. Aber jetzt nicht mehr wegen der Traurigkeit, die mich umfangen hatte, sondern in Freude. Nachher zog ich mich an und machte mich voller Spannung auf den Weg zum Einkaufen. Ich freute mich auf die Begegnung mit einem bekannten Menschen, mit dem ich einige Worte wechseln könnte.

„Guten Morgen, Marie. Es ist gut, dass ich dich treffe“, rief mir Magdalena vor dem Geschäft zu. „Wir haben unseren Hauskreis auf heute abend verschieben müssen.“

Meine Augen begannen zu leuchten. Ich freute mich über ihre Worte und das zeigte mir aufs neue, dass etwas anders geworden war an diesem Morgen. In den letzten Wochen waren mir nämlich sogar unsere alle vierzehn Tage stattfindenden Zusammenkünfte mit den gläubigen Geschwistern ein Greuel gewesen. In mir begann es zu singen: Danke Herr Jesus, danke.

An diesem Abend getraute ich mich sogar, vor den Freunden

von meiner schweren Zeit zu berichten und darüber Zeugnis zu geben, dass mich Gott durch sein Wort der Liebe herausgeholt hatte.

Auf dem Nachhauseweg fragte David: „Liebes, warum hast du mir nie etwas von deinen Gefühlen und deiner Angst erzählt?“

„Ich fürchtete, du würdest mich auslachen.“

„Bitte mach das nie mehr. Wir wollen doch alles zusammen tragen. Vielleicht hätte ich dich nicht verstanden, aber meine Liebe, die mich mit dir verbindet, hätte ich dir deutlicher zeigen können.“ Er zwang mich stille zu stehen, nahm mich fest in seine Arme und küsste mich zärtlich.

## Der verschwundene Kittel

Wir weilten noch keine zehn Tage in der Schweiz, als David bereits das Aufgebot vom Zeughaus erhielt, vorbeizukommen und seine Ausrüstung wieder zu fassen. Nach fünfzehnjährigem Auslandaufenthalt hatte er natürlich keine grosse Lust dazu. Aber was sein muss, muss sein, sagte er und machte sich auf den Weg, der Aufforderung nachzukommen.

Ich erinnere mich noch genau daran, wie er seine grünen Klamotten nach Hause brachte, sie in Karli's Stube in eine Ecke stellte und meiner Fürsorge überliess. Am nächsten Tag trug ich alles ins Dachzimmer hinauf, wo Zahai schlief und versorgte es in ihrem Schrank. Ich sehe immer noch vor mir, wie ich den sogenannten Grabstein, ein metallenes rundes Blech an einer Kette, auf dem alle Initialen des Wehrmannes aufgeschrieben sind, oben an der Patte des Kittels festmachte.

Nicht ganz ein Jahr nach unserer Rückkehr in die Heimat kam für David das Aufgebot zur Absolvierung seines letzten vierzehntägigen Militärdienstes ins Haus geflattert. Mit gemischten Gefühlen lasen wir das Schreiben.

„Weisst du wie mir das stinkt, jetzt noch einmal Militärdienst leisten zu müssen“, meuterte David.

„Weisst du wie es mir stinkt, dich noch einmal in den Militärdienst ziehen zu lassen", echote ich.

Aber alles Murren nützte nichts; David musste am Montag in vier Wochen mit Sack und Pack, gestiefelt und gespornt, einrücken. Es ist nun halt einmal so in der Schweiz, wehrpflichtige Männer müssen bis zum fünfzigsten Altersjahr Militärdienst leisten.

Als gute Schweizerbürgerin und Frau eines Soldaten, die weiss was sich gehört, fing ich bereits am Mittwoch an, seine Uniform auszulüften. Sie lag oben auf dem Estrich im Schrank. Der Mantel hing am Haken, die Hosen am Bügel, der Karabiner, der Säbel, der Tornister, die beiden Paar schweren Schuhe, alles stand in der Ecke, auch die kleinen, vorgeschriebenen Utensilien waren vorhanden. Aber . . .! Etwas fehlte noch! Was war es nur? Ach ja, der Kittel mit dem Grabstein dran. Wo konnte der nur stecken?

Ich begann, sorgfältig den ganzen Schrank zu durchsuchen. Kein Kittel hing da.

„Komisch, ich weiss doch ganz genau, dass er hier sein muss!" rief ich aus. Aber eben, es stimmte nicht, er hing nicht an seinem Platz.

Leicht beunruhigt ging ich in unser Schlafzimmer hinunter, inspizierte unseren Schrank. Wie vermutet: nichts. Jetzt war mir gar nicht mehr wohl zumute. Wo konnte nur der verflixte Soldatenkittel sein?

Ich holte den Schlüssel vom Haus meines Bruders, stieg doch in die Dachkammer hinauf und sah in Zahai's ehemaligem Schrank nach. Weit und breit war kein grüner Kittel zu entdecken.

„Das darf doch einfach nicht wahr sein! Der Kittel kann doch nicht einfach spurlos verschwunden sein!" Mir wurde immer mulmiger in der Magengegend. Was würde David sagen?

In schweren Gedanken versunken kochte ich das Mittagessen. Es war ein Wunder, dass man es nachher essen konnte. Mir schmeckte es überhaupt nicht. Die Kinder sahen mich verwundert an, als sie bemerkten, wie lustlos ich in meinem Teller herumstocherte.

„Was ist heute mit dir los Mutti? Hast du keinen Hunger?“ fragte Genet besorgt.

„Nein wirklich nicht! Ich habe Sorgen. Ich finde Vatis Soldatenkittel nicht“, erwiderte ich .

„Der hängt doch oben im Estrichschrank“, rief Genet sogleich aus.

„Dann geh und schaue nach, ich sah ihn nirgends.“

Sie sprang vom Stuhl auf, rannte hinaus und schon hörte ich sie die Hühnerleiter hinaufpoltern. Nach kurzer Zeit erschien sie wieder und sagte kleinlaut: „Er hängt wirklich nicht dort!“

„Dann ist er bestimmt bei Karli oben, ich habe ihn dort im Schrank gesehen. Soll ich nachsehen gehen“, rief Falagu.

„Iss erst fertig, dann könnt ihr zusammen hinaufgehen. Ich wäre noch so froh, wenn ich mich geirrt hätte.“

Aber alles Suchen in den beiden Häusern fruchtete nichts. Alle Schränke waren von unten bis oben durchwühlt worden. Der Kittel blieb verschwunden. Ich getraute es kaum, meinem David zu beichten.

„So etwas gibt es doch nicht! Ich kann es einfach nicht glauben!“ war sein Kommentar. Nun fing die fruchtlose Sucherei noch einmal von vorne an, zusammen mit meinem Ehepartner. Der Kittel musste doch einfach irgendwo sein.

Erst spät am Abend gaben wir es auf. Ich fühlte mich todmüde und völlig ausgepumpt und setzte mich im Wohnzimmer in einen Sessel, legte meine müden Füsse auf den kleinen Tisch vor mir und blickte David an.

„Was willst du nun machen?“

„Ich weiss es auch nicht. Ich habe von keinem meiner früheren Kameraden mehr eine Adresse, kann also von ihnen keinen Kittel ausleihen. Einrücken ohne diesen darf ich auch nicht. In einer Brockenstube finde ich bestimmt keinen passenden. Also bleibt mir nichts anderes übrig, als morgen im Zeughaus vorbeizugehen und dort zu beichten, was mir passiert ist. Wieviel Geld hast du im Haus? Ich denke, ich brauche für einen neuen mindestens 300 Franken.“

David konnte – genau wie ich auch – sich alles zwar immer

noch nicht erklären, aber Ärger darüber liess er sich keinen anmerken.

Darüber war ich sehr froh. Ich nahm schweren Herzens das Geld aus meiner Haushaltkasse und gab es ihm. Nun würde ich diesen Monat recht sparen müssen.

In der Nacht suchte ich im Traum immer noch nach grünen Kitteln und einmal rannte ich die längste Zeit hinter einem Mann her, der lachend mit dem gesuchten Kleidungsstück in der Hand in der Ferne verschwand.

In meiner stillen Zeit am Morgen brachte ich den verschwundenen Kittel auch vor den Herrn und bat ihn flehentlich, doch David beizustehen. Einmal wollte der Gedanke aufkommen: ‚Darf ich das eigentlich? Darf ich Gott mit so etwas belästigen? Ist es nicht gar frech, so etwas zu tun? Aber es heisst doch: werfet alle eure Sorgen auf den Herrn, und das war halt heute nun einmal meine grosse Sorge. Also ist es bestimmt erlaubt, auch mit einer solchen, überhaupt nicht weltbewegenden, für uns aber ungemein wichtigen Angelegenheit vor den Herrn zu kommen.‘

Mit gemischten Gefühlen sah ich David heimkommen. Wie war es ihm wohl ergangen? Ein Blick in seine Augen genügte; es schien alles gut zu sein. Hinter ihm trug Muluneh einen grünen Soldatenkittel ins Haus. ‚Gott sei Dank!‘ Ich konnte kaum erwarten, bis er anfing sein Erlebnis zu erzählen.

„Ich kann dir gar nicht sagen, mit welch dummem Gefühl ich im Zeughaus vorsprach. Ich wusste wirklich nicht recht, wie ich ihnen dort plausibel machen sollte, dass ich meinen Kittel verloren habe.

Bei der Empfangsdame erzählte ich zum ersten Mal die Geschichte. Sie hörte mir schweigend zu, dann wies sie mich weiter an einen Beamten. Der fragte bald einmal: ‚Sind Sie ganz sicher, dass ein Kittel bei den gefassten Sachen war?‘

‚Ja, . . . ja, ich glaube schon.‘

‚Musste nicht eventuell der Kittel geändert werden und Sie haben ihn nie abgeholt?‘

‚Nein, ich denke nicht. Und wenn, dann hätte ich doch eine Änderungsbescheinigung von Ihnen erhalten.‘

‚Natürlich! Aber was machen wir jetzt mit Ihnen?'

‚Ich weiss es auch nicht! Ich weiss nur eines, ich muss am Montag einrücken und das kann ich nur mit einem Soldatenkittel. Was würde wohl der Einmusterungsoffizier sagen, wenn ich mit einem ganz gewöhnlichen Kittel daherkäme.'

Der Beamte fing an zu grinsen. Er sah wohl das Gesicht des Offiziers vor sich bei einem solch ungehörigen Antreten eines Wehrmannes. Nach kurzem Zögern sagte er: 'Gehen Sie in das Zimmer Nummer 49 und lassen Sie sich dort einen neuen Kittel und die benötigten Dienstabzeichen aushändigen. Ich kann Sie ja wirklich nicht halb zivil, halb militärisch einrücken lassen. Ich wünsche Ihnen einen guten letzten Wehrdienst.'

Er gab seiner Sekretärin den Auftrag, mir ein Formular auszustellen, damit ich den Kittel dort abholen könnte. Irgendwie schwebte ich beinahe etwas über dem Boden vor Freude, als ich mich auf den Weg ins Zimmer Nummer 49 machte. Der Beamte dort sagte nicht viel, aber ich musste ihm doch die unwahrscheinliche Geschichte des verschwundenen Kleidungsstückes erzählen. Er schüttelte nur den Kopf und meinte: ‚Jetzt haben Sie aber Schwein gehabt, dass mein Vorgesetzter einen guten Tag hat. Normalerweise wäre diese Geschichte nicht so glimpflich abgelaufen. Sie müssen ja, laut dieser Bescheinigung, nicht einmal etwas bezahlen.'

Hier siehst du den neuen Kittel. Sie hatten einzig die Nummernpatten meines Bataillons nicht am Lager. Sie versprachen, mir diese in die Einheit nachzusenden. Es war für mich ein unwahrscheinliches Erlebnis und ich weiss, dass ich heute nicht einfach ‚Schwein' hatte, sondern dass unser Gott alles in seinen Händen gehalten hat. Ohne seine Hilfe wäre es bestimmt niemals so gut gegangen. Nicht wahr, Marie, du hast auch intensiv für mich gebetet?"

Niemand, dem wir diese Geschichte erzählten, konnte verstehen, dass sie dort im Zeughaus einfach so ohne weiteres David einen neuen Soldatenkittel aushändigten und dann erst noch gratis. Gott kümmert sich halt auch um Kleinigkeiten.

David und ich haben uns noch oft darüber Gedanken gemacht, wo wohl der verflixte Kittel hingekommen sei. Sehr wahrscheinlich ist er versehentlich beim Kleiderausräumen in einen der Säcke für das Rote Kreuz gewandert. Vielleicht spaziert irgendwo in Afrika ein Mann stolz mit dem grünen Schweizer-Militärkittel von David herum.

## Eine Notlüge

David fühlte sich schon länger nicht mehr ganz wohl an seiner Arbeitsstelle. Er war einfach völlig unterfordert und zu viele seiner guten Qualitäten lagen brach. Das Arbeitsklima, welches in so einem Grossbetrieb herrscht, wo jeder eifersüchtig auf den anderen acht gibt, war er nicht gewohnt. Besonders nachdem er im Februar den Fernseher gewonnen hatte, wurde er von etlichen seiner Mitarbeiter scheel angesehen. Sie mochten ihm das Glück nicht gönnen. Erst recht nicht, als dann noch sein Bild von der Übergabe des Gewinnes in der Fabrikzeitung gross herauskam. Er fing an, den Stellenanzeiger eifrig durchzulesen und Bewerbungen zu schreiben. Immer noch gab es nicht allzuviele offene Stellen.

Natürlich füllte er immer alle Unterlagen ganz genau aus. Bei der Rubrik: ‚Kinder' hatte er nie genügend Platz, denn in keinem Formular waren zehn Linien für die Namen der Kinder vorgesehen. Er musste meistens noch einen Anhang dazu schreiben.

Jedesmal, wenn ich wieder so einen Brief mit einer Bewerbung in den Briefkasten warf, betete ich leise vor mich hin: „Herr, lass es nur ein Ja sein, wenn Du willst, dass David diese Stelle bekommt. Nur, wenn es zu seinem Besten ist, sonst lass es eine Absage sein." Trotz dieses Gebetes, von dem ich David nichts sagte, tat es mir dann weh, wenn die Unterlagen wieder zurückkamen, mit einem kurzen Brief der Firma, in dem stand: „Es tut uns leid, Ihnen mitteilen zu müssen, dass wir die offene Stelle bereits anderweitig vergeben haben."

Wenige Male wurde David auch zu einem Vorstellungsgespräch eingeladen. Dann war es jedoch entweder nicht das, was er suchte, oder ein anderer machte das Rennen. Langsam wurde

David bei den Unterredungen hellhörig. Immer wieder kam die Frage nach den Kindern auf. „Sie haben zehn Kinder! Ja müssen Sie da nicht unmöglich viele Probleme haben?" Oder dann:

„Wie kann man in der heutigen Zeit nur noch so viele Kinder haben. Können Sie sich da an einer Arbeitsstelle noch voll einsetzen?"

„Marie, ich denke bei der nächsten Bewerbung schreibe ich nur noch vier schulpflichtige Kinder hin. Ich glaube einfach, meine Ehrlichkeit ist falsch", schimpfte David beim Nachhausekommen. „Es stimmt ja dann erst noch, wir haben nur vier Kinder, die zur Schule gehen."

Wieder waren drei Stellen ausgeschrieben, die ihn interessierten. Dieses Mal fanden alle Namen unserer Schulkinder Platz auf den Formularen, die er bald darauf zugeschickt erhielt. Und siehe da, er wurde sogar von jeder Firma zu einem Gespräch vorgeladen und kam an zwei Orten in die engere Wahl. Hatte das Scheitern doch teilweise an den zehn Kindern gelegen ?

Bei der Vorstellung in der Firma Vitoreco, einer Gruppe für Lebensmittelentwicklung vom Grosskonzern Nestlé International, deren Installation in den Gebäuden der Maggi Fabrik Kempthal untergebracht waren, hatte David ein gutes Gefühl. Er spürte sogleich, da könnte er sich wohlfühlen. Es war nur ein kleiner Betrieb mit ungefähr fünfzig Mitarbeitern. In einer Entwicklungsgruppe waren ganz bestimmt Leute mit schöpferischen Begabungen gefragt. Sie suchten einen technischen Sachbearbeiter. Wiederum konnte sich David unter dem Wort nichts ganz Bestimmtes vorstellen. Doch erneut reizte ihn das.

Er fühlte sich glücklich, als er vom Direktor zu einem zweiten Treffen vorgeladen wurde. Das Gespräch verlief zur Zufriedenheit beider und David wurde gebeten, sogleich noch beim Personalchef der Firma zur Absprache der vielen wichtigen Details vorbeizugehen. Ausser dem Beitritt in die Pensionskasse, der wegen seiner 43 Jahre nicht ganz einfach sein würde, gab es überhaupt keine Probleme.

Zu diesem Zeitpunkt fand es David nun doch nötig, dem

Personalchef zu bekennen, dass seine Angaben auf dem Formular nicht alle ganz der Wahrheit entsprachen.

„Ich habe zwar vier schulpflichtige Kinder, wie ich es schrieb, aber es sind sechs, welche unter zwanzig Jahre alt sind, für die also die Kinderzulage ausbezahlt werden muss und im ganzen besitzen wir zehn."

Der Personalchef blickte David erstaunt an, dann meinte er nur leichthin: „Das macht überhaupt nichts aus bei uns. Hatten Sie anderswo deswegen Schwierigkeiten?" Er ging nicht weiter darauf ein, sondern fuhr in der Besprechung fort.

„Marie, es hat endlich geklappt. Ich werde die Stelle bekommen!" David strahlte über das ganze Gesicht bei dieser Mitteilung.

Ich freute mich aus ganzem Herzen mit ihm darüber und war auch ganz tief in meinem Innern gewiss, dass Gott meine vielen Gebete erhört und für meinen Liebsten die beste Stelle auserkoren hatte.

‚Dir, mein Herr und Gott gehört alles Lob, Dir gehören Preis und Anbetung!'

## Das Gummihaus

Im Pestalozzidorf in Trogen gibt es ein Äthiopienhaus. Wir lernten die Hauseltern mit ihren drei eigenen und den vierzehn Waisenkindern während unserer Ferien in der Schweiz kennen. Uns verband seither eine lose Freundschaft. Die Kinder dort kannten nichts anderes als das Heimleben, denn wenn sie irgendwohin in die Ferien fuhren, fanden sie nur wieder in einem anderen Kinderheim Platz. Sie kamen zwar im Austausch mit verschiedenen Kindergruppen nach Italien oder Österreich, aber eben nie in eine private Familie. Auf diese Weise war ihnen ein ganz gewöhnliches Familienleben völlig fremd. Dies beschäftigte David und oft sprach er auch davon, dass er das nicht so gut fände und die Kinder später sicher Mühe hätten, ein normales Familienleben führen zu können. Aber, dass diese Situation nicht einfach zu ändern war, verstand er auch.

David sagte eines Abends: „Was meinst du, Marie, könnten wir nicht einmal die Trogener über ein Wochenende zu uns einladen?"

„Denkst du da an die Hauseltern mit ihren drei Kindern?"

„Nein, eigentlich an alle."

„An alle Neunzehn! Wie stellst du dir das denn vor?" Ich blickte ihn völlig entgeistert an.

„Hm. Ich glaube, unsere Freunde vom Hauskreis würden sicher auch mitmachen und jeder würde zwei, drei Kinder bei sich aufnehmen. Lass uns morgen abend die Idee dort einmal vortragen und sehen, was sie dazu sagen."

Natürlich fingen die Gedanken in meinem Kopf sogleich zu kreisen an und ich begann bereits Pläne zu schmieden, was ich dann für so viele kochen könnte und wo ich sie unterbringen sollte. Ich war innert kürzester Zeit Feuer und Flamme für David's Plan.

Kurz nach unserer Heimkehr aus Aethiopien waren wir von unserem Kirchenpflegepräsidenten, Willy Wirth aus Freienstein, in seinen Hauskreis eingeladen worden, und wir waren damals auch gleich hingegangen. Wir durften uns dort von Anfang an heimisch fühlen und fanden gute Kontakte zu den jüngeren und älteren Teilnehmern. Wir trafen uns alle vierzehn Tage in einem anderen Haus, tauschten unsere Erlebnisse aus, sangen, sprachen über einen Bibeltext, welchen immer der Gastgeber oder dessen Partner vorbereitet hatte und beteten. Zum Abschluss gab es immer noch Kaffee und Kuchen.

Bei dieser Gelegenheit erzählte David von seiner Idee, die Trogenerfamilie einzuladen. Er erklärte jedoch gleich von Anfang an, dass wir die Unterstützung der Freunde bei diesem Vorhaben benötigen würden.

„Inwiefern?" fragte Magdalena.

„Wir können nicht alle bei uns beherbergen. Da wäre es schön, wenn jedes von euch ein paar Kinder aufnehmen könnte. Ich meine zum Schlafen und dann am Sonntagmorgen für das Frühstück."

„Ja bestimmt, das wird sich bewerkstelligen lassen", antwortete Schwester Martha spontan.

Bald war eine eifrige Diskussion im Gange und noch ehe wir uns von den Freunden verabschiedeten, war es sonnenklar, dass wir die Trogener einladen würden. Jede Familie würde mindestens zwei Kinder aufnehmen und die Hauseltern durften bei Willy und Magdalena übernachten.

Nur zwei Tage nachdem ich meinen Brief nach Trogen zur Post gebracht hatte, kam eine freudige Antwort. Nur zu gerne würden sie der freundlichen Einladung Folge leisten. Wir einigten uns auf das Wochenende in vierzehn Tagen und begannen alles Nötige zu organisieren. Die Hauskreisfreunde, unsere Kinder, David und ich wollten unsere Gäste so richtig nach Herzenslust verwöhnen.

Gespannt warteten wir alle auf die Ankunft unserer Gäste. Am späteren Samstagnachmittag endlich kam der Bus mit der fröhlichen Schar bei uns an. Einen Augenblick lang hatte ich das Gefühl, als alle Neunzehn durch die Küche hindurch in das Wohnzimmer gingen, unser Haus würde zerplatzen. Wir hatten zwar ein Gummihaus, wie David immer lachend sagte, wo eine Unmenge Leute hineinpassten, aber auch für einen Gummi kann es einmal zu viel werden.

Der Geruch, der aus den auf dem Herd brutzelnden Pfannen und Töpfen stieg, verriet den Ankömmlingen sogleich, welch ein Festmahl sie heute erwartete. Ich hatte es mir nämlich nicht nehmen lassen, Inschera und Watt, das äthiopische Nationalgericht, zur Feier des Tages zuzubereiten.

Die Kinder fühlten sich sogleich heimisch bei uns und es dauerte nicht lange, bis sie alle zusammen draussen herumtollten; die Nachbarskinder und die Schulkameraden unserer Kinder machten alle fröhlich mit. Es war ein herrliches Bild, bald Weiss und Schwarz gemeinsam im Spiel vertieft zu sehen. Besonders die Fahrräder hatten es unseren Besuchern angetan. Peter fuhr voraus, hinter ihm folgten vier, heftig die Pedale tretende, schwarzgelockte Äthiopier. Die Leute im Dorf blickten leicht erstaunt auf Peter und seine Gefolgschaft, die da so rasant durch die verkehrsarmen Strassen fuhr.

Noch nie sassen wir so zahlreich in unserem Haus um die drei Inscherakörbe, in denen auf flachen Blechschüsseln das feine

Essen serviert wurde. Fast andächtig bestaunten die Kinder die verschiedenen Fleisch- und Gemüsegerichte auf den beliebten Fladenbroten. Es brauchte eiserne Disziplin, um nicht schon vor dem Tischgebet ein Stück des frischen Inscheras abzubrechen, damit in die rote Sosse zu tunken, ein Stück zartes Hühnerfleisch herauszufischen und es schnell im Mund verschwinden zu lassen. Aber keines getraute sich das zu tun, bevor der Hausvater das Gebet gesprochen hatte. Nachher vernahm man kein einziges Wort mehr. Jedes genoss das Essen nach Herzenslust. Es war eine wahre Freude, zuzusehen, wie es den Gästen schmeckte. Ja, die Arbeit hatte sich gelohnt. Gar nicht viel blieb übrig von dem grossen Berg Inschera und den vielen verschiedenen Platten voll Watt.

Ein kleiner Junge meinte, sein dickes Bäuchlein reibend:

„Das war gut! Aber jetzt bringe ich keinen einzigen Bissen mehr hinunter."

„Das gibt es doch nicht. Du, Testfaye, sagst du könnest nichts mehr essen. Du bist doch sonst ein Nimmersatt", lachte der Hausvater.

„Es ist aber so, ich möchte schon noch, kann jedoch einfach nicht mehr." Bei diesen Worten machte der Junge eine solch mitleiderregende Grimasse, dass alle laut herauslachten. Die grösseren Mädchen fingen gleich an, mit den unsrigen zusammen, alles Geschirr wegzuräumen, abzuwaschen und das Wohnzimmer in Ordnung zu bringen. Noch bevor wir uns mit den auswärts schlafenden Besuchern auf den Weg in die verschiedenen Häuser machten, konnte man keine Spuren von dem grossen Mahl mehr entdecken.

Ich schlief tief und fest nach den Strapazen dieses Tages und hörte nicht mehr, dass die Jungmannschaft im unteren Stockwerk noch lange lachte und schwatzte. Sechs der kleineren Gäste lagen in ihren Schlafsäcken unten in der Stube auf dem Boden.

Am Morgen planten wir, ziemlich früh aufzustehen, denn das Picknick musste vorbereitet und in unserem Bus verstaut werden. Sobald alle unsere Besucher, begleitet von ihren Gastgebern, bei uns eingetroffen waren, wollten wir uns auf den Weg zum Rhein begeben. Es war nicht nur für die Kinder ein besonderes Erlebnis, einmal in einem normalen Privathaus zu schlafen, sondern auch für unsere Freunde, solch fremdländischen Besuch zu haben. Eine Frau hatte sich sehr darüber verwundert, dass die beiden Mädchen und der Junge sogleich nach dem Frühstück aufstanden, das Geschirr zusammenstellten, es in die Küche trugen und dann mit Abtrocktüchlein in der Hand warteten, bis sie anfing abzuwaschen. Eine andere erzählte lachend, dass die beiden Jungen abwechslungsweise mit dem Staubsauger durchs Wohnzimmer gelaufen seien und voller Begeisterung gearbeitet hätten.

Natürlich wurden bei uns sogleich die Fahrräder wieder in Beschlag genommen und bald war ein Wettrennen rund um den Dreispitz herum im Gange.

Einige der Gäste fuhren mit uns im ‚Negerli Express' mit, die Hälfte unserer Kinder kletterte in den Trogenerbus. Lautstark und übermütig erzählten unsere Begleiter einander ihre Erlebnisse, in amharischer Sprache natürlich. Mir gellte es beinahe in den Ohren. Ich war heilfroh, als wir unseren Picknickplatz erreichten und alle aus dem Auto sprangen. Uff, jetzt war es mir doch beinahe zu viel geworden.

Wir Frauen fingen sofort an, das Mittagessen auf den Steintischen vorzubereiten, während die Kinder im nahen Wald, am Ufer des Rheins, nach Feuerholz suchten. David schichtete es kunstgerecht aufeinander und bald loderte ein herrliches Feuer in der dazu vorgesehenen Feuerstelle in Tössriedern.

„Kommt, wir spazieren noch eine Weile dem Rhein entlang", forderte David die Trogener und unsere Kinder auf.

Zurück blieben nur Genet, David's Mutter, die wir in Eglisau geholt hatten, zwei der älteren Mädchen und ich. Mit Freude schnitten wir die Cervelas zurecht, schichteten die Kartoffelchips auf Teller, zerschnitten die Tomaten und Gurken und richteten alles schön her. Zuletzt stellten wir noch die drei Kuchen und den Kaffee auf einem Tisch bereit. Es sah alles überaus lecker aus.

Begierig leuchteten die Augen der hungrigen Spaziergänger auf, als sie die hübsch hergerichteten Leckerbissen entdeckten und alle liessen es sich schmecken. Es gibt auch nichts Feineres und Gemütlicheres, als ein Essen mit Freunden unter freiem Himmel, wenn erst noch die Sonne strahlt.

„Jetzt habe ich aber noch einen Wunsch. Singt uns doch ein paar Lieder. Das könnt ihr bestimmt“, bat ich den Hausvater.

Ohne langes Federlesen stellten sich die Kinder bei einem grossen Findlingsstein auf und nach kurzem Zögern fingen sie ein äthiopisches Lied zu singen an. Es tönte in meinen Ohren herrlich und vertraut. Die vorübergehenden Spaziergänger blieben erstaunt stehen und hörten zu.

Nach der ersten Strophe gebot der Hausvater :"Halt! Wo ist der Bekele? Ich höre seine Stimme nicht!“

Alles blickte suchend herum. Kein Junge war ausserhalb der Singgruppe zu sehen.

„Hat eines von euch den Bekele beim Essen gesehen?“

Verhaltenes Schweigen. Dann schüttelte jedes den Kopf. Nein, Bekele war nicht neben ihm gesessen. Wir schauten einander erschrocken an. War der Junge etwa beim Holzsuchen ins Wasser gefallen? Oder beim Spazierengehen verschwunden?

„Ist er überhaupt heute morgen mitgekommen? Ist eines von euch neben ihm gesessen im Auto?“ Wieder Schweigen und erneutes Kopfschütteln.

„Es ist das erste Mal gewesen heute, dass ich nicht alle Kinder beim Einsteigen zählte. Weil sie ja mit Euren gemischt waren. Es kann gut sein, dass Bekele noch bei Euch zu Hause ist. Ich will es jedenfalls hoffen“, meinte der Hausvater zu David gewandt mit fester Stimme. Er wollte seine Sorge nicht gar so offen zeigen vor den anderen Kindern.

„Ich fahre heim, um nachzusehen. Wieso hast du es überhaupt gemerkt, dass er fehlt?“ fragte David, sich bereits zum Auto begebend.

„Bekele hat eine besonders helle Singstimme. Die klingt immer aus allen heraus und die hat mir gefehlt“, erklärte Mulugeta.

„Herr Jesus Christus, lass David den Jungen finden“, betete ich vor mich hin, als ich David nachblickte.

Es war eine lange Stunde, während der wir auf David warteten. Ein befreites Aufatmen ging durch unsere Reihen, als ein freudestrahlender David mit einem ängstlichen, kleinlauten Jungen zurückkehrte. Er erwartete Schelte oder gar Prügel, aber wir fühlten uns zu glücklich, ihn nur wieder zu haben, dass er weder das eine noch das andere abbekam.

„Bekele war noch mit dem Fahrrad unterwegs, als wir losgefahren waren. Er kam zurück, als wir gerade um die Kurve verschwanden. Glücklicherweise befand sich Peter noch zu Hause und die beiden vertrieben sich bis zum Mittag zusammen die Zeit. Sie hofften, dass wir bald kommen und ihn holen würden. Friedy sah die beiden warten und lud sie zum Mittagessen ein. Bekele hat es zwar nicht besonders geschmeckt. Er hatte Angst vor der Strafe“, erzählte David.

„Gott sei Dank haben wir ihn wieder.“ Damit drückte er genau das aus, was wir alle empfanden.

Zum Abschluss dieser zwei gemeinsamen Tage fuhren wir noch zum Rheinfall, den die Trogenerkinder noch nie gesehen hatten. Jetzt wurden die Kinder sorgfältig gezählt beim Einsteigen und wir mischten sie auch nicht mehr. Einmal diese Angst auszustehen hatte genügt.

Wir fielen natürlich allen Leuten auf. Wo kommt es auch schon einmal vor, dass in der Schweiz ein weisses Ehepaar, eine weisse Grossmutter, mit einem braunen Ehepaar und 22 braunhäutigen Kindern einen Ausflug machen?

„Schau Papi, eine ganze Schulreise“, sagte ein Dreikäsehoch erstaunt zu seinem Vater.

Nach einem wortreichen Abschied blickten wir dem Bus lange nach und winkten, bis wir ihn in der Ferne nicht mehr sehen konnten, dann machten wir uns in die andere Richtung auf den Heimweg.

## Aller Anfang ist schwer

Im Laufe des Frühlings war unser Ältester nach Hause zurückgekehrt. Er hatte sich von seiner Freundin, mit der er längere

Zeit zusammengelebt hatte, getrennt. Nach einer Aussprache mit uns, in der er beichtete, dass er Drogen nehme und auch sonst in Schwierigkeiten stecke, bat er David und mich, ihn bei uns aufzunehmen. Er wolle einen dicken Strich unter sein bisheriges Leben machen und hoffe, mit unserer Hilfe einen neuen Weg zu finden. Natürlich mussten wir ihm dazu unsere Hand bieten.

Bei uns im Haus gab es kein freies Bett mehr, aber Nachbarin Trudy offerierte uns, ihm ein Zimmer zu vermieten. Das Essen würde er bei uns einnehmen. Es war für ihn nicht leicht, sich wieder in ein geregeltes Familienleben einzugewöhnen, jeden Morgen früh aufzustehen und an die Arbeit zu gehen. Aber auch für mich brachte es eine grosse Umstellung. Bis jetzt war ich mit den vier Jüngsten alleine zum Mittagessen gewesen und ich kochte sehr einfach. Nun plötzlich musste ich – noch dazu für einen Arbeiter – das Essen bereithalten und dementsprechende Menüs zusammenstellen. Vorher hatten wir es immer sehr gemütlich gehabt zusammen. Die Kinder hatten von ihren Erlebnissen in der Schule erzählt und wir konnten jeweils über so mancherlei herzlich lachen. Nun hatten wir oft ein recht mürrisches Gegenüber am Tisch und die drei Kleinen getrauten sich kaum, etwas verlauten zu lassen, da sie fast ausnahmslos mit heftigen Worten zurechtgewiesen wurden. Mulat blickte mich in solchen Momenten traurig an und ich sah, wie er sich nur mit Mühe beherrschen konnte. Doch ging meistens das Essen wenigstens ohne richtigen Streitausbruch vorüber. Mich kostete die ganze unerfreuliche Situation einiges an Nerven. So schnell kann sich etwas ändern.

Bevor David seine neue Stelle antreten musste, nahmen wir für uns drei Tage frei von zu Hause. Zahai kam heim, um für alle zu sorgen. Wir hatten keinen bestimmten Reiseplan, sondern fuhren einfach auf und davon ins Blaue. Seit langer, langer Zeit wieder einmal nur wir zwei ganz alleine! Es tat richtig wohl, einfach loszufahren und alles hinter uns zurückzulassen. Wir wussten auch, dass bei Zahai alle gut aufgehoben waren und wir uns um niemanden zu sorgen brauchten.

Erst hatte ich fast ein wenig ein schlechtes Gewissen, als

David bei einem teuren Hotel in Romanshorn vorfuhr, ausstieg und an der Reception nach einem Zimmer fragte.

„Komm, steig aus, sie haben für uns noch eines frei", sagte er lachend, indem er für mich die Autotüre öffnete.

„Meinst du, wir dürfen uns das leisten?"

„Komm schon, lass dich für einmal von mir verwöhnen!"

Immer noch leicht gehemmt, folgte ich ihm. Aber schon bald konnte ich dieses Gefühl ablegen und anfangen, mich so richtig darüber zu freuen. Es war schon Jahre her, seitdem wir uns einen Aufenthalt in einem Erstklasshotel geleistet hatten.

Am nächsten Tag ging es über den Bodensee, dann nach Feldkirch. Wir genossen den herrlichen Sonnenschein und die Schönheit der Natur. Endlich konnten wir wieder einmal , ohne ständig gestört zu werden, unsere Gedanken und Gefühle austauschen. Wir fühlten uns jung und verliebt wie schon lange nicht mehr.

Zurück in die Schweiz, Richtung Freienstein, führte uns unsere Fahrt über die Lenzerheide, Tiefencastel und Chur. Nun begannen wir uns beide wieder auf unser Heim und die Kinder zu freuen. Wie war es ihnen wohl in unserer Abwesenheit ergangen?

Falagu stand draussen auf der Strasse und schaute nach uns aus. Kaum entdeckte sie den ‚Negerli Express', rannte sie ins Haus und rief laut durchs ganze Haus: „Mutti und Vati kommen!" Bis David auf dem Parkplatz angehalten hatte, befanden sich schon alle vor dem Haus, um uns willkommen zu heissen. Das Wegfahren zusammen war schön gewesen, das Heimkommen nun noch schöner.

„Danke, Herr Jesus, dass Du uns alle behütet hast!" sagte ich laut. David sprach das „Amen" dazu.

Am ersten Arbeitstag kehrte David mit gemischten Gefühlen von seiner neuen Stelle nach Hause zurück. Ich sah ihm gleich an, dass nicht alles so glücklich verlaufen war, wie er es sich vorgestellt hatte. Er sagte nicht viel beim Essen und auch nachher war er ziemlich schweigsam. Erst als die Kinder wieder draussen mit ihren Freunden spielten, rückte er mit dem heraus, was ihn bedrückte.

„Jeder Neuanfang an einem Arbeitsplatz ist schwierig, das weiss ich aus Erfahrung, doch heute kam ich mir in der Vitoreco richtig komisch und völlig deplaziert vor. Ich wurde praktisch niemandem vorgestellt, nicht einmal dem Werkstattmeister und eine richtige Arbeit schien für mich auch nicht bereit zu sein. Natürlich ist jetzt noch Sommerzeit und die meisten der Leute befinden sich in den Ferien. Vielleicht war deswegen alles so seltsam. Ich hing den ganzen Morgen nur irgendwie herum. Am Nachmittag sah ich einen Mann Trocknungsschalen reinigen. Ich half ihm dabei und wir sprachen über vielerlei. Wenigstens verging bei dieser Arbeit die Zeit und es gab bald Feierabend. Ich hoffe, es bleibt nicht immer so mühsam und ein Frust wie heute, sonst arbeite ich nicht lange dort."

„Ich bin sicher, dass sich schnell etwas an dieser Situation ändert. Ich habe so viel darüber gebetet. Gott selber hat dir diese Stelle geschenkt und er hätte das nicht getan, wenn du dort nicht den ‚Rank' finden würdest", antwortete ich zuversichtlich.

Es dauerte beinahe zwei Wochen, bis die Mitarbeiter und Vorgesetzten alle aus ihrem Urlaub zurückkehrten. Bis dahin musste David oft die Zähne zusammenbeissen, damit es ihm nicht verleidete. Am liebsten wäre er gleich wieder davongelaufen. Es war eine denkbar schlecht gewählte Zeit, um an einem neuen Arbeitsplatz anzufangen. Auch ging ihm der Werkstattmeister ganz offensichtlich aus dem Weg und das beschäftigte ihn ebenfalls. Von allem Anfang an sah dieser in dem Neuankömmling eine gefährliche Konkurrenz für sich. Endlich, in der dritten Woche, kam David zufriedener von der Arbeit heim.

„Heute nahm sich ein Projektleiter Zeit, um mich überall herumzuführen und mit den Angestellten bekannt zu machen. Er entschuldigte sich, dass das bis jetzt noch nicht geschehen sei, aber eben, die meisten Mitarbeiter seien in den Ferien gewesen. Es ist nur ein kleiner Betrieb mit 42 Angestellten. Ich glaube, mit diesem Mann werde ich gut auskommen. Er heisst Peter Michel. Er hat einige Jahre in Australien gearbeitet und auch eine Australierin geheiratet. Sie haben vier kleine Kinder," berichtete David.

„Gott sei Lob und Dank!“ Ich atmete wie von einer schweren Last befreit auf.

Nicht lange dauerte es und David befand sich voll im Element. Eine Maschine musste konstruiert werden. Ein Projektleiter hatte ein neues Produkt ausgetüftelt und das sollte nun maschinell hergestellt werden. Das war so recht etwas für meinen Geliebten. Er sass bis spät abends noch am Tisch, studierte, rechnete und zeichnete. Die gestellte Aufgabe liess ihm keine Ruhe mehr. Schlaf brauchte er in solchen Zeiten fast keinen. Er schlief zwar immer schnell ein, aber mitten in der Nacht erwachte er wieder, zündete die Nachttischlampe an, nahm das bereitgelegte Papier und den Kugelschreiber zur Hand und fing im Bett an zu zeichnen. Er löschte das Licht erst wieder, wenn ich nebenan unruhig wurde oder reklamierte, dass mich das Licht störe.

Zu unserer immensen Freude wurde sein Vorschlag angenommen und ihm der Auftrag erteilt, die Maschine mit allen Details zu zeichnen. Nachher musste sie, unter seiner Anleitung, in der Werkstatt hergestellt werden. Diese Arbeit war so richtig nach seinem Geschmack. Endlich konnte er alle seine ihm von unserem Herrn geschenkten besonderen Begabungen voll einsetzen. David stieg mit Riesenschritten die Erfolgsleiter empor.

## Drogenprobleme

An einem Montagmorgen, nachdem alle Kinder das Haus verlassen hatten und ich am Bibellesen war, läutete kurz die Hausglocke. Noch bevor ich hinausgehen konnte, war bereits unsere kleine Küche voller Leute. Unter ihnen entdeckte ich unseren Ältesten. Er schaute mich nur mit weitaufgerissenen Augen an und brachte kein armseliges Wort heraus. In seiner Begleitung befanden sich vier Männer mit zwei Hunden. In mir stieg eine unbeschreibliche Angst auf. Ich ahnte Schreckliches.

Einer der Männer zog einen Ausweis aus seiner Tasche, hielt ihn mir hin und sagte schroff, nur ein einziges Wort:

„Kriminalpolizei!“

Im ersten Moment wollte ich schwach werden. In meinem Kopf fing es an zu summen wie in einem Bienenhaus und meine Knie wurden weich. Dieses Gefühl währte jedoch nur einen Augenblick, dann liess ich den Türpfosten los, an dem ich mich festgehalten hatte und machte Platz, damit die Polizisten ins Wohnzimmer treten konnten.

Der jüngste der Vier sagte, mich bedauernd ansehend: „Es tut mir leid, aber wir müssen ihr ganzes Haus mit unseren Hunden durchsuchen.“

„Warum?“

„Ihr Sohn wird verdächtigt, Rauschgifthandel getrieben zu haben.“

Hoffentlich haben die Kinder heute morgen ihre Betten gemacht und die Zimmer aufgeräumt, war der erste, in dieser Situation wirklich dumme Gedanke, der in mir aufkam. Erst nachher wurde mir die ganze furchtbare Anschuldigung, die in diesem einen Satz lag, bewusst.

Der Chef der Gruppe erteilte seinen Untergebenen Befehle:

„Du bleibst hier bei der Mutter und siehst dich in diesem Raum um, du gehst mit deinem Hund hinüber in das Zimmer des jungen Mannes, du mit deinem hinauf in den ersten Stock und ich mache die Runde bei euch allen.“

Langsam wich bei mir der erste Schock und ich fühlte in mir einen mächtigen Zorn aufsteigen. Ich wandte mich an den Leiter und sagte laut: „Wenn Sie das Zimmer meines Sohnes durchsuchen wollen, gut, aber wer gibt ihnen das Recht, dasselbe in unseren Räumen zu tun?“

„Er kann ja auch Rauschgift bei ihnen versteckt halten!“ antwortete er barsch.

„Ich glaube nicht, dass Sie dazu das Recht haben und ich könnte es Ihnen bestimmt verweigern. Jedoch, damit Sie sehen, dass ich keine Angst habe, Sie könnten bei uns etwas finden, lasse ich Sie gewähren.“ Nur mit grösster Beherrschung konnte ich das einigermassen ruhig sagen. Ich kehrte mich um, setzte mich aufs Sofa, legte meine Hände gefaltet in den Schoss und begann leise zu beten. Indem ich, scheinbar ohne Emotion, dem

Polizisten zusah, wie er in jeden Schrank hineinblickte, alles von unten nach oben kehrte, bat ich meinen Herrn um Kraft für mich, aber auch um seinen Schutz für unseren Jungen.

Auf dem kleinen Tisch im Esszimmer lag noch ein Ausschnitt der Strassenkarte von Trogen nach Freienstein und ein Beschrieb, wie unser Haus zu finden war. Wie eine Trophäe hielt der Polizist diesen Fund seinem Vorgesetzten hin.

„Schau einmal, sogar eine genaue Karte gibt es, mit rot eingezeichneter Strasse, wie sein Wohnort zu finden ist. Das hat er bestimmt jeweils seinen Mithelfern nach St. Gallen geschickt.“

„Da das hier so offen herumliegt, muss ich annehmen, dass Sie mit Ihrem Sohn unter einer Decke stecken. Also ist die Hausdurchsuchung bestimmt gerechtfertig“, sagte der Angesprochene höhnisch zu mir.

Gott gab mir die Kraft, ihn nur fest anzublicken und beherrscht zu antworten: „Wie Sie auf der Karte sehen, ist der Weg von Trogen her eingezeichnet. Wir hatten Gäste aus dem Pestalozzi Kinderdorf und das Ganze hat mit Drogen überhaupt nichts zu tun.“

Einmal musste ich sogar das Lachen verbeissen, das trotz der wirklich traurigen Situation aufkommen wollte. Einer der Männer durchsuchte mit seinem Hund zusammen unseren Keller. Ich hörte erst ihn, dann etwas später sogar den Hund niesen. Mit lauter Stimme rief er die Kellertreppe herauf. „Hier unten befinden sich in einem kleinen Schrank, die seltsamsten (hatschi, hatschi) Gewürze, in verschiedenen Plastiksäcken verpackt. Aber soweit ich sehe, ist es kein Rauschgift und auch Nero kann nichts feststellen (hatschi, hatschi).“ Die beiden hatten ihre Nase zu nahe an unseren Vorrat von scharfem, äthiopischen Paprika gehalten.

Doch das Lachen verging mir bald wieder. Der eine Ordnungshüter kam mit unserem Ältesten zurück. Er hielt ein kleines Döschen in der Hand und darin befanden sich sechs Gramm Haschisch. Das war Grund genug, ihn mitzunehmen. Sie erlaubten ihm noch, unter Bewachung, sich umzuziehen, einige Sachen einzupacken und von mir Abschied zu nehmen.

Fest schloss ich ihn in meine Arme und küsste ihn. Leise sagte ich: „Unser Herr behüte dich!“ Mit Tränen in den Augen riss er sich los.

Eskortiert von den vier Polizisten mit den zwei Hunden, ging er zum wartenden Auto und stieg ein. Noch einen letzten, traurigen, wie um Verzeihung bittenden Blick, warf er auf mich, dann schloss sich die Tür hinter ihm, das Vehikel setzte sich in Bewegung und verschwand.

Wie betäubt kehrte ich mich um, trat in die Küche, liess die Tür ins Schloss fallen und drehte den Schlüssel um. Langsam, Fuss vor Fuss setzend, ging ich ins Wohnzimmer, sah dort die immer noch offene Bibel auf dem Stubentisch liegen, blickte mit weitoffenen Augen, doch irgendwie völlig geistesabwesend darauf. Plötzlich wurde mir die totale Stille nach dem vorher herrschenden Tumult in unserem Haus bewusst, und das soeben Erlebte kehrte wie ein Schlag in meine Erinnerung zurück. Aufschluchzend warf ich mich auf die Knie vor dem Sofa, presste meine Hände vors Gesicht, dann begannen die Tränen zu fliessen.

Lange verharrte ich so kniend. Mit der Zeit hörten die Tränen auf zu fliessen, das Schluchzen wurde leiser und Ruhe kehrte in meine Seele ein. Jesus Christus war mir ganz nahe und ich durfte einmal mehr seine Liebe und sein Erbarmen spüren, das er uns, besonders in schweren Stunden, zukommen lässt. Ich nahm die Bibel zur Hand, schlug sie auf und las den 23. Psalm. *Der Herr mein Hirte führet mich . . . und wenn ich schon wanderte im dunklen Tal* . . . Ja, im Moment befand sich unser Ältester und mit ihm David und ich, sowie die ganze Familie in einem dunklen Tal, aber unser Herr war mit dabei und sein Stecken und Stab führte uns.

Es war für David ein unbeschreiblicher Schock, als ich ihm am Abend von der Verhaftung unseres Sohnes und der Durchsuchung des Hauses berichten musste. Die Geschwister weinten um ihren Bruder und wir vermochten sie kaum zu trösten. In der Abendandacht baten wir unseren Herrn flehentlich um seine Hilfe.

Die Nachbarinnen, die ganz bestimmt alles mitbekommen

hatten, sagten kein Wort über den Vorfall. Erst als ich selber davon zu sprechen anfing, liessen sie mich ihr Mitgefühl spüren. Aber wir hörten nie ein abschätziges oder böses Wort. Darüber war ich ihnen von Herzen dankbar. Das Spiessrutenlaufen vor neugierigen und schadenfrohen Mitmenschen hätte uns allen grosse Mühe bereitet. Davor bewahrte uns unser Herr. Ihm sei Dank dafür!

Nach einer Woche durfte ich unseren Jungen in St.Gallen in der Untersuchungshaft besuchen. Wie klopfte das Herz angstvoll in mir, als die Tür geöffnet wurde und er in Begleitung eines Aufsehers in den Raum trat. Ein weher Laut kam über seine Lippen, als er mich sah. Ich öffnete die Arme weit und umfing mein Sorgenkind liebevoll. Es war ein schwieriger Besuch. Wir durften nicht einen Moment alleine sein. Ich bat ihn eindringlich, jetzt alles zu bekennen und einen völlig reinen Tisch zu machen. Er versprach es mir mit einem Nicken. Ich gab mich vor ihm recht zuversichtlich, was seine Zukunft anbetraf. Vor dem Abschied überreichte ich ihm noch ein Neues Testament.

Als ich das Untersuchungsgefängnis verlassen hatte, verlor ich allen Mut ob der Trostlosigkeit der ganzen Situation und mit schleppenden Schritten machte ich mich auf den Weg zum Bahnhof. Wie froh war ich, dass auch meinem Gegenüber im Zug der Sinn ebenso wenig nach einem Gespräch stand wie mir. In mir weinte und klagte es und ein tiefer Schmerz tobte in meinem Herzen. Die Tränen kamen erst, als ich in Winterthur David, mit einem Strauss roter Rosen in der Hand, auf dem Bahnsteig warten sah.

Sechs Wochen lang musste unser Sohn in Untersuchungshaft verbringen. Ich durfte ihn jede Woche einmal besuchen und jedes Mal wartete David mit einem wunderschönen Blumenstrauss auf mich. Unsere Liebe wurde in dieser schweren Zeit noch tiefer und inniger.

Bevor das alles passierte, hatte sich unser Ältester um eine Stelle beworben und zwar am selben Arbeitsplatz, wo auch sein Vater arbeitete. Die Stelle wurde ihm versprochen und er hätte gerade in diesen Wochen anfangen sollen. Es war ein schwerer Weg für David, als er bei seinem Chef vorbeigehen und ihm beichten musste, dass sich sein Sohn in Untersuchungshaft befand. Für den Vater war es sonnenklar, dass dieser die tolle Chance, einen guten Job zu haben, verspielt hatte. Er war deshalb völlig perplex, als sein Vorgesetzter, nach kurzem Nachdenken, einfach sagte: „Ich denke, jeder kann einmal einen Fehler machen. Er soll zu arbeiten beginnen, sobald er wieder draussen ist."

David telephonierte mir sogleich nach diesem Gespräch, immer noch vor Freude ganz durcheinander. „Marie, unser Herr ist so gut zu uns! Nicht einmal in den kühnsten Gedanken habe ich eine solche Antwort erwartet. Ich weiss immer noch nicht, wie alles gekommen ist. In mir ist nur ein Loben und Preisen. Ich glaube, auch die Richter werden ein Auge zudrücken bei der Gerichtsverhandlung, wenn er eine sichere Stelle vorweisen kann."

Genau das geschah dann auch. Unser Junge kam mit einem blauen Auge davon. Er wurde zwar zu einer hohen Geldstrafe verurteilt, aber er musste wenigstens nicht ins Gefängnis. Ob er jedoch ganz in der Tiefe ermessen konnte, was für ein Geschenk Gottes diese Stelle für ihn war, das bezweifle ich. Viele jungen Leute fanden in dieser Zeit, trotz gutem Lehrabschluss und einwandfreiem Leumund, keine Stelle. Für David und mich jedoch war es nur die Liebe Gottes, die das möglich gemacht hatte.

## 11 Zimmer und 4 Küchen

Unsere Kinder wurden langsam grösser und benötigten mehr und mehr Platz. Mulat wollte nächstes Jahr ins Gymnasium und würde dafür ganz bestimmt streng arbeiten müssen. Sollte er ungestört bis weit in den Abend hinein Aufgaben machen können, musste er unbedingt ein eigenes Zimmer haben. Die beiden Mädchen schliefen auch immer noch mit Fetene zusammen in einem Raum und das hätte ich gerne geändert. Aber in unserem Hausteil bestanden keine Auswegsmöglichkeiten. Also blieb uns nichts anderes übrig, als uns nach einem geräumigeren Haus umzuschauen. Das fiel uns gar nicht so leicht, denn wir hatten unser Eigenheim recht gemütlich eingerichtet und uns mit den Nachbarn angefreundet.

David und mir war es klar, dass wir unbedingt in Freienstein oder dem Nachbardorf Rorbas bleiben wollten. Erstens wegen der Schule für die Kinder, die in beiden Dörfern zusammengelegt war und auch wegen unseren Freunden und dem Hauskreis, in dem wir uns so geborgen fühlten. In Gedanken wanderte ich wieder einmal durch unser Dorf und sah mir die verschiedensten Häuser an. Jetzt dachte ich nicht mehr: hier oder dort will ich auf keinen Fall wohnen, sondern ich wusste, dass, wenn der Herr es wollte, ich überall daheim sein konnte. David und ich legten das ganze Hausproblem unserem Gott hin. Wir beteten auch im Hauskreis darüber und vertrauten darauf, dass sich bald etwas zeigen würde. Jesus Christus wusste ja, was wir brauchten und er würde schon das Richtige für uns bereit halten. Wir mussten es nur noch finden.

An der Hauptstrasse unten war schon seit einiger Zeit ein recht schönes Haus zu verkaufen. Bereits als wir vor zwei Jahren nach Hause kamen, war das Haus feil. Obschon es schon damals genau das gewesen wäre, was wir bräuchten, getrauten wir uns nicht es zu erstehen, weil wir ja nicht wussten, wieviel David verdienen würde und was der Lebensunterhalt für uns alle kostete. Inzwischen hatte es einen Besitzerwechsel gegeben. Das Haus war jedoch nie von ihm bewohnt worden und wurde jetzt wieder zum Verkauf ausgeschrieben. David machte die Telephonnummer des Besitzers ausfindig und erkundigte sich nach dem Stand.

„Es tut mir leid, aber gerade gestern habe ich mit einem Käufer den Vertrag abgeschlossen“, lautete die Antwort.

Schade, dieses Haus hätte uns gefallen! Wir trauerten nicht lange der Absage nach, denn in uns beiden war ein tiefes Vertrauen, dass wir das einzig richtige Haus für uns bekommen würden.

„Der grössere Teil des zusammengebauten Bauernhauses,

gleich hinter dem früheren kleinen Laden, ist zu verkaufen, hat mir jemand gesagt“, teilte uns ein Bekannter mit. „Ich denke, das würde für Euch passen.“

Wir zögerten nicht lange, zogen unsere Jacken über und machten uns auf den Weg. Die alte Tante der Eigentümerin öffnete uns die Tür und fragte nach unserem Begehr. Freundlich geleitete sie uns durch das ganze Haus. Nachher lud sie uns noch zu einer Tasse Tee ein. David fragte nach dem Preis. Sie wusste ihn nur ungefähr, gab uns jedoch die Telephonnummer ihrer Nichte in Bern an. David und ich blickten uns an. Das Haus gefiel uns und wenn die genannte Summe nur in ungefähr zutraf, dann konnten wir es für uns erstehen. Nach sehr wenigen baulichen Veränderungen würde es genau das sein, was wir für unsere Familie benötigten.

„Ich hätte grosse Freude, wenn Ihr dieses Haus kaufen würdet. Ich hänge sehr daran, habe ich doch mein ganzes Leben hier verbracht und ich denke, bei Euch wäre es in guten Händen“, meinte die Tante beim Abschied.

Zu Hause angekommen, telephonierte David gleich der Besitzerin. Der Preis entsprach genau dem vorher genannten Betrag und David sagte ohne weitere Ueberlegung: „Wir sind mit dem Kaufpreis einverstanden und würden uns freuen, wenn wir das Haus bekämen.“

Zu seinem Erstaunen wich die Frau aus und sagte: „So schnell kann ich mich nicht dazu entschliessen. Rufen Sie mich in einigen Tagen noch einmal an.“

Im Unterschied zu David, der sehr zuversichtlich war, hatte ich nach diesem Gespräch das bestimmte Gefühl, dass sie uns das Haus nicht geben wollte. Ich hielt aber an dem Vertrauen fest, dass Gott nur das Beste für uns plante. Darum traf mich die Absage auch nicht.

„Freunde von uns möchten ihr altes Mehrfamilienhaus in Rorbas verkaufen“, teilte uns Willy Wirth mit. „Ich bin sicher, die wären glücklich, wenn ihr es nehmen würdet. Ich glaube, der Preis wäre auch interessant.“

Dieses Mal ging David ohne mich zu der Familie. Die Frau war alleine zu Hause. „Wäre das schön, wenn Christen in unser

Haus einzögen“, meinte sie begeistert. „Ich will es meinem Mann ausrichten, wenn er nach Hause kommt.“

„Ich habe grosse Hoffnung, dass es zu klappen kommt.“ David war sehr zuversichtlich und steckte mich damit an. „Das Haus liegt an der Postgasse und hat einen Garten bis hinunter zur Töss“, schwärmte er.

Am nächsten Morgen betrachtete ich es von der alten Tössbrücke aus. ‚Von hier aus ist es sehr schön. Wenn es vorne nur nicht direkt an der Strasse stehen würde‘, sprach ich zu mir selber. ‚Herr, Du weisst ob es das ist!‘

Nach der Besichtigung war David völlig enthusiastisch. „Dieses Mal klappt es bestimmt. Wir sind uns einig und diese Leute freuen sich, dass wir es nehmen. Sie müssen es nur noch den vier Italienerfamilien mitteilen, dass sie ihnen kündigen werden. Nachher gehen wir aufs Notariat. Nichts kann mehr schief gehen.“

Ich vermochte mich gar nicht so richtig darüber zu freuen. Es lag nicht dort und war auch nicht das, was ich mir vorgestellt hatte. Doch dieses Mal sagte ich nicht viel dazu, sondern liess David gewähren, denn mit dem jetzigen Haus war es ja dann auch gut gegangen.

Nach vier Tagen kam der Besitzer zu uns. Er schien ein wenig verlegen zu sein. Nach der Begrüssung sagte er erst zögernd, dann langsam, mit festerer Stimme: „Leider muss ich Ihnen mitteilen, dass ich Ihnen unser Haus nicht verkaufen kann.“

David fiel aus allen Wolken. Dies hatte er nun wirklich nicht mehr erwartet. „Warum?“

„Ich ging vor zwei Tagen zu den Mietern und teilte ihnen meinen Entschluss mit. Sie waren alle entsetzt über die Kündigung und baten mich, ihnen ein wenig Zeit zu lassen, damit sie alles untereinander besprechen könnten. Heute nachmittag kamen sie alle mit uns zusammen. Unter Tränen baten sie mich und meine Frau, ihnen das Haus zu verkaufen. Sie hätten gemeinsam so viel Geld, dass sie es erstehen könnten. Die Leute, sie sind alle miteinander verwandt, wohnen nun schon über zwanzig Jahre dort. Ich kann da wirklich nicht gut nein sagen, so leid es mir wegen Ihnen auch ist. Sie müssen das verstehen."

„Was hat wohl Gott mit uns im Sinn, dass sich alles hier in Rauch auflöst, was wir beginnen? Müssen wir hier fort?" fragte mich David nach dem Gespräch.

„Ich weiss es nicht. Aber ich will nicht von hier weg. Du etwa?"

„Nein! Aber, wenn wir hier nichts finden . . . .. !"

Noch zweimal passierte es, dass wir uns immer gerade um einen Tag zu spät meldeten und das Haus schon weg war, oder dass irgend etwas sonst dazwischen kam. Mit der Zeit wurde uns beiden klar, Gott wollte uns nicht mehr hier in Freienstein haben. Warum wohl? Wir begannen uns langsam mit dem Gedanken anzufreunden, von hier wegziehen zu müssen. „Aber bitte Herr, nicht zu weit", war mein flehentliches Gebet.

Eines Morgens, Ende November, rief mich David von seinem Arbeitsplatz an. „Hör einmal den Wortlaut von folgendem Inserat: Haus zu verkaufen, 11 Zimmer und 4 Küchen. Das entspräche gerade etwa dem, was wir suchen."

„Wo steht denn dieses Haus?"

„In Pfungen. Könntest du dir vorstellen, dort zu wohnen?"

„Es wäre wenigstens nicht so weit von hier."

„Das Haus gehört der Eskimo Wolldeckenfabrik. Ich habe schon mit dem Mann, dem der Verkauf übertragen wurde, telephoniert. Ich kann es gleich ansehen gehen. Ich gebe dir später Bericht."

Pfungen? Möchte ich dort leben? Ich wusste es mit dem besten Willen nicht. Ich konnte mir das Dorf auch nicht richtig vorstellen, obschon wir immer dort vorbeifahren mussten, wenn wir nach Winterthur zum Einkaufen gingen oder in Henggart bei den Geschwistern einkehrten. Aber, wenn es schon nicht Freienstein sein konnte, spielte es auch keine grosse Rolle, wo es sein würde, solange es nicht zu weit entfernt von meinem Heimatdorf lag.

Gespannt wartete ich auf den Anruf von David. Was würde er wohl zu berichten wissen? Erst nach dem Mittagessen war es so weit.

„Es ist ein etwa siebzigjähriges Vierfamilienhaus und es sieht eigentlich noch sehr gut aus. Ich glaube, es wird dir gefallen. Wir könnten gleich, ohne gross umbauen zu müssen, darin wohnen, wenn wir wollten. Ich habe jedoch noch nicht zugesagt. Ich will, dass du es erst ansehen kommst", erzählte er.

Ich hörte seiner Stimme an, dass er eigentlich begeistert war. Obschon es mich rührte, dass er es mir zeigen wollte, bevor er es kaufte, meinte ich nur: „Hoffentlich verkaufen sie es nicht anderweitig, wenn wir zögern."

„Nein, Herr Schifferle hat versprochen, er werde bis morgen um 10.00 Uhr auf meine Antwort warten."

Nach Feierabend holte mich David ab. Schon als ich das rote Backsteinhaus mit seinen Erkern und dem Holzbalkon im ersten Stock von draussen betrachtete, wusste ich: das war es, nach dem wir gesucht hatten! Es gefiel mir auf Anhieb. Drinnen war es nicht gerade modern, jedoch auch nicht schlecht. Hier konnten wir uns wohlfühlen und, unglaublich aber wahr, jedes unserer Kinder würde ein eigenes Zimmer haben. Das war weit mehr, als ich mir in meinen kühnsten Träumen vorzustellen getraut hatte.

Nun ging alles unheimlich schnell. Am nächsten Morgen trafen wir uns mit Herrn Schifferle, einigten uns über den Preis und machten gleich den Kaufvertrag. Eine Woche später ging es zum Notariat und schon gehörte das Haus an der Bahnhofstrasse 15 in Pfungen uns. Warum musste es wohl ausgerechnet dieses Haus sein und kein anderes? Wir hatten keine blasse Ahnung. Zum gleichen Zeitpunkt waren noch zwei andere, ähnliche Häuser vom gleichen Besitzer zu verkaufen. Aber die standen überhaupt nicht zur Diskussion. Es musste einfach dieses eine sein. Gott wusste schon warum! Er hatte das für uns bestimmt. Für uns war es von allem Anfang an ein wunderbares Geschenk unseres Herrn und wir dankten ihm auch immer von ganzem Herzen dafür.

Nur dachte ich oft ganz im geheimen: warum konnte es nicht in Freienstein sein? Aber nicht einmal zu David sprach ich davon. Er hätte mich kaum verstanden, denn nun besassen wir endlich, was wir so lange gesucht hatten. Aber von den lieben

Freunden wegziehen würde mir sehr, sehr schwer fallen. Der Abschied lag wie ein Stein auf meiner Brust. Zum guten Glück dauerte es noch vier Monate bis zu unserem Umzug. Den Leuten, welche noch in unserem Haus wohnten, konnte erst auf den 1. April 1978 gekündigt werden.

„Hättest du dich auch auf das Inserat gemeldet, wenn es geheissen hätte: Vierfamilienhaus zu verkaufen?“ fragte ich David auf dem Heimweg vom Notariat.

„Nein, bestimmt nicht! Ich hätte gar nicht gewagt, mich nach dem Preis dieses Hauses zu erkundigen. Es ist aber auch unbeschreiblich günstig gewesen und dadurch, dass die Pensionskasse der Nestlé die zweite Hypothek übernimmt, haben wir auch nicht soviel Zins zu bezahlen. Ich kann einfach immer wieder nur staunen über alles"

„Gott wollte es für uns! Darum auch das komische Inserat. 11 Zimmer und 4 Küchen!“

## Verlobungsfeier

Dieses Jahr durften wir, erstmals seit sieben Jahren, das Weihnachtsfest wieder einmal als ganze Familie zusammen feiern. Stolz betrachteten David und ich unsere stattliche Kinderschar. Marlies, unsere Aelteste, war 22 Jahre alt und Fetene, der Jüngste, auch schon neun. Beinahe bis zu den ersten Ästchen des schön geschmückten Weihnachtsbaumes hinauf stapelten sich die Geschenke. Jedes wollte doch jedem einen Beweis seiner Liebe weitergeben. Die ‚Kleinen Drei‘ hatten in der Schule viel gebastelt. Alle sangen die Weihnachtslieder begeistert mit. Doch auch unsere altbekannten englischen Hymnen durften nicht fehlen.

David schenkte mir etwas besonders Schönes. Ich hatte als Kind von meinen Paten, über all die Jahre meiner Kindheit bis zu meiner Konfirmation, zu jedem Geburtstag und auch zu Weihnachten, immer einen Teil eines gediegenen Silberbestecks bekommen. Als wir vor 17 Jahren die Schweiz fluchtartig verliessen, nahm ich nur zwei Gabeln davon in meinem Gepäck versteckt mit. David überreichte mir freudestrahlend ein schweres Paket. Ueberrascht nahm ich es entgegen und öffnete es gespannt. Es musste etwas ganz Ausgefallenes enthalten, denn ich merkte, wie mich alle Familienmitglieder aufmerksam beobachteten. Ausser mir schienen alle zu wissen, was das Paket enthielt. Als ich den Inhalt sah, verschlug es mir beinahe die Sprache. Vor mir lag haargenau dasselbe glänzende Silberbesteck, wie ich es einst besass, in zwölffacher Ausführung. Ich fiel David, mit Tränen in den Augen, um den Hals und küsste ihn innig.

„Danke Liebster, danke! Dir ist die Ueberraschung gelungen", sagte ich laut. Dann fuhr ich, mich lachend an die Kinder gewandt, fort: „Ihr seid schon eine Lausebande, wie ihr zusammengehalten habt! Alle habt ihr es gewusst, und keines hat mir etwas verraten."

„Das hat uns Vati auch verboten!" rief Falagu übermütig aus.

„Wir wollten ihm beweisen, dass wir schweigen können."

Am nächsten Tag hatten wir einen besonderen Grund, das wunderbare Geschenk gleich einzuweihen. Unsere Ursula und ihr Freund Richi (Richard) wollten Verlobung feiern. Wir freuten uns alle sehr darüber, denn David und ich mochten unseren zukünftigen Schwiegersohn schon gleich von Anfang an, als ihn Uschi, wie sie von ihren Freunden genannt wird, nach Hause brachte. Auch ihre neun Geschwister kamen gut mit Richi aus. Uschi hatte im Oktober ihre Lehre als Krankenpflegerin abgeschlossen und arbeitete seither in einem Altersheim in Baden.

Natürlich wurde unser Häuschen an Uschi's und Richi's Ehrentag wieder einmal übervoll mit Gästen. Von Richi's Seite erschienen seine Mutter, seine Schwester, die Grossmutter, der Pate und die Tante. Von uns natürlich Grossi, Klär, Willy und Onkel Karli. Im ganzen 23 Personen. Da wurde unsere Stube beinahe zu klein. In der Kirche, die wir alle gemeinsam besuchten, füllten wir ganze drei Bankreihen. Für die Gemeinde und den Pfarrer war das ein gewohntes Bild. Wo die Röschlis auftauchten, da brauchten sie eben Platz.

Auch das Brautpaar wurde noch mit Geschenken verwöhnt.

Sie konnten es erst gar nicht fassen, dass noch einmal jedes der Geschwister ein Geschenk für sie bereit hatte. Ich übergab ihnen ein kleines, hübsch eingewickeltes Päcklein. Uschi öffnete es behutsam. Zum Vorschein kamen zwanzig bunte Röllchen Faden und einige Nähmaschinennadeln. Was sich Uschi und Richi beim Betrachten des komischen Geschenkes dachten, weiss ich nicht.

„Ich schenke dir diese Faden, damit du einmal die zerrissenen Kleider deines Gatten flicken kannst", sagte ich, mir mühsam das Lachen verbeissend, zu Uschi. Sie blickte mich etwas erstaunt an, sagte dann jedoch höflich: „Danke, Mutti!" Ich spürte, dass sie das Geschenk immer noch nicht richtig einzustufen vermochte, darum kehrte ich mich um, blickte Mulat an und nickte.

„Ach, ich glaube, ich habe etwas vergessen, was noch zu diesem Geschenk gehört", wandte ich mich wieder an das Paar. Jetzt spürten auch sie, dass wir alle etwas vor ihnen verheimlichten. Sie blickten gespannt auf Mulat, der ein schweres Paket hereinbrachte. Neugierig, was darin wohl enthalten sei, öffneten sie es gemeinsam. Zum Vorschein kam eine ... Nähmaschine!

„Nein Mutti, das ist doch viel zu viel", rief Uschi aus, fiel erst mir, dann David freudig um den Hals. Alle lachten und redeten aufgeregt durcheinander. Es war nicht nur für das glückliche Paar, sondern auch für die anderen eine gelungene Überraschung geworden.

So gross die Freude auch war über diese Verlobung, so ungern sah ich es, dass die beiden schon vorher zusammen in eine eigene Wohnung gezogen waren. Auch Marlies lebte bereits seit längerer Zeit mit ihrem Peter zusammen. Ich litt unbeschreiblich darunter, obschon ich mir immer wieder sagen musste, dass David und ich dasselbe auch getan hätten, wenn es damals schon gesetzlich erlaubt gewesen wäre, als wir beide noch jung waren. Aber wir hatten doch versucht, im Unterschied zu unseren Eltern, unsere Kinder im christlichen Glauben zu erziehen. Wir, und eigentlich auch alle unsere Kinder, wussten ganz genau, dass das Zusammenleben vor der Ehe nicht das war, was unser Herr Jesus Christus von uns wollte. Wir sagten es ihnen auch deutlich, aber bekamen dann meistens die Antwort: „Aber heute ist das nichts Ungewöhnliches mehr, das machen ja fast alle jungen Leute so. Warum sollten gerade wir es nicht tun?" Oder dann von der Ältesten, die versuchte den Glaubensweg zu gehen: „Zeig mir eine Stelle in der Bibel, die mir ganz klar sagt, dass ich das nicht machen darf, dann werde ich mich von meinem Freund räumlich trennen." Wir vermochten es nicht und wir wollten auch nicht immer wieder davon anfangen, denn sonst wären sie einfach nicht mehr nach Hause gekommen und das wäre ebenfalls nicht gut gewesen. Also schwiegen wir lieber, auch wenn, vor allem mich, das Gewissen plagte. Auf meinem Herzen lag es wie eine schwere Last und ich fragte mich oft, wo wir wohl in unserer Erziehung versagt hatten.

Ich hätte gerne einmal mit jemandem über meine Sorgen und Probleme gesprochen, die mich sehr bedrückten. David konnte ich damit nicht immer belasten. Er nahm es auch nicht ganz so schwer wie ich. Einen anderen Menschen, mit dem ich solche tief innerliche Gedanken hätte austauschen können, kannte ich nicht. Also war ich alleine auf mich angewiesen und musste alles selber bewältigen. Gott sei Dank hatte ich meinen Herrn, mit dem ich über alles sprechen und dem ich meine Last hinlegen konnte. Jesus Christus verstand mich, das tröstete mich.

## Mut zur Gemeinde

Willy und Magdalena Wirth halfen seit einigen Jahren in einer christlichen Bewegung mit, die aus dem CVJM (Christlicher Verein junger Männer) entstanden war. Der Verantwortliche dieser Gruppe leitete viele Jahre den CVJM im Kanton Zürich. Mit der Zeit fühlte er sich aus dieser Arbeit herausgewachsen. Er wollte einem jüngeren Nachfolger Platz machen und eine Arbeit mit Leuten über zwanzig Jahren beginnen. Seine Vorgesetzten hörten von einer Gruppe in Amerika, die sich CFO

(Camp farest out) nannte und diese Arbeit schien ihnen bemerkenswert zu sein. Sie sandten ihren zielstrebigen Mitarbeiter über den grossen Teich, um an solchen Camps teilzunehmen. Begeistert von der Arbeit dort, kam Hans Bürgi zurück und erzählte von seinen Erlebnissen. Natürlich konnte man nicht alles genau so übernehmen, wie das in Amerika gemacht wird, denn die Schweizer schienen für solche Sachen noch zu verklemmt und eigenständig zu sein. Aber bestimmt liesse sich hier etwas Ähnliches auf die Beine stellen. Hans bekam grünes Licht und die Laienbewegung ‚Mut zur Gemeinde' wurde 1970 ins Leben gerufen. In Männedorf wurde ein Büro gemietet, eine Sekretärin angestellt und unter der Leitung des dynamischen Mannes die Arbeit in Angriff genommen.

Willy und Magdalena wurden zur ersten Sitzung von Freunden eingeladen. Von allem Anfang an waren sie begeistert von der Idee und versprachen ihre Mithilfe, wenn sie, als einfache Leute und überzeugte Christen, etwas dazu beitragen könnten, dass da etwas Neues in der Heimat wachsen konnte, damit die Menschen Gottes Liebe tiefer und auf eine ganz andere Art erleben durften.

Es gab von Anfang an zwei verschiedene Arbeitsfelder. Erstens die sogenannten ‚Mut zur Gemeinde'-Wochenende, zweitens die ‚Christus Dynamik des Lebens'-Ferienwochen. Besonders das Wochenende lag nur in den Händen von Laien, also keinen Pfarrern, Predigern oder sonst theologisch geschulten Leuten. In den Ferienwochen hingegen nahmen immer ein oder zwei Theologen teil, welche die Predigten oder Vorträge hielten. Der Mitarbeiterstab bestand jedoch ebenfalls aus ganz gewöhnlichen Menschen, die aus den verschiedensten Berufsgruppen stammten.

Wenn eine Kirchgemeinde fand, ihnen würde ein wenig frischer Wind und mehr Zusammenhang unter den Gemeindegliedern gut tun, dann konnte sich der Pfarrer oder auch die Vorsteherschaft an Hans Bürgi wenden. Nach einigen Vorbesprechungen wurde dann ein Datum festgesetzt, an dem ein Team für ein Wochenende in die Gemeinde kam, das zuvor vom Büro in Männedorf zusammengestellt worden war. Vor allem wurde Zeugnis aus dem Leben gegeben und vom persönlichen Erleben mit Gott berichtet.

Willy und Magdalena erzählten im Hauskreis immer wieder enthusiastisch, wenn sie von einem Wochenende heimkehrten, von dieser Arbeit und versuchten uns anderen Mut zu machen, es auch einmal zu versuchen und mitzuarbeiten. In Freienstein hatte das erste ‚Mut zur Gemeinde'-Wochenende stattgefunden und ihre drei Kinder hatten damals den Glaubensschritt getan und eine Bekehrung erlebt. Kein Wunder, dass da die Eltern voller Freude mitmachten.

„Kommt doch einmal mit. Es würde euch bestimmt gefallen", bat Willy uns beide am nächsten Hauskreisabend. „Ich leite anfangs Januar ein Wochenende in der reformierten Kirchgemeinde Wattwil und habe dazu noch nicht alle Mitarbeiter zusammen."

„Wir haben ja keine Ahnung, was da gemacht werden muss und überhaupt eignen wir uns ganz sicher nicht zum Gruppenleiter, von Zeugnisgeben ganz zu schweigen. Du erzählst immer so begeistert davon", gab ihm David, ganz in meinem Sinne, zur Antwort.

„Ich möchte euch nur einmal mitnehmen. Ihr müsst weder Zeugnis geben noch irgendwo alleine eine Gruppe leiten. Ich werde euch bestimmt nicht zwingen, etwas zu tun, was ihr nicht wollt." Willy liess sich nicht so leicht von seiner Idee abbringen.

„Wir können doch unsere Kinder nicht von Freitagabend bis Sonntagnachmittag allein lassen", gab ich zu bedenken.

„Warum nicht? Zahai würde ohne Frage nach Hause kommen und das Haus hüten", wandte Magdalena ein.

„Also, wenn ihr wirklich meint, dann können wir es ja einmal wagen. Was meinst du, Marie?" sagte David zu meinem Missbehagen.

Ohne meine Antwort abzuwarten, rief Willy freudig aus. „Genau diese Antwort habe ich von euch erhofft!"

Nun getraute ich mich nicht mehr, etwas dagegen zu sagen, sondern schickte mich ergeben darein. Aber mein Blick, den ich David zuwarf, sprach für sich.

Mit argem Herzklopfen und einer unbeschreiblichen Beklemmung, stieg ich an besagtem Freitagabend um 17.00 Uhr mit David zusammen zu Willy und Magdalena ins Auto. Ich hatte grosse Bange vor dem, was da auf uns wartete und der Abschied zu Hause fiel mir auch nicht ganz leicht. David liess sich von seinen Gefühlen nicht viel anmerken, aber dass ihm ebenfalls nicht ganz wohl in seiner Haut war, merkte ich ihm trotzdem an.

Nur zu schnell verlief die Fahrt. Ich wäre lieber noch ein wenig weiter gefahren, derart verunsichert fühlte ich mich. Nun würden wir dann viele unbekannte Menschen kennenlernen, mit denen wir die nächsten Tage auf engem Raum zusammen sein mussten. Das war für mich totales Neuland. Ich war ein Mensch, der nicht leicht aus sich herausgehen konnte und grosse Mühe hatte, sich mit unbekannten Leuten anzufreunden und dann eventuell noch etwas sagen zu müssen. Am liebsten hätte ich wieder rechtsumkehrt gemacht und wäre auf und davon.

David merkte mein Zögern. ,,Komm schon! Wer A gesagt hat muss auch B sagen. Wir werden schon nicht umkommen dabei."

,,Du hast A gesagt, nicht ich", meuterte ich leise. Ging dann aber doch folgsam hinter meinem Ehegespons her.

Die Begrüssung des Kirchenpräsidenten war nett. Unsere Freunde und er kannten sich bereits von den Vorbesprechungen her. Aber nachher, als langsam einer nach dem anderen vom Team eintraf, kamen wir uns schon ein wenig verloren vor. Meine Güte, die schienen sich bereits alle zu kennen! Wir passten doch überhaupt nicht in diese Gruppe. Meine angeborene Menschenscheu machte mir arg zu schaffen. Welch ein Glück, wurde gleich das Nachtessen serviert. So konnte ich mich damit beschäftigen und mein Nachbar auf der rechten Seite tat dasselbe und stellte keine Fragen an mich.

Die erste Zusammenkunft des Teams und den Verantwortlichen der Gemeinde verlief ohne grosses Problem. Ausser unserem Namen und woher wir kamen, mussten wir nichts sagen. Willy liess uns, wie versprochen, in Ruhe dabeisitzen und forderte uns nicht auf, irgend etwas mitzumachen. So konnten wir ganz am Rand beobachten, was da vor sich ging.

Um 20.00 Uhr begann der Gottesdienst, der, ausser dem Singen, welches von der Jugendgruppe geleitet wurde, ganz in den Händen der Gäste lag. Die Kirche füllte sich mehr und mehr. Mit uns zweien wartete auch die ganze Gemeinde gespannt auf das, was da geschehen sollte. Wir sangen viel und einige der Mitarbeiter gaben kurz Zeugnis. Jedesmal aber liessen sie tief in ihr Innerstes blicken. Ich bewunderte sie alle sehr. Nein, das würde ich niemals in meinem Leben fertig bringen! Einfach so vor die Leute hinstehen und von dem erzählen, was mich bewegte, was ich erlebt hatte und was mich beschäftigte.

Nie, Niemals! Ich hatte noch keine blasse Ahnung, trotz dem vielen, was wir schon mit Ihm erlebt hatten, wie Gott führt und leitet. Ich wusste auch noch nicht, dass man im Leben mit Gott gar nie niemals sagen soll. Denn das Leben mit Jesus Christus ist ein unbeschreibliches Abenteuer, das nie aufhört, solange wir auf dieser Erde sind. David und ich standen an diesem Abend an einem Neuanfang in unserem Leben, der uns weit darüber hinausführen würde, als wir es je erwartet hatten. Vielleicht wären wir davongerannt, hätten wir eine Ahnung gehabt, was alles daraus entstehen würde. Aber Gott ist so gut! Er führt uns immer nur vorsorglich einen Schritt um den anderen weiter. An seiner Hand zu gehen, sich von ihm leiten zu lassen, das macht es auch möglich, ein Hindernis zu überspringen, das einem vorher unmöglich erschien.

Am Schluss der Veranstaltung warteten nicht nur wir, sondern alle Mitarbeiter gespannt darauf, zu wem man wohl einquartiert worden sei. Unsere Gastgeberfamilie wohnte auf dem Schmitberg. Herr Keller war dort Lehrer in der kleinen Gesamtschule. Wir wurden herzlich aufgenommen und wir zwei Ehepaare verstanden uns auf Anhieb gut. Beim Gedankenaustausch über unsere Familien, rannte uns die Zeit davon. Es war schon Mitternacht, bis wir endlich unter die Decke kriechen konnten.

Ich vermochte kaum einzuschlafen. Die vielen Eindrücke dieses Abends beschäftigten mich noch. Ich begann mich sogar ein wenig auf den nächsten Morgen zu freuen. Was würde der Samstag wohl alles für Erlebnisse bringen?

Das Team kam um 9.00 Uhr zusammen, um zu beten, die Ergebnisse vom gestrigen Abend zu besprechen, die Kaffeestube vom Nachmittag, die heutige Abendveranstaltung und den Sonntagsgottesdienst vorzubereiten. Willy würde die Predigt halten und die anderen Teamleute, gemeinsam mit dem Gemeindepfarrer, die Umrahmung gestalten. Wieder hörten David und ich in erster Linie nur zu. Willy blickte uns zwar einige Male auffordernd an, aber wir gingen nicht darauf ein. Er hatte es uns ja versprochen gehabt, wir dürften nur Zuschauer sein. Aber mehr und mehr kam in mir die Freude auf, dabeisein zu dürfen. Ich fühlte mich in dieser Gruppe wohl und ganz nahe bei Gott.

Doch beim Einteilen in die Kaffeegruppe, wollte es mir doch wieder unheimlich werden. Willy teilte mich einem jungen Mann zu und David einer Frau mittleren Alters. Ich würde mit diesem Teammitglied zu einer Familie mitten im Städtchen gehen müssen. Viele gute Ratschläge, wie man solch eine Gruppe leiten sollte, wurden weitergegeben. Selber nicht zu viel erzählen, auf die Leute einzugehen, sie dort abzuholen wo sie stünden, den Mut haben, jemanden zu unterbrechen, der nicht mehr aufhören wolle zu sprechen oder zu beten, und so weiter und so fort. In was hatten wir uns da nur eingelassen!

„Habt doch keine Bedenken, es geht in den Kaffeestuben ungefähr so zu wie bei uns im Hauskreis", munterte unser Leiter uns zwei Neulinge auf.

Völlig verunsichert über das, was mich die nächsten zwei Stunden erwarten würde, machte ich mit mich dem jungen Mann auf den Weg. Glücklicherweise hatte ich keine blasse Ahnung, dass er mindestens ebensolche Angst hatte wie ich, war er doch das erste Mal Leiter einer Kaffeegruppe.

Nebst dem Gastgeberehepaar warteten bereits drei Frauen in der wohnlichen Stube auf uns. Wir durften gleich Platz nehmen an einem hübsch hergerichteten Esstisch. Aus der Küche stieg uns der feine Kaffeeduft in die Nase und auf dem kleinen Tischchen standen zwei herrliche Torten. Mehr und mehr Gäste kamen. Vier Frauen und ein Mann. Jeder mit einer eigenen Erwartung. Bereits während des Kaffeetrinkens stellte sich jeder vor. Was er oder sie arbeitete, ob sie verheiratet waren und wieviel Kinder sie hätten. Ich kam erst zum Schluss an die Reihe.

„Ich wohne in Freienstein, bin verheiratet, Hausfrau und habe zehn Kinder!“ Mehr wollte ich nicht preisgeben.

„Wie bitte? Habe ich richtig gehört? Haben sie wirklich zehn Kinder? Gibt es das heute noch?“ rief eine Teilnehmerin sogleich völlig entgeistert aus.

„Ja, sie haben richtig gehört!“

„Sind das alles ihre eigenen Kinder?“

„Nein, . . .“

„Das habe ich mir gleich gedacht! Erzählen sie mal.“

Jetzt waren wir genau dort gelandet, wo ich nicht wollte. Ich hatte es vermeiden wollen, im Mittelpunkt zu stehen. Aber es blieb mir wohl oder übel nichts anderes übrig, als von unseren adoptierten Kindern zu berichten. Ich fühlte mich gar nicht besonders wohl dabei und hielt mich so kurz wie möglich. Eine der Grundregeln des Morgens hatte geheissen: selber nicht zu viel erzählen. Ich musste erst lernen, dass Gott wollte, dass wir aus unserem Leben berichteten und Zeugnis von seiner Liebe gaben und damit den Menschen Mut zu machen, auch ihr ganzes Vertrauen auf den Herrn zu setzen. Die Teilnehmer in dieser Gruppe hörten aufmerksam zu. Beinahe wurde beim Zuhören der Kaffee in den Tassen kalt.

„Das ist jetzt die interessanteste Geschichte, die ich je vernommen habe“, meinte die Gastgeberin nach meinem Kurzbericht. „Ich könnte noch lange zuhören.“

Ich blickte den Leiter verlegen an und er verstand, was ich wollte. Er nahm die vorbereiteten Arbeitsblätter aus seiner Mappe, verteilte sie und sagte: „Die Zeit rennt uns davon, ich glaube, wir sollten mit der Bibelarbeit anfangen.“

Ich atmete befreit auf. Noch während des ganzen Nachmittags beschäftigte mich der Gedanke: habe ich wohl zu lange von uns gesprochen?

Die Gespräche verliefen angeregt. Eine Frau öffnete sich und erzählte von ihrem grossen Problem mit einem Sohn, der mit Drogen zu tun habe und wie ihr das zu schaffen mache. Das dürfte doch in einer christlichen Familie einfach nicht passieren. Da durfte ich nicht schweigen, sondern musste bekennen, dass auch wir dasselbe Problem hätten. Es fiel mir unendlich schwer und ich musste über meinen eigenen Schatten und meinen Stolz springen, damit ich dies konnte.

Beim Abschiednehmen nahm mich diese Frau mit Tränen in den Augen in die Arme und sagte: ,,Weil sie von ihrer Familie erzählten, hatte ich den Mut, das von meiner Last zu berichten. Ich habe noch nie etwas davon verlauten lassen. Jetzt fühle ich mich viel freier, weil wir darüber gebetet haben. Danke, dass auch Sie uns am Schicksal Ihres Sohnes teilhaben liessen. Gott hat Sie für mich hierher gesandt."

So wunderbar ist der Herr! Ich hatte geglaubt, versagt zu haben, nur weil mein Bericht etwas lange gedauert hatte und nun hatte der Herr etwas Gutes daraus gemacht für diese Frau. Und das Tolle daran war, er wollte, dass diese mir das gestand. Auf dem Weg zur Kirche zurück schwebte ich beinahe.

Der Abend verlief ähnlich wie am Freitag und der Sonntagsgottesdienst war ein Erlebins für sich. Willy's Predigt war einfach und klar. Wie konnte er das nur? Er hatte es ja nie an einer Universität gelernt! Das würde ich niemals, unter gar keinen Umständen fertig bringen, auf der Kanzel zu stehen und zu predigen! David bestimmt auch nicht. Das würden wir sicher niemals müssen. Darüber war ich sehr froh.

Lachend und komplett aufgestellt verabschiedeten wir uns nach dem Mittagessen von den neugewonnen Freunden. Der Abschied von ihnen fiel uns allen gar nicht so leicht.

Wir waren in diesen Stunden zusammengewachsen. Die Liebe zum gemeinsamen Herrn und Meister Jesus Christus verband uns.

Auf dem Heimweg fragte uns Willy, wie es uns gefallen habe. Ich konnte meine Gefühle nicht recht in Worte fassen. David antwortete nur einfach: „Es war nicht immer leicht, aber sehr schön." Jedoch eines wussten wir beide in jenem Augenblick schon ganz genau, es würde nicht das letzte Mal gewesen sein, dass wir an einem ‚Mut zur Gemeinde'-Wochenende teilgenommen hatten.

## Die Prüfung

Mulat hatte die annähernd zwei Jahre, die er in der Sekundarschule verbringen durfte, voll ausgenützt. Er verbrauchte beinahe seine ganze Freizeit, um zu lernen, sass bei jeder Gelegenheit in seinem Zimmer hinter den Büchern oder nahm schwierigeren Stoff mit Freunden durch. Seine Lehrer meinten, dass er wirklich grosse Chancen hätte, die Prüfung fürs Gymnasium zu schaffen. Da wir nun bald nach Pfungen ziehen würden, musste er diese in Winterthur absolvieren. Am Morgen des wichtigen Tages befanden wir uns gerade am ‚Mut zur Gemeinde'-Wochenende. Es tat mir leid, denn ich hätte sehr gerne mit Mulat gebetet, bevor er sich auf den Weg machte. Jetzt mussten wir es halt aus der Ferne tun. Willy Wirth wusste darum und er nahm unser Gebetsanliegen am Samstagmorgen in der Gruppenarbeit auf.

Unser Junge fühlte sich nicht ganz sicher, ob er die Prüfung wirklich geschafft hatte. „Mutti, die Fragen und Aufgaben waren viel schwerer, als ich es erwartet hatte. Ich wusste zwar, dass ihr für mich gebetet habt und das gab mir Kraft, aber . . .", klagte er. David und ich versuchten ihm Mut zuzusprechen. Doch das war gar nicht so einfach. Mulat wusste zu genau, was alles für seine Zukunft abhing von dieser Prüfung.

Die Wochen des Wartens auf den Entscheid wollten und wollten nicht vorbei gehen. Unser Junge wurde immer unruhiger. Er lachte nicht mehr viel und mochte die Spässe seiner Geschwister nicht mehr leiden. Ich betete viel für ihn und sagte ihm auch, dass, wenn es für seine Zukunft das Richtige sei, er bestimmt studieren könne. Das war meine Zuversicht, aber halt nicht die seine.

An einem Freitagabend im Februar befand sich die ganze Jungmannschaft mit David zusammen auf einem Blitzbesuch bei der Grossi. Ich lag, in ein interessantes Buch vertieft, auf dem Sofa und genoss die seltene Ruhe. Das Läuten des Telephons schreckte mich auf. Ein wenig unwillig über die Störung, mitten im interessantesten Abschnitt, stand ich auf, nahm den Hörer ab und meldete mich.

„Röschli."

„Sind Sie die Mutter von Mulat Röschli?"

„Jaaa . . . ."

„Ich bin der Rektor des Gymnasiums Winterthur. Ich habe einige Fragen an Sie."

Jetzt klopfte mein Herz zum Zerspringen in meiner Brust. Was würde nun kommen? Musste ich Mulat bei seiner Heimkehr eine Hiobsbotschaft überbringen?

„Frau Röschli, will Ihr Junge unbedingt studieren?"

„Ja! Seit seiner Einschulung hat er sich nie etwas anderes gewünscht."

„Sehen auch Sie und Ihr Mann das so? Oder wäre es Ihnen lieber, wenn er einen Beruf erlernen würde?"

„Nein, wir möchten ihm diese Chance geben. Unsere Kinder sollen nach Möglichkeit das lernen dürfen was sie wollen."

„Das finde ich wichtig. Nun zum eigentlichen Grund meines Anrufes. Mulat hat die Prüfung nicht ganz bestanden. Ihm fehlt 1/4 Punkt. Nun hat aber die Prüfungskommission beschlossen, ihm eine Chance zu geben. Mir übergaben sie abzuklären, wie Sie sich zu einem Studium von Mulat stellen. Normalerweise zählen für uns nur die Noten der Schüler. Aber das ganze Gremium fand einstimmig, wenn ein Junge, der nicht einmal ganz zwei Jahre in der Schweiz lebt, den Mut aufbringt, sich für eine solch harte Prüfung anzumelden und sie beinahe schafft, ihm eine Chance gegeben werden sollte. Wir haben beschlossen, ihn für ein Jahr provisorisch im Gymnasium aufzunehmen. Sie müssen uns jedoch das Zugeständnis machen, dass wir, wenn es ihm unmöglich sein würde in der Schule nachzukommen, ihn jederzeit, nach Absprache mit Ihnen, von der Schule weisen könnten. Ich denke jedoch nicht, dass dies geschehen wird. Sind Sie damit einverstanden?"

„Ich, ich . . . Ja, ich weiss gar nicht was ich sagen soll. Mulat hatte grosse Angst vor dem Prüfungsergebnis, weil er weiss, was für ihn davon abhängt. Nun darf ich ihm eine so wunderbare Antwort weitergeben. Vielen, vielen Dank." Ich wusste wirklich nicht recht was antworten. Der Rektor verstand das wohl, denn er wünschte mir nur noch freundlich ein schönes Wochenende, dann hängte er auf.

Mein Gott, gibt es so etwas? Mulat hat die Prüfung nicht ganz bestanden und darf doch ins Gymnasium! Ich zweifelte nicht einen Moment daran, dass er nachher ohne Probleme mitkommen würde. Bevor ich mein Buch wieder zur Hand nahm, dankte ich inbrünstig unserem Herrn.

Ich konnte kaum erwarten, bis David mit den Kindern nach Hause kam. Die mich vorher fesselnde Geschichte konnte mich nicht mehr in ihren Bann ziehen. Immer wieder schweiften meine Gedanken ab. Was würde Mulat als Hauptbetroffener, aber auch David und die anderen, zu dieser wunderbaren Nachricht sagen? Wie sollte ich überhaupt mit Erzählen anfangen? ‚Herr, hilf mir, es richtig zu machen.'

David spürte mir meine innerliche Bewegung gleich an. „Hast du etwas besonderes erlebt?" fragte er.

„Ja!" Ich blickte dabei vielsagend Mulat an.

„Was ist, Mutti? Hab ich etwas angestellt?" Ein Lächeln huschte über das ernste Jungengesicht.

„Nein, das hast du nicht. Aber ich habe dir eine ganz tolle Mitteilung zu machen."

Nun schaute nicht nur er, sondern alle, mich äusserst gespannt an. Was würden sie da vernehmen. Plötzlich fiel es mir auch nicht mehr schwer, die richtigen Worte zu finden.

„Mulat, der Rektor vom Gymnasium hat angeläutet. Du hast zwar die Prüfung nicht ganz bestanden, sie nehmen dich jedoch trotzdem provisorisch für ein Jahr auf."

Mulat sah mich erst völlig aus der Fassung gebracht an, dann stammelte er: „Das ist doch nicht möglich. Sag, Mutti, hast du den Rektor wirklich richtig verstanden? So etwas machen sie doch nicht. Entweder hat man die Prüfung bestanden oder dann eben nicht."

„Ja, Mulat, ich bin ganz sicher, dass es kein Missverständnis ist", antwortete ich mit Bestimmtheit. „Ich gratuliere dir, dass du es soweit gebracht hast und ich weiss, dass du es schaffst."

Nun stürzten aus seinen Augen Tränen der Freude und der Erleichterung. Er hatte nicht damit gerechnet. Natürlich musste ich nun haargenau den Wortlaut des Gespräches mit dem Rektor erzählen. Jedes hörte aufmerksam zu.

„Ich glaube, Mulat, das verdankst du nur der Güte unseres Herrn", sagte David einfach, als er unserem Sohn fest die Hand drückte. „Ich will damit nicht deine Leistung schmälern, das weisst du wohl, aber ohne sein Eingreifen wäre das niemals möglich gewesen. Nun lasst uns ihm danken."

Einen Tag bevor die Sommerferien begannen und die für die anderen Schüler von Mulat's Klasse dreimonatige Prüfungszeit abgelaufen war, telephonierte der Rektor noch einmal. Jetzt war es David der den Hörer abhob und sich meldete.

„Ich möchte Ihnen nur noch schnell, vor den Ferien, mitteilen, dass das einjährige Provisorium für Mulat aufgehoben wurde. Er hat alle Prüfungen in diesem Vierteljahr mit solch guten Noten bestanden, dass er laut Beschluss der Kommission, von heute an als regulärer Schüler bei uns im Gymnasium aufgenommen ist. Wir gratulieren ihm herzlich."

Jetzt war die Freude noch unbändiger als das letzte Mal und die Loblieder stiegen noch fröhlicher zum Himmel auf.

## Der Umzug

David und ich verstanden uns beinahe in allem sehr gut. Wir hatten auch selten eine Meinungsverschiedenheit. Nur wenn es ums Umbauen im Haus ging, waren wir nie gleicher Meinung. Ich fand immer das Alte noch mehr als gut genug und er wollte, vor allem für mich, nur das Modernste und Allerbeste. So kamen wir aneinander und weil wir das nicht gewohnt waren, litten wir beide jedesmal furchtbar unter dem Zerwürfnis. Mir tat es auch deswegen so besonders leid, weil ich verstand, dass er es aus Liebe zu mir tat. Mich jedoch reute das Geld und ich mochte den ewigen Baustaub nicht leiden.

Genauso war es auch wieder, bevor wir in unser Haus in Pfungen einzogen. Von mir aus hätte man alles lassen können wie es war. David jedoch wollte das Hinterste und Letzte auf den Kopf stellen. Wir nahmen dazu keine Handwerker, sondern machten, wie schon in Freienstein, alles selber. Natürlich wurden zum Helfen auch Richi, Peter und alle unsere Kinder aufgefordert. Meistens machte es allen Spass, aber hie und da gab es auch Unstimmigkeiten.

Unser Peter hatte in der Zeit des Umbaus eine Freundin. Obschon er genau wusste, dass am Samstagnachmittag jeder zur Mithilfe eingeteilt war, machte er mit ihr etwas ab. Als wir zur Abfahrt bereit waren, konnten wir Peter nicht finden. Ich lief in sein Zimmer hinauf, um ihn zu rufen. Seelenruhig sass er am Tisch und las in einem Wildwest-Roman.

„So ist das also, wir warten unten und du sitzest da und bist in einen Schundroman vertieft. Komm schon!"

„Nein, ich komme heute nicht!"

„Was sagst du? Kannst du mir das bitte erklären!" Innerlich fing es bei mir an zu kochen.

„Ich habe eine Abmachung mit meiner Freundin und die will ich einhalten."

„Das kannst du gleich vergessen. Du kommst mit und basta!" Meine, durch die ganze Situation bereits sehr angespannten Nerven, vibrierten.

„Es ist mir ganz egal was du sagst! Euer Scheisshaus kann mir mal! Ihr habt es ja ge . . . " schrie er mich wütend an.

Nun verlor ich den letzten Rest meiner Beherrschung, ich holte aus und schmierte unserem neunzehnjährigen Sohn eine runter.

„Mutti!!"

Sein Aufschrei brachte mich zur Besinnung. Mein Gott, was hatte ich getan? Wie konnte ich nur? Ich blickte völlig fassungslos auf meine brennende, rote Hand, dann auf Peter, der irgendwie verdattert dastand.

„Es tut mir leid, das wollte ich bestimmt nicht", stammelte ich, machte rechtsumkehrt, verliess gehetzt sein Zimmer und rannte in mein Schlafzimmer hinauf. Das war wirklich das

Letzte. Ich hatte meinen bald volljährigen Sohn geschlagen! Ich schämte mich fürchterlich. Bevor ich hinunter zu David und den Kindern gehen konnte, musste ich mich erst ein wenig beruhigen.

„Kommt ihr beide bald, ich will endlich fahren, die Arbeit wartet", rief David ärgerlich von unten herauf.

Langsam, mir Zeit lassend und um meine Fassung ringend, stieg ich die Treppe hinunter. Die anderen sollten nicht mitkriegen, was passiert war zwischen Mutter und Sohn. Wie sollte ich es nur David beibringen, dass sich Peter weigerte mitzukommen, ohne dass er auch noch explodierte. Zu meiner Überraschung hörte ich hinter mir Schritte. Als ich mich umsah, entdeckte ich, dass es mein grosser Junge war. Er hatte sich anders besonnen und kam mit. Ich atmete erleichtert auf.

Den ganzen Morgen lang gingen wir zwei uns aus dem Weg. Das stellte gar kein Problem dar, denn das Haus war so geräumig und auf jedem Stock gab es genug Arbeit zu verrichten. Mich jedoch beschäftigte mein Ausrutscher unbeschreiblich. Da erzählte ich immer von der Liebe Gottes und jetzt das! Am Nachmittag hielt ich es nicht mehr aus. Ich suchte Peter auf, der gerade ganz alleine im obersten Stock an einem Radiator etwas abschraubte. Er blickte nur kurz auf um zu sehen wer da kam, dann sah er auf die Seite.

„Peter . . . !"

Keine Antwort.

„Peter . . . !"

„Ja, was ist?"

„Peter, . . . es tut mir leid, dass das heute morgen passierte."

„Hmmm."

„Hast du gehört, was ich sagte? Es tut mir leid!"

„Ja, ich habe es gehört."

„Kannst du es mir verzeihen?"

„Hmmm. Na ja . . . . Es ist schon gut. Im übrigen, weisst du Mutti, es war auch nicht ganz in Ordnung, wie ich mich benahm."

Wir blickten uns in die Augen. In seinen zuckte ein schelmisches Lachen auf, das sich bald über das ganze Gesicht ausbreitete. Ich stimmte mit ein und zwischen uns war der Friede wieder hergestellt. Aber das ganze Geschehnis blieb lange ein Geheimnis zwischen uns beiden. Nur David erzählte ich es später.

Langsam wurde ein Zimmer nach dem andern fertig. Wir begannen, unsere vielen Sachen mühsam mit dem ‚Negerli Express' von Freienstein nach Pfungen zu transportieren. Nirgendwo fühlten wir uns mehr richtig zu Hause. Ich war von Herzen froh, als alles endlich mehr oder weniger eingerichtet war. Ausser dem grossen Wohnzimmer, das sich immer noch im Umbau befand, war alles recht hübsch geworden. Sogar ich freute mich darüber und bat David um Vergebung für meinen oft gezeigten Unwillen. Es war herrlich, dass jedes Kind in sein eigenes Zimmer einziehen konnte und wir erst noch ein Gastzimmer besassen.

Der Abschied von Freienstein fiel mir unbeschreiblich schwer. David konnte das gar nicht richtig verstehen. Wir hatten unser Traumhaus gefunden, was wollte ich noch mehr?

Er meinte, ich sollte mich in den vielen Jahren Ehe mit ihm endlich an das von Ort-zu-Ort-ziehen gewöhnt haben. Aber eben, dem war nicht so. Heute macht mir der beständige Wechsel nicht mehr viel aus. Gott gibt mir die Kraft, mich schnell umzustellen. Von mir aus könnte ich es nie.

Genet, Falagu und Fetene fingen auch mit gemischten Gefühlen in ihren neuen Klassen an. Obschon sie sich während der Umbauerei bereits mit den Nachbarskindern angefreundet hatten, war es halt doch wieder ein völliger Neuanfang für sie. Doch auch in Pfungen hatten alle drei bald wieder mehr Freunde als mir manchmal lieb war. Unsere Küche platzte oft beinahe aus den Nähten. Die Kinder aus dem Nachbarshaus erschienen meist schon während wir noch zu Tische sassen. Nachher setzten sie sich zu uns ins Wohnzimmer, hörten zu, wenn wir in der Bibel lasen und beteten. Bei den Liedern sangen sie bald einmal kräftig mit. Hie und da hatte ich einmal eine dumme Anwandlung, wenn Fremde bei uns zu Besuch weilten. Sollen wir die Andacht halten oder nicht? Praktisch immer entschied ich mich dafür.

„Wenn es jemandem nicht passt, soll er nicht mehr kommen", war David's einfacher Kommentar, als ich ihm einmal von meinem Zwiespalt erzählte. Nachdem unser Ältester uns nach seiner Untersuchungshaft einmal erzählte, dass er dort jeden Abend dachte, wenn die Kirchenglocken um 19.00 Uhr zu läuten begannen: nun sitzen sie zu Hause zusammen, lesen in der Bibel und beten für mich und wie ihn das immer getröstet hätte, war das Ganze für mich auch kein Problem mehr.

Nach der Andacht verstob die Jungmannschaft hinaus in die Küche zum Abwasch. Alle halfen eifrig mit, damit alle baldmöglichst hinaus durften um zu spielen. Bei uns hatte es sich eingebürgert, dass ich meistens kochte und dann niemals abwaschen musste. Das gilt übrigens auch heute noch.

Am ersten Morgen nach unserem Einzug machte ich mich mit meinem Einkaufswagen auf den Weg in das Lebensmittelgeschäft. Ich begegnete einigen Leuten, doch niemand grüsste mich. Im Laden, obschon viel kleiner als der in Freienstein, hatte ich Mühe, das was ich brauchte, zu finden. Überall schienen Frauen zusammenzustehen und miteinander zu sprechen oder einander über die Verkaufsgestelle lachend etwas zuzurufen. Ich kannte niemanden und natürlich sagte auch niemand etwas zu mir. Wie war es doch zu Hause anders gewesen. Ein dicker Kloss sass mir im Hals. Traurig und das Herz voller Heimwehschmerz zog ich den vollen Wagen hinter mir her. Ach du meine Güte, würde das nun immer so trostlos sein?

Bevor ich hinunter zur Bahnunterführung gehen konnte, musste ich anhalten. Von unten kam ein schwerbehinderter Mann an Krücken mit seinem kleinen weissen Hündchen daher. Er blickte auf mich, dann sagte er, schelmisch lachend: „Guten Morgen! Können Sie nicht umkehren und mich auf Ihr kleines Wägelchen aufsitzen lassen?"

Ich war so erstaunt, dass jemand etwas zu mir sagte, dass ich ihn erst gar nicht verstand, sondern nur komisch anschaute. Doch dann konnte ich mit in sein Lachen einstimmen. Immer noch lachend setzte der Mann seinen Weg fort. Für mich schien plötzlich die Sonne viel leuchtender als vorher. Es waren im Grunde genommen nur ganz banale Worte, die der Mann sagte, aber mich stellten sie einfach auf. Ich kam mir nicht mehr so verloren vor.

Selbstverständlich besuchten wir am ersten Sonntag alle gemeinsam den Gottesdienst an unserem neuen Wohnort. Wir waren bestimmt jedem aufgefallen, aber wieder sprach kein einziger Mensch ein Wort mit uns. Ein etwa gleich altes Ehepaar wie wir, mit ihren vier Kindern, besuchte ebenfalls den Gottesdienst. Sie blickten uns wohl einige Male an, aber auch sie begrüssten uns nicht. Komisch, sind wir denen wohl nicht genehm hier in Pfungen mit unserer gemischten Familie. Was für ein Unterschied zu Freienstein! Auch David fühlte sich irgendwie ausgestossen. Erst beinahe ein Jahr später, als wir gemeinsam mit ihnen und anderen Leuten von Pfungen, an einem christlichen Erwachsenenbildungskurs in Winterthur teilnahmen, fanden wir heraus, dass sie in derselben Woche nach Pfungen zogen wie wir und an jenem Sonntag ebenfalls das erste Mal dort zur Kirche gegangen waren. Sie hatten von uns auch gedacht: warum begrüssen die uns denn nicht? So lebten wir viele Monate aneinander vorbei. Später verband uns eine nette Freundschaft. So komisch können sich auch Kinder Gottes verhalten.

## Nelly

Von amerikanischen Freunden erhielten wir aus Addis-Abeba einen Brief mit der Mitteilung, dass Nelly Baumgärtner dort in der Hauptstadt sei und niemanden kenne, bei dem sie wohnen könne.

Nach dem Lesen dieser traurigen Nachricht stieg die Erinnerung mit Urgewalt in mir auf; nämlich an ein vor langer Zeit unter Zeugen abgegebenes Versprechen. Kam jetzt doch noch die Gelegenheit dieses einzulösen? Mit der Familie Baumgärtner verband uns eine alte Freundschaft aus unserer Äthiopienzeit. Vater Baumgärtner war ein sehr interessanter, über achtzigjähriger Mann gewesen, als er starb. Er betrieb weit draussen auf dem Lande eine Kaffeeplantage. Seine ebenfalls betagte

Frau, Betty, blieb bis zu ihrem Tode vor einem Jahr mit der behinderten Tochter auf der Farm. Nichts hätte sie dazu bringen können, ihre Heimat zu verlassen. Als wir vom Heimgang unseres Freundes, Vater Baumgärtner hörten, fuhr ich mit Bekannten nach Tschinina. Dort versprach ich Mutter Betty, einmal für Nelly zu sorgen, wenn sie alleine sein würde. Natürlich war ich damals noch der Meinung, wir würden unser weiteres Leben in Äthiopien verbringen. Als wir das Land verliessen, hat mich das Versprechen belastet, welches ich nun nicht einzulösen vermochte. Ich blieb immer in brieflichem Kontakt mit Mutter Betty. Hatte jedoch nach ihrem Tode nichts mehr von der über sechzigjährigen Nelly vernommen und daher auch keine Ahnung, was mit ihr und der Farm in Tschinina geschehen war.

David und ich verstanden uns wieder einmal ohne Worte. Er las den Brief durch und sagte spontan: „Willst du ein Telegramm an die Schweizerbotschaft senden, damit sie Nelly auf das nächste Flugzeug setzen und zu uns schicken? Wir haben ja noch ein Zimmer frei."

„Genau diese Antwort habe ich von dir erwartet. Ich habe mir alles schon hin und her überlegt. Ich glaube, im Moment ist das der einzig richtige Ort für Nelly. Uns kennt sie und mit den Kindern kann sie amharisch sprechen", erwiderte ich.

„Du bist dir aber sicher bewusst, dass es nicht immer einfach sein wird. Für Nelly wird alles so fremd und ungewohnt sein in der Schweiz. Sie war ja noch nie hier und selten einmal in Addis-Abeba. Auch das kühle Wetter wird für sie ein Problem werden", fuhr David nachdenklich fort.

„Ja, ich weiss. Aber ich denke, der Herr wird uns beiden und den Kindern die Kraft dazu geben", meinte ich zuversichtlich.

Am nächsten Morgen sandte ich das Telegramm mit der Einladung nach Äthiopien und erhielt bald darauf eine kurze Antwort: Nelly Baumgärtner, Ankunft Frankfurt, 7.6.77, 16.35 Uhr.

Das würde bereits in zwei Wochen sein! Halb freute ich mich auf das Wiedersehen, halb hatte ich auch grosse Angst vor der Verantwortung, die David und ich auf uns genommen hatten.

Aber nun konnten wir nichts mehr rückgängig machen, bloss vertrauensvoll vorwärts blicken. Damit das Zimmer für Nelly bezugsbereit wurde, mussten wir uns nun mit dem Fertigstellen des Wohnzimmers beeilen. Wir hatten angefangen, im untersten Stockwerk zwei Zimmer in ein grosses umzuwandeln. Es brauchte noch einiges an Arbeit, um es wohnlich zu gestalten. Aber dank der Mithilfe der älteren Kinder und unseren Freunden gelang uns dies. Nelly's Zimmer war gleich hinter der Küche gelegen, da sie wegen ihrer Behinderung nicht ohne fremde Hilfe Treppen überwinden konnte.

Mit innerer Spannung begab ich mich auf die Reise nach Frankfurt. Wegen meiner Flugangst nahm ich die lange Bahnfahrt in Kauf. Mich brachte man nur wenn unbedingt nötig in ein Flugzeug. In mir krampfte sich beim blossen Gedanken an den Heimflug schon alles zusammen und die Angst davor schnürte mir die Kehle zu. Ich benutzte die Fahrt, um in der Bibel zu lesen und mich auf das Treffen mit Nelly vorzubereiten. Wie würde wohl das Wiedersehen sein? Kannte sie mich noch? ‚Herr, leg Du Deinen Segen auf uns alle. Ich bitte Dich', war mein stilles Gebet.

Mit grosser Unruhe stand ich in der Wartehalle und sah gespannt auf den Ausgang. Die automatische Tür öffnete sich, ein Rollstuhl wurde herausgeschoben in dem eine Frau sass. Ich blickte genauer hin, ja es stimmte, da war meine Nelly. Wie ein unsicheres Häufchen Elend kam sie mir vor. Ich sah nur ein bleiches Gesicht mit übergrossen, weit geöffneten Augen und einen braunen Umhang, der über die Seiten des Rollstuhles hing. Das Bild brannte sich unauslöschlich in meine Seele.

„Nelly", rief ich laut aus und rannte auf sie zu.

„Madame!" schrie die Gestalt auf, streckte mir verlangend die Arme entgegen, während Tränen ihre Wangen hinunterkugelten. „Madame, o Madame, wie bin ich froh, Sie zu sehen!"

Ich hatte mich zum Begrüssungskuss zu Nelly niedergebeugt und sie umklammerte mich mit einer Kraft, die ich nicht in ihr vermutet hatte. Nur mit Mühe konnte ich mich von ihr lösen. Ich musste mein Taschentuch hervorziehen und meine Nase schneuzen, denn eben ja, wenn halt die Tränen kommen, läuft auch die Nase.

„Ich nicht mehr gut deutsch sprechen", entschuldigte sich Nelly, „hoffe, sie verstehen mich."

„Bestimmt, Nelly! Sonst geht es sicher mit Amharisch und Händen und Füssen", munterte ich sie auf. „Aber, warum sagst du Madame und Sie? Das war doch früher nicht der Fall, als wir uns in Tschinina sahen."

„Muss ich erst wieder lernen", erwiderte sie ernst.

Die Wartezeit bis zum Abflug der Maschine nach Zürich, verging im Flug. Ich hatte gar nicht viel Zeit, meiner Flugangst nachzusinnen. Nelly sprach und sprach. Sie musste erst einmal ihre neuesten Erlebnisse loswerden. Das Frühere, alle ihre furchtbaren Abenteuer im vergangenen Jahr, folgte dann später. Französisch, das war ihre Muttersprache, deutsch, amharisch, hie und da ein Wort in Galinja, alles kam kunterbunt durcheinander heraus. Ich musste wirklich aufpassen, dass ich sie verstand. Auch im Flugzeug kam ich nicht dazu, mich zu ängstigen, denn Nelly nahm meine ganze Aufmerksamkeit in Anspruch.

David holte uns in Kloten ab. „Siehst du, Nelly, wer dort auf uns wartet?" fragte ich, als ich, mit ihrem leichten Koffer in der Hand, dem Rollstuhl folgte.

In ihren Augen strahlte ein Leuchten auf. „Monsieur Röschli!" Sie erhob sich so schnell sie vermochte aus dem fahrbaren Untersatz, streckte David scheu die Hände entgegen. Der jedoch umarmte die Nelly fest. Sie legte ihren Kopf an seine Schulter und begann zu weinen.

Zu Hause wartete die Jungmannschaft auf unseren Gast, obschon es beinahe 23.00 Uhr war. Mulat begrüsste Nelly als erster. Natürlich auf Amharisch. Die anderen folgten hintennach.

„Madame, es ist hier bei euch fast wie zu Hause in Äthiopien." Ein feines Lächeln huschte über Nelly's Gesicht.

„Wir hoffen auch, dass du dich hier bei uns zu Hause fühlst und es dir gefällt", gab ich leise zurück.

Nach einer Tasse Tee, welche Genet bereits für uns vorbereitet hatte, beteten wir noch zusammen, dann begleitete ich Nelly in ihr Zimmer, um ihr beim Ausziehen behilflich zu sein. Erst jetzt, nachdem ich ihr die weisse Natala (äthiopisches grosses Tuch, das wie ein Überwurf getragen wird) von der Schulter nahm, bemerkte ich, was für ein furchtbar schmutziges und zerrissenes Kleid sie darunter trug. Ich sagte jedoch kein einziges Wort deswegen, aber ich ärgerte mich furchtbar. Wie konnte die Schweizerbotschaft Nelly nur so reisen lassen. Die hätten ihr wirklich etwas anderes kaufen können! Darum weigerte sie sich, im Flugzeug das dicke braune Tuch abzulegen. Sie hatte sich wohl geschämt. In ihrem Köfferchen befand sich nebst einem dünnen Nachthemd, einem dicken äthiopischen Tuch und einigen wenigen Andenken, gar nichts. Es bereitete etwelche Mühe, bis die todmüde Nelly ausgezogen und ins Bett verfrachtet war.

„Madame, bin ich müde!" seufzte sie und streckte sich lang unter der Decke aus.

„Das ist recht, dann kannst du gut schlafen. Ist es doch die erste Nacht seit fast 60 Jahren, die du in der Schweiz erlebst. Gute Nacht und Gottes Segen!"

Ich wollte ihr noch schnell einen Kuss auf die Stirn drücken und dann gehen. Aber wieder umklammerten mich ihre Arme, sie zog mich ganz nahe zu sich und hörte nicht mehr auf, mich zu küssen. Mühsam vermochte ich mich von ihr zu lösen. Ich blickte sie an. Der tiefe Schmerz und die Trostlosigkeit in ihren Augen schnitt mir ins Herz. Was ging in ihr vor in diesem Moment? Realisierte sie erst jetzt richtig, wo sie sich befand? So weit von ihrem geliebten Heimatland. Arme Nelly!

Ich schritt zur Tür, löschte das Licht aus und sagte noch einmal leise: „Gute Nacht, Nelly."

„Morgen früh rufe ich deiner Schwester an und frage sie, ob sie mit mir und Nelly nach Winterthur kommt. Nelly hat überhaupt nichts mitgebracht. Wir müssen sie völlig neu einkleiden. Es ist eine Schande, jemanden derart in die Heimat zu schicken. Die Botschaft hätte sicher für sie etwas ausgeben können. Schliesslich ist Nelly nicht irgend ein Vagabund, sondern die

Tochter von Ernst und Betty Baumgärtner!“ Ich musste meiner Empörung bei David Luft machen.

„Mich nimmt wunder, ob von ihrem vielen Geld, das ihre Eltern auf der Bank in Addis-Abeba hatten, nichts mehr vorhanden ist und sie sie deshalb wie eine Bettlerin auf den Weg schickten?“ fragte David.

Nelly war bereits um 6.00 Uhr in der Früh wach. David hörte sie von ihrem Zimmer im unteren Stockwerk rufen. Noch völlig unausgeschlafen rappelte ich mich auf, zog den Morgenrock über und ging zu unserem Gast.

„Bitte, Madame, helfen Sie mir auf die Toilette“, bat mich Nelly eindringlich.

In diesem Moment wurde mir das erste Mal richtig bewusst, was es heissen würde, jemanden im Haus zu haben, der nicht einmal fähig war, alleine aus dem Bett zu steigen und auf die Toilette zu gehen. Nelly weigerte sich, noch einmal ins Bett zu gehen. Sie fühlte sich ausgeruht und wollte ihre neue Heimat kennenlernen. Ich half ihr beim Anziehen, setzte sie in den bequemen Sessel und sagte:

„Du musst jetzt halt warten bis die Kinder aufgestanden sind. Dann gibt es das Morgenessen und nachher können wir zusammen bis zuoberst durchs Haus gehen und später noch in den Garten. Es wird einen herrlichen Sommertag geben“, erklärte ich ruhig.

Nelly nahm im Laufe des Morgens alles was sie sah, begierig in sich auf. Während sie langsam an meinem Arm, mit dem Stock in der anderen Hand, durchs Haus ging, staunte sie nicht schlecht. Sie hatte noch nie einen Radiator gesehen. Ich musste ihr erklären, was das sei. Winter kannte sie nur aus den Berichten ihrer Eltern. Schnee sah sie auf Bildern und in Kalendern. Alles wollte sie wissen und sehen. Es war sogar für mich ein Erlebnis, so mit ihren Augen alles anzusehen.

Beim Kochen am Mittag fing sie von ihren schrecklichen Erlebnissen in Tschinina zu erzählen an. Ein Jahr lang, nach dem Tode der Mutter, ging eigentlich alles recht gut. Sie konnte mit dem Wenigen, das die Farm abwarf, leben, da sie noch einige Arbeiter beschäftigte. In ihr lebte der grosse Wunsch, immer hier in ihrer Heimat bleiben zu können und sie glaubte fest daran, dass sie das schaffen würde. Aber dann wurde sie einige Male von Räuberbanden überfallen. Einmal kam sie nur noch mit knapper Not mit dem Leben davon. Sie stahlen ihr alles, was nicht niet- und nagelfest war. Schlugen alle die wunderbaren, von ihrem Vater selber hergestellten Möbel kaputt, verbrannten die herrlichen alten Bücher, Photoalben und alle persönlichen Sachen der Familie. „Nichts, nichts, ist mir von dem Vielen mehr geblieben", weinte sie. Nelly hatte ganz Furchtbares durchgemacht. Die äthiopische Armee brachte sie schlussendlich nach Addis-Abeba und lieferte sie in der Botschaft ab.

Am Nachmittag fuhren wir mit Klär nach Winterthur. Nelly staunte über die sauberen Strassen, die schönen Häuser, die vielen modernen Autos und die unzähligen weissen Menschen. Nie vorher hatte sie so etwas gesehen. Auf meinen Arm gestützt spazierte sie mit uns durch die Altstadt. Mit grossen, erstaunten Augen blickte sie in die Schaufenster. Alles war völlig fremd für sie.

Im Kleidergeschäft mussten wir in den zweiten Stock hinauf. Klär drückte beim Lift auf den Knopf. Bald öffnete sich die automatische Tür und wir stiegen ein. Nur zögernd folgte mir Nelly. Sie erschrak, als sich die Tür schloss und sich der Lift in Bewegung setzte. Doch plötzlich sagte sie laut: „Madame, das muss ein Elevator sein! Davon hat mir mein Papa erzählt."

„Ja, Nelly, das ist ein Lift", bestätigte ich. „Es tut mir leid, dass ich es dir nicht erklärt habe, bevor wir eingestiegen sind." Mir wurde auf einmal eines klar, ich musste noch viel lernen im Umgang mit ihr.

Die zwei Frauen, welche sich mit uns im Lift befanden, schauten komisch auf die ältere Frau in unserer Begleitung, die anscheinend noch niemals in einem Lift gefahren war. Die hatten natürlich keine Ahnung, dass die Nelly praktisch direkt aus dem Busch in die Schweiz gekommen war.

Es war kein einfaches Eingewöhnen für Nelly. Sie litt schrecklich unter Heimweh und dann konnte sie richtig garstig sein mit mir. Aber sobald sie sich wieder gefasst hatte, weinte sie bittere Tränen der Reue, umarmte mich und bat mich um Vergebung. Meistens konnte ich alles schnell vergeben und vergessen. Hie und da traf es mich auch hart und ich hatte Mühe, den ‚Rank' wieder zu finden. Es war eine harte Schule für mich und ich lag viel auf den Knien und bat Jesus Christus und den Heiligen Geist um Beistand.

Die Kinder, besonders Mulat und Muluneh, bemühten sich rührend um Nelly, spielten mit ihr zusammen, sprachen amharisch mit ihr und rannten meistens rasch herbei, wenn sie ihnen rief oder etwas befahl.

Nelly fiel uns finanziell nie zur Last. Ihre Eltern besassen ein Bankkonto in der Schweiz und ein von uns angeforderter Beistand sorgte dafür, dass davon für Kost und Logis bei uns bezahlt wurde.

Hie und da bekam Nelly auch Besuch von Verwandten. Alle schienen froh zu sein, dass wir sie aufgenommen hatten. Einmal besuchte sie eine Cousine aus Amerika und ein anderes Mal kamen Herr und Frau Stjärne aus Schweden für einige Tage zu uns auf Besuch. Das alte Missionarsehepaar kannte Nelly noch aus ihrer Kindheit. Die drei tauschten Erinnerungen aus und lebten für einige Stunden in längst vergangenen Tagen. Natürlich flammte das Heimweh nach der verlorenen Heimat, dem Paradies ihrer Jugend, nach solchen Besuchen doppelt und dreifach auf. Nelly weinte viel in der Nacht und sie tut das auch jetzt nach 14 Jahren immer noch.

## Gebetshilfe

David bereitete seine Arbeit in der Vitoreco grossen Spass. Es war genau die auf ihn zugeschnittene Stelle. Ich selber fand es toll, dass er so völlig ausgefüllt war. Jetzt hatte er dort so viel Neues auszutüfteln, dass er gar nicht dazu kam, zu Hause auch noch die verschiedensten Sachen zu versuchen und seinen Hobbys zu frönen, bei denen ich immer mithelfen musste oder wollte. Ich hatte ohnehin sonst genug zu tun mit unserer zahlreichen Familie, Nelly, dem riesigen Haus und dem grossen Garten. Wenn nur das Verhältnis zum Werkstattchef ein wenig besser gewesen wäre. Aber es schien einfach keinen Weg der Verständigung zwischen den beiden Männern zu geben. Das Ganze lag David wie ein schwerer Stein im Magen.

„Als Christen sollten wir doch einfach eine Möglichkeit finden, zusammen arbeiten zu können, ohne uns beständig in den Haaren zu liegen", klagte mir David zutiefst deprimiert. Wir befanden uns auf dem Weg in den Hauskreis.

„Ist er denn ein Christ?" fragte ich zweifelnd.

„Ich weiss es nicht, aber er hat mir einmal erzählt, dass er in der Kirche ein Amt hat und fast jeden Sonntag den Gottesdienst besucht."

„Warum erzählst du heute abend im Hauskreis nicht einmal von deinem Problem? Wenn du dich auch selber da durchkämpfen musst, können die Freunde doch mit ihren Gebeten hinter dir stehen und ich bin gewiss, das wird dir Kraft geben."

Wir lasen in unserem Kreis momentan im Römerbrief. Es war sicher kein Zufall, dass wir an diesem Abend gerade im Kapitel 12 angelangt waren. In den Versen 17 und 18 heisst es d*a nämlich: Vergeltet niemand Böses mit Bösem. Seid auf Gutes bedacht gegenüber jedermann. Ist's möglich, soviel an euch liegt, so habt mit allen Menschen Frieden.*

„Ja, aber! Was mache ich, wenn der andere den Frieden gar nicht will?" David's Frage überraschte unsere Freunde.

„Was beschäftigt dich", fragte Willy, der Leiter des Abends.

Nach kurzem Zögern erzählte David von seinem täglichen Kampf am Arbeitsplatz.

„Ja, ich weiss aus eigener Erfahrung, wie schlimm so etwas ist und wie sehr das einen belasten kann", sagte Willy. „Ich musste viele Monate lang dasselbe durchstehen."

„Wie hast du das geschafft, und wurde es einmal besser?"

„Das Verhältnis zwischen mir und meinem Arbeitskollegen ist noch nicht das Beste, aber ich hasse ihn deswegen nicht mehr. Immer wenn es wieder eine schlimme Szene gibt, dann gehe ich hinaus in die Toilette, das ist der einzige Ort wo ich alleine sein kann, und bete um Kraft. Meistens kann ich dann ruhig an meinen Arbeitsplatz zurückkehren und seinen Sticheleien standhalten. Ich habe auch gelernt, ihn jeden Morgen über den Schreibtisch hinweg zu segnen."

„Ich glaube, das bringe ich nicht fertig!"

„Denk nur nicht, dass es mir von allem Anfang an gelungen ist. Doch je mehr ich es versuche, desto besser geht es."

„Aber hier steht im Vers 18, *Ist's möglich, soviel an euch liegt, so habt mit allen Menschen Frieden.* Wenn es nun nicht möglich ist, weil der andere nicht will, dann kannst du doch nichts dafür", kam der gutgemeinte Rat von einer älteren Frau.

„Das hilft mir nichts. Ich will und kann auf diese Weise nicht weiter mit meinem Arbeitskollegen zusammenarbeiten. Etwas muss geschehen", antwortete David etwas harsch.

„Ich meinte es nur gut." Die liebe Frau war ein wenig eingeschnappt. (Auch das kann leider in einem Hauskreis vorkommen.)

„Lasst uns lieber David's Problem vor den Herrn bringen und dann wäre es bestimmt besser, wenn für die nächsten zwei Wochen jedes in seiner ‚Stillen Zeit' daran denken würde", riet Willy. Das versprachen dann auch alle.

Dadurch war die Schwierigkeit, in der David steckte, nicht aus der Welt geschafft, aber das Wissen darum, dass die Freunde mittrugen, gab David doch etwas mehr Kraft. Er fing an, im Auto, auf dem Weg zur Arbeit für seinen Kollegen zu beten. Manchmal gelang es ihm, ihn auch zu segnen. So durfte langsam das Verhältnis ein anderes werden. Nicht der Werkstattchef änderte sich, aber David's Einstellung und Verhalten ihm gegenüber wurde mit der Zeit anders. Das Miteinanderarbeiten wurde nie super, aber doch recht gut. Das war für David eine grosse Erleichterung. Nur weil er im Frieden arbeiten konnte, vermochte er den grossen Anforderungen, die an ihn gestellt wurden, gerecht zu werden. Preis den Herrn!

## Menschentat! Gottesrat?

Während den Jahren, in denen Nelly's Eltern eine Mission suchten, welche ihre Farm übernehmen und dann auch später für ihre Tochter sorgen würde, arbeitete für einige Wochen eine Hebamme aus der Schweiz bei ihnen. Es gab dann jedoch zwischen ihr und Mutter Betty, die nicht gewohnt war, etwas von ihrer Arbeit abzugeben, bald Differenzen. Die Hebamme reiste nach Hause zurück und die Mission löste den Vertrag.

Von Bekannten vernahm die Frau, dass Nelly bei uns lebte. Kurz entschlossen besuchte sie uns in Pfungen. Nelly schien sich sehr zu freuen, sie zu sehen und darüber, dass sie wieder einmal eine neue, interessierte Zuhörerin gefunden hatte. Von Tschinina zu erzählen, besonders zu jemandem, der schon dort gewesen war, bereitete ihr immer wieder unbeschreiblichen Spass.

Die Hebamme folgte mir in die Küche, als ich das Nachtessen zubereitete. Sogleich fragte sie: „Wie kommen Sie mit Nelly zurecht? Ist es nicht oft recht schwierig? Wie ich es in Erinnerung habe, gab es auch oft Streitereien zwischen ihr und der Mutter."

„Es geht eigentlich jetzt recht gut. Am Anfang war es für uns alle schwer. Sie litt sehr unter Heimweh; begreiflicherweise. Nun haben wir uns jedoch aneinander gewöhnt."

„Wissen Sie, ich habe immer noch oft ein schlechtes Gewissen, wenn ich daran denke, dass die Mission ihren Vertrag mit den Baumgärtners wegen mir auflöste. Ich habe damals versagt." Sie sagte es etwas verlegen und ich glaubte es ihr sogar.

„Ich denke, das müssen Sie nicht haben, es ist gut möglich, dass die Mission in den jetzigen Wirren auch alles dort verloren hätte", tröstete ich.

„Ich möchte etwas gutmachen an Nelly. Wäre es nicht schön für sie, wenn sie, sagen wir einmal, für zwei Wochen zu mir kommen könnte? Denken Sie, sie würde sich darüber freuen? Da hätten auch Sie es wieder einmal ein wenig ruhiger."

„Ja, etwas ausspannen wäre nicht schlecht", ging ich auf ihren Vorschlag ein. „Fragen wir doch Nelly selber."

Sie willigte nur zu gerne ein, als die ehemalige Missionarin sie einlud, doch gleich heute für vierzehn Tage mit zu ihr zu kommen. Nelly war immer zu haben, wenn es etwas Neues zu erleben gab. Schnell war ihr Köfferchen mit dem Nötigsten gepackt und gleich nach dem Nachtessen wurde Nelly ins Auto gesetzt und fort ging es, Richtung Bernerland. Ich blickte mit gemischten Gefühlen dem Wagen nach. Einerseits freute ich mich für Nelly, andererseits ging mir das Ganze gar zu schnell. Ich würde sie vermissen!

„Was meinst du, wenn wir nächste Woche einmal für vier Tage wegfahren würden? Wir haben jetzt schon lange nie mehr richtig Zeit nur für uns alleine gehabt", kam David mit einem Vorschlag.

„Das wäre herrlich", willigte ich sogleich freudig ein.

Wir einigten uns, nach Leukerbad zu fahren, dort zwei Tage in einem Hotel mit Hallenbad zu verbringen und uns dann langsam wieder – mit noch einem Zwischenhalt irgendwo – auf den Heimweg zu begeben.

„Wenn wir aber schon nach Leukerbad fahren, dann besuchen wir in der Nähe von Bern unsere Nelly", sagte ich.

„Schau mal an, kaum ist sie fort, hast du bereits Langezeit nach deinem grossen Kind", hänselte mich David. „Ich meinte, du würdest die Tage des Alleineseins geniessen."

„Das mache ich auch, aber trotzdem vermisse ich die Nelly. Oft meine ich, sie rufen zu hören", wehrte ich mich.

Es war ein komischer Besuch bei unserer Bekannten. Sie schien es offensichtlich nicht gern zu sehen, dass wir unsere Nelly besuchten. Sie richtete es auch so ein, dass wir nicht für eine Minute alleine waren. So konnte ich sie auch nicht fragen, wie es ihr gefalle. Sie erzählte nur, dass sie hier und dort gewesen seien und dass sie das und jenes gesehen hätte. Aber sie machte keinen besonders glücklichen Eindruck und das beschäftigte mich.

David und ich genossen die wenigen Tage zusammen, schwammen täglich zweimal im Hallenbad und ruhten richtig aus. Auf dem Heimweg machten wir noch einen Überraschungsbesuch bei Erika und Erwin Kopp, unseren Freunden aus Äthiopien. Natürlich liessen sie uns nicht mehr fort. Wir mussten bei ihnen übernachten. Überflüssig zu fragen, über was wir an diesem Abend sprachen: Äthiopien, Äthiopien und noch einmal Äthiopien!

Zu Hause fehlte mir die Nelly noch mehr, trotz aller Schwierigkeiten, die wir oft zusammen hatten und auch wenn ich jetzt einmal ohne Sorgen und in aller Ruhe alleine Freunde besuchen gehen konnte. Ich freute mich schon darauf, bis sie wieder zurückkommen würde. Darum war es für mich auch ein ganz gewaltiger, unerwarteter Schock, als ich nach einer Woche eines Morgens einen Anruf aus Biel erhielt.

„Spricht dort Frau Röschli?“ fragte eine Frau.

„Ja.“

„Ich bin die Leiterin von einem Altersheim in Biel und möchte Ihnen mitteilen, dass Nelly seit gestern bei uns wohnt. Sie wird nicht mehr zu Ihnen zurückkehren“, sagte sie kurz und bündig.

„Was sagen Sie?“ rief ich aus. „Nelly kommt nicht mehr zu uns zurück?“

„Ja, Sie haben richtig gehört. Es ist Nelly's ausdrücklicher Wunsch, dass sie hier bleiben darf. Ich solle Ihnen das mitteilen und Sie bitten, uns alle ihre Sachen zu schicken.“

„Kann ich selber mit Nelly sprechen?“

„Nein, sie möchte das nicht! Es hat auch keinen Zweck. Es ist ihr alleiniger Entscheid; Sie müssen diesen akzeptieren. Adieu.“

Bevor ich etwas erwidern konnte, hatte sie aufgelegt.

Nein, das durfte nicht wahr sein! Einfach so! Ohne irgend eine Vorwarnung ein solcher Schlag ins Gesicht. Ich musste mich hinsetzen. Meine Knie zitterten und mein Herz schlug zum Zerspringen vor Aufregung. Ich vermochte jedoch nicht sitzen zu bleiben, sprang immer wieder auf und lief im Wohnzimmer hin und her wie ein gefangenes Tier. In mir tobte ein heftiger Sturm der Entrüstung, dann wurde das Gefühl durch eine tiefe Traurigkeit abgelöst und die Tränen fingen an zu fliessen. Ich fiel auf meine Knie, beugte mich mit dem Oberkörper über den Sessel und barg mein Gesicht in den Händen. „Mein Gott, warum das?“ fragte ich meinen Herrn. „Ist dieser Entschluss wirklich Nelly's voller, eigener Wille gewesen? Ich hatte geglaubt, David, die Kinder und ich hätten ihr viel Liebe entgegengebracht und ihr in unserem Haus eine Heimat geboten. Was hätten wir noch mehr für sie tun können?“

Ich fand meine Ruhe nicht, stand auf und versuchte der Hebamme anzuläuten. Ihr Gatte nahm den Anruf entgegen.

„Nein, meine Frau ist nicht zu Hause. Sie läuten sicher wegen Fräulein Baumgärtner an. Meine Gemahlin lässt ausrichten, dass es bestimmt die beste Entscheidung gewesen sei, ins Altersheim zu gehen, dort werde sie es sehr gut haben.“

„Kann ich später noch einmal anrufen?“ Ich hatte das bestimmte Gefühl, dass die Frau neben dem Telephon stand und mithörte.

„Nein, das hat keinen Zweck, sie wird Ihnen nichts anderes sagen können“, war die bestimmte Antwort.

Nun wusste ich genau, dass die ehemalige Missionarin einen üblen Trick mit Nelly und uns gespielt hatte. Was ihr Beweggrund gewesen ist, kann ich nur ahnen. Auf alle Fälle kein gut gemeinter.

Mein nächster Telephonanruf galt David. Er war, genau wie ich vorher, völlig überrumpelt, als ich ihm alles erzählte.

„Nein, das glaube ich nicht, dass Nelly freiwillig entschieden hat. Die Situation bei unserem Besuch vor einer Woche sagt mir alles. Aber wir müssen es nun wohl so bleiben lassen wie es ist. Sei nicht zu traurig“, versuchte er mich zu trösten.

Ich brauchte lange bis ich über das alles hinweg kam. Merkte jedoch bald einmal, dass ich nun viel freie Zeit hatte um anderes zu tun. Gott gebrauchte mich für andere Menschen und ich erkannte mit der Zeit, dass es für mich gut war so. Ich verstand langsam, dass Gott mir mit der Aufnahme von Nelly in unserem Hause die Gelegenheit gab, das einmal Mutter Betty gegebene Versprechen, für Nelly zu sorgen, einzulösen. Ich hatte mich deswegen immer irgendwie schuldig gefühlt. Diese Übergangszeit bei uns war für Nelly bitter nötig gewesen und nun war ich von der schweren Last, immer für jemanden da zu sein, erlöst worden. Ich war frei für andere Pläne, die der Herr für mich hatte. Ich glaube, Gott wollte das so, aber ich bin sicher, er war nicht einverstanden damit, wie es durch „wohlmeinende" Menschen gehandhabt wurde. Es wäre auch auf eine andere Art und Weise möglich gewesen, die für Nelly und für mich nicht derart tiefe Wunden zurückgelassen hätte.

Fünf Monate später telephonierte ich ins Altersheim und meldete Zahai's und meinen Besuch an. Mit gemischten Gefühlen machte ich mich mit Zahai zusammen per Bahn auf den Weg nach Biel. Die Wunde in meinem Herzen fing an zu heilen und ich hatte das Gefühl, es sei an der Zeit, einmal mit Nelly darüber zu sprechen.

Mir schien, die Heimleiterin begrüsse uns überaus freundlich. Sie sagte jedoch entschuldigend: „Nelly ist über das Wochenende von der Frau, die sie damals zu uns brachte, abgeholt worden. Sie weiss aber, dass sie kommen und wird Nelly bestimmt bald bringen!"

Zahai und ich blickten einander nur an. Schon wieder so eine komische Begebenheit. Das ist doch wieder ein geplanter Schachzug von dieser Frau! Es war schliesslich kein Katzensprung, von Pfungen nach Biel zu fahren und das Billet kostete auch ziemlich viel.

Ich ärgerte mich schrecklich.

„Wir haben einen alten Mann hier aus Pfungen. Herr Huber hätte sicher Freude, Besuch aus seinem Dorf zu bekommen. Beim Gespräch mit ihm würde Ihnen die Wartezeit gewiss verkürzt", riet uns die Heimleiterin.

Herr Huber war ein sehr interessanter Mann und er wusste viel zu erzählen. Er zeigte mit Begeisterung seine alten Photos und erklärte uns manches aus früheren Zeiten. Ich blickte immer wieder auf meine Uhr. Die Zeit verstrich und Nelly kam nicht. Dafür erschien eine Angestellte und liess uns ausrichten, dass angeläutet worden sei, die Bekannte von Fräulein Baumgärtner hätte sich verspätet, sie würden aber noch kommen."

„Wissen Sie was gesagt worden ist, als Fräulein Baumgärtner hierher kam?" fragte Herr Huber.

„Nein!"

„Sie sei so unglaublich schmutzig gewesen, als sie zu ihrer Bekannten kam, dass diese gefunden hätte, zu Ihnen nach Pfungen dürfe sie auf keinen Fall mehr zurückkehren", plauderte der alte Herr aus.

„Nein, das darf doch nicht wahr sein!" rief ich erschrocken aus.

Herr Huber kicherte, als er meinen Aufschrei hörte. „Nehmen Sie es nicht so tragisch. Hier von den Pensionären glaubt das niemand. Wir mögen die Frau, die hie und da zu ihr auf Besuch kommt, alle nicht. Und jetzt, seit ich Sie gesehen habe, weiss ich, dass es nicht stimmt."

Das war ja tröstlich! Aber ich wurde durch seine Worte wieder tief verletzt und die noch nicht verheilte Wunde öffnete sich erneut schmerzhaft.

„Zahai, wenn wir unseren Zug noch erreichen wollen, müssen wir uns nun zu Fuss auf den Weg machen. Aber ich will doch noch etwas warten. Ich glaube, ich bestelle ein Taxi auf 16.30 Uhr. Nelly zu treffen ist mir mehr wert als der Fahrpreis. Vielleicht erwartet unsere „Freundin", uns nicht mehr zu sehen", erklärte ich Zahai.

„In diesem Fall lade ich Sie beide zum Vesperbrot ein im Saal. Dort entdecken wir die Erwarteten sogleich, wenn sie hereinkommen", offerierte uns Herr Huber.

Je weiter die Zeit vorrückte, desto kribbeliger wurde ich. Endlich öffnete sich die Haustür und in Begleitung der Hebamme trat Nelly in den Saal. Ich stand behende auf und lief ihr entgegen.

„Madame!" In meinen Ohren tönte es wie ein Schrei.

Mein Herz krampfte sich schmerzhaft zusammen; ich konnte nicht anders, als Nelly fest in meine Arme zu schliessen und sie herzlich zu küssen. „Madame, oh Madame", kam es leise aus ihrem Munde.

„Komm Nelly, du musst dich hinsetzen, du bist müde", ertönte ein strenger Befehl.

Die Angesprochene zuckte zusammen und fügte sich willenlos. Es blieben uns nur mehr zehn Minuten bis zur Abfahrt; die

Frau sass beharrlich auf dem Stuhl neben Nelly, damit letztere ja kein falsches Wort zu mir sagen konnte. Mir war die ganze Situation peinlich. Ich gab Nelly das kleine äthiopische Körbchen und Zahai schenkte ihr ein Silberkreuz. Mit Tränen in den Augen bedankte sie sich, getraute sich aber weiter nichts zu sagen oder zu fragen. Ich atmete auf, als wir zum Taxi gerufen wurden und wir verabschiedeten uns schnell.

Erst ein Jahr später besuchte ich Nelly wieder, dieses Mal mit David zusammen und ohne Voranmeldung. Jetzt zeigte sie unverhohlen ihre Freude. Sie fragte nach allem und jedem zu Hause in Pfungen. Nach einiger Zeit fragte ich sie behutsam nach unserer gemeinsamen Bekannten. In ihren Augen blitzte eine Wut auf, wie ich es nur bei seltenen Anlässen bei ihr gesehen hatte, sie fing an zu zittern und sagte: „Bitte Madame, fragen Sie mich nie mehr nach ihr. Sie hat mir so viel Schlechtes angetan, dass ich weder diesen Namen hören, noch ihn je wieder aussprechen möchte!"

Ich liess es dabei bewenden und weiss bis heute nicht, was sich eigentlich alles zwischen den beiden Frauen abgespielt hatte. Von da an holten wir Nelly oft zu uns in die Ferien, nahmen sie jedes Jahr einmal mit in eine christliche Ferienwoche und erlebten einige zusammen. Sie wurde zur Hochzeit von Dave und Brigitta eingeladen. Als wir erst gegen Morgen um vier Uhr alle miteinander recht müde nach Hause kamen, sagte unsere bald siebzigjährige Nelly plötzlich laut: „Wenn das meine Mama wüsste, dass ihr Kind erst um diese Zeit nach Hause kommt! Sie könnte nicht mehr ruhig sein." Lachend brachte ich die ausgelassen vor sich hinkichernde Nelly ins Bett.

## Die Vergangenheit steht auf

„Ich glaube, dir macht es zu schaffen, dass dein jüngster Sohn volljährig wird. Hast du Angst vor dem Älterwerden", sagte David mit grollender Stimme.

Nicht gerade allzu freundlich fragte ich zurück: „Wie kommst du nur auf die dumme Idee?"

„Du bist seit einigen Tagen einfach unausstehlich und wegen jeder Kleinigkeit gleich eingeschnappt. Das kenne ich sonst nicht bei dir", gab er zur Antwort.

„Ach was, das bildest du dir nur ein", maulte ich vor mich hin, bevor ich das Wohnzimmer verliess. Ich spürte seine Blicke förmlich auf meinem Rücken. Das Schlimmste jedoch war, dass ich innerlich ganz genau wusste, dass er recht hatte. Nicht mit seiner Vermutung, dass mir der zwanzigste Geburtstag von Peter auf dem Magen lag, sondern damit, dass ich irgendwie mit meinen Stimmungen nicht fertig wurde. Etwas ging in meinem Innern vor und ich wusste nicht recht was. Das machte mich empfindlich und missmutig.

Am nächsten Morgen hielt ich wie immer meine stille Zeit, als alle Kinder aus dem Haus waren. Ich hatte recht grosse Mühe, zur Ruhe zu kommen. Vieles beschäftigte mich. Unter anderem auch David's Worte von gestern abend. Es verdross mich, dass er meinte, ich hätte Mühe wegen dem Älterwerden. Das war es wirklich nicht! Aber was denn? Was trieb mich in letzter Zeit um? Was machte mich so unruhig? Ich hatte schon seit einer Woche täglich Gott gebeten, mir zu helfen, damit ich nicht gleich aufbrause, aber er hatte mich nicht gehört oder besser gesagt, ich hatte keine Hilfe erhalten.

Ich versuchte mich zu konzentrieren auf das, was ich in der Bibel las. Markus 11, 24 + 25. *Darum sage ich Euch: Alles, was ihr bittet in eurem Gebet, glaubt nur, dass ihr's empfanget, so wird's euch zuteil werden. Und wenn ihr steht und betet, so vergebt, wenn ihr etwas gegen jemanden habt, damit auch euer Vater im Himmel euch vergebe eure Übertretungen.*

Der erste Vers stellte mich erst auf. Wie schön, dass wir alles empfangen, was wir Gott im Glauben hinlegen. Dann stiegen andere Gedanken auf. Aber ist es Wirklichkeit? Erhalten wir alles, um was wir beten? Manchmal gibt mir Gott doch nicht das, was ich will. Er hat mein Gebet ja auch nicht erhört. Warum? Vielleicht hing das mit dem zweiten Satz zusammen? Das wegen der Vergebung! Aber ich trug doch niemandem etwas nach. Ich überlegte hin und her, es kam mir jedoch niemand in den Sinn, dem ich etwas zu vergeben hätte.

Plötzlich stiegen in mir ganz eigenartige Gedanken auf. Woher sie plötzlich kamen, war mir damals schleierhaft. ‚Merkst du nichts? Jedes Jahr um diese Zeit kriselt es in eurer Ehe, seit ihr in der Schweiz zurück seid. Du bist immer empfindlich und ungeduldig gegenüber David, wenn sich der Geburtstag von Peter nähert. Am meisten aber am Geburtstag selber.' Ich musste das vor mir selber zugeben, konnte es auch in meinem Tagebuch nachlesen. Aber woran konnte das denn liegen?

*Und wenn ihr steht und betet, so vergebet, wenn ihr etwas gegen jemanden habt, damit auch euer Vater im Himmel vergebe eure Übertretungen!* Dieser Satz in meiner Bibel schien mir aus allen herauszuleuchten. Was trug ich wem nach? Das Ganze musste einen Zusammenhang mit der Geburt von Peter haben, weil die Krise immer zu diesem Zeitpunkt aufbrach, wurde mir auf einmal klar. Wie war das eigentlich damals?

David war nicht gerade begeistert, als ich ihm beichtete, dass ich schon wieder in Erwartung eines Kindleins sei. Kein Wunder, war ich doch erst etwas über 21 Jahre alt und bereits Mutter von drei Kleinen. Wenn das so weiter ging, würden wir schon in einigen Jahren ein Dutzend Kinder haben, meinte er. Mich würde das nicht stören, dachte ich, liess von meinen Gedanken aber wohlweislich nichts verlauten.

Schon bald einmal fing mein Ehegespons an, erst behutsam, dann fordernder, von einer Unterbindung zu sprechen. Dieser Gedanke war mir so fremd, dass ich mich am Anfang vehement dagegen gewehrt hatte. Doch steter Tropfen höhlt den Stein. Mit der Zeit gab ich, wenn auch innerlich widerstrebend, seinem Ansinnen nach. Oft hatte ich Alpträume deswegen und tief in meinem Herzen wusste ich, dass ich damit zu etwas ja sagte, das nicht im Sinne Gottes war. Ich stand nicht im Glauben und niemand sagte das zu mir, denn mit keinem Wort erwähnten weder David noch ich je etwas von unserem Beschluss, nicht einmal gegenüber Freunden. Ich war davon überzeugt, dass eine Unterbindung für mich nicht richtig war. Das machte mir die ganze Schwangerschaft hindurch schwer zu schaffen.

Unser Peter kam einen Monat zu früh zur Welt. An einem Sonntagmorgen um 3.00 Uhr weckte ich David auf und erklärte ihm, dass wir uns auf den Weg nach Zürich begeben müssten, da unser Kindlein sich bemerkbar mache. David war gleich hellwach, zog sich eilig an, lief hinauf zur Nachbarin, um sie aufzuwecken und sie zu bitten, am Morgen doch zu den anderen drei Kindern zu sehen, da er mich ins Spital bringen müsse. Ich selber packte so schnell wie möglich mein Köfferchen, das natürlich noch nicht bereit war. Bevor wir das Haus verliessen, öffnete ich noch schnell die Tür ins Kinderzimmer, knipste das Licht an und blickte auf unsere drei, selig schlafenden Kleinen. Hoffentlich würde alles gut gehen und ich bald wieder zu Hause sein.

Unser Peter erblickte nach knapp zwei Stunden das Licht der Welt. Nur für einen kurzen Augenblick durfte ich ihn im Arm behalten, dann wurde er ins Kinderspital überführt und dort in die Spezialabteilung für Frühgeburten gebracht. Es fehlte ihm zwar nichts und er war auch recht kräftig, aber es sei besser so, wurde mir erklärt. Es dauerte über einen Monat, bis ich unser Söhnchen wieder in die Arme nehmen durfte, denn als ich aus dem Spital entlassen wurde, befand er sich immer noch in der Kinderklinik und nachher erlitt ich eine Lungenembolie und musste todkrank in ein anderes Spital eingeliefert werden.

David verabschiedete sich bald von mir und mich brachten sie in den Operationssaal, damit sogleich die Unterbindung durchgeführt werden konnte. Als ich wieder aus der Narkose erwachte, ging es schon gegen Mittag. Noch im Halbschlaf dachte ich, jetzt kommt mich dann sicher David gleich mit den Kindern besuchen. Doch die Zeit verrann und die sehnlichst Erwarteten erschienen nicht. Zum guten Glück dämmerte ich noch für einige Stunden leicht dahin.

Gegen Abend jedoch, als ich weder etwas gehört noch gesehen hatte von meiner Familie, stieg, langsam alle anderen Gefühle überflutend, eine fürchterliche Angst in mir hoch. Bestimmt ist etwas Schreckliches geschehen. David hat sicher einen Unfall gehabt mit dem Auto. Vielleicht ist er alleine, oder mit den Kindern zusammen verunglückt. Bestimmt lebt er nicht mehr oder sie sind alle zusammen tot und niemand getraut sich, es mir zu sagen. Es war auch komisch, dass weder die Schwiegermutter, noch Schwägerin oder sonst jemand etwas von sich hören liess den ganzen Tag über.

Die Angst, die in meinem Herzen tobte, ist nicht zu beschreiben. Ich sah mich schon ganz alleine, in Trauerkleidern, an einem offenen Grab stehen. Als zwei Schwestern ins Zimmer traten, um mich für die Nacht umzubetten, hatte ich das Gefühl, sie schauten mich sehr mitleidig an. Das war mehr als ich ertragen konnte. Kaum hatten sie das Zimmer verlassen, stieg das ganze Elend in mir hoch und ein heftiger Weinkrampf schüttelte mich.

„Herr, Du mein Gott, hilf Du mir. Lass David und den Kindern nichts geschehen sein“, stiess ich unter Tränen hervor. Immer und immer wieder dieselben Worte.

Das Schrillen des Telephons schreckte mich auf. Ich blickte auf meine Armbanduhr. Die Zeiger standen bereits auf 20.45 Uhr. Wie in Trance nahm ich den Hörer ab und meldete mich mit erstickter Stimme. Ich erwartete die schlimmste Nachricht.

„Liebes, bitte verzeih, dass ich nicht vorbeigekommen bin“, vernahm ich da David's Stimme wie aus weiter Ferne. Er wenigstens schien noch am Leben zu sein.

„Ist etwas passiert“, stiess ich mühsam heraus.

„Nein, gar nicht! Es ist alles in bester Ordnung!“ beruhigte er mich.

„Warum hast du mich dann nicht besucht mit den Kindern und hast auch nicht angerufen?“ Immer noch vermochte ich kaum zu sprechen.

„Am Morgen bin ich, gleich nach meiner Heimkehr, mit den Kindern nach Henggart zu Willy und Klara gefahren. Da es so ein wunderbarer Sommertag war, lud ich die beiden zu einer Bergfahrt ein. Unser Ausflug führte uns über den Klausenpass. Es war herrlich. Aber auf dem Heimweg hatte es derart verstopfte Strassen, dass wir erst jetzt gerade in Henggart angekommen sind. Es wird zu spät, ich kann dich nicht mehr besuchen", erklärte er bedauernd.

„Es ist schon recht, dann kommst du halt morgen. Grüsse alle und die Kinder von mir. Gute Nacht!"

„Gute Nacht, Schatz!"

Der erste Gedanke nach diesem Anruf war: ‚Danke lieber Gott, dass ihnen nichts passiert ist'. Dann aber stieg erneut ein Weinen in mir auf. Dieses Mal kam es aus dem Gefühl völliger Verlassenheit heraus. Wie konnte David nur! Hatte er denn gar nicht gespürt, wieviel es mich gekostet hatte, in die Operation einzuwilligen? Hatte er denn keine Ahnung, was das hiess, am ersten Tag nach der Geburt und diesem schwerwiegenden Eingriff, so völlig alleine gelassen zu werden? War das Liebe? Sein Verhalten war mir komplett unverständlich. Ich zerfloss in Selbstmitleid und merkte es nicht einmal. Später fiel ich in einen unruhigen Schlaf. Wirre Träume schreckten mich immer wieder auf und jede Bewegung bereitete mir Schmerzen.

Am Morgen erwachte ich mit Fieber. Die Schwester blickte mich forschend an und fragte: „Hatten Sie keine gute Nacht? Bedrückt Sie etwas?"

„Nein, es ist alles in Ordnung."

Als David mit den Kindern im Laufe des Morgens kam, waren sie irgendwie weit weg. Ich freute mich wohl, sie zu sehen, aber die am Tage vorher empfundene furchtbare Angst lag immer noch drückend wie ein schwerer Berg auf meinem Herzen.

„Bist du mir noch böse, weil ich dich gestern nicht besucht habe", fragte David verlegen.

„Nein, böse bin ich nicht, nur traurig", antwortete ich leise. David beugte sich liebevoll über mich und küsste die aufkommenden Tränen weg. Mehr sprachen wir damals und auch später nicht mehr darüber. Vielleicht war das ein Fehler.

„Vati komm, wir wollen gehen und unser neues Brüderchen ansehen", drängte die vierjährige Marlies.

„Da muss ich wohl mit. Ich komme aber ganz gewiss am Abend noch einmal vorbei", versprach der Vater bestimmt.

Ich blickte ihnen mit verschleierten Augen nach, bis sich die

Tür hinter ihnen schloss, dann fielen meine Augen zu und ich versank in einen tiefen Schlaf.

Jetzt, hier in dieser Stunde, war mir auf einmal völlig bewusst, dass ich das alles David wohl nicht mehr nachgetragen, jedoch auch nie aus ganzem Herzen vergeben hatte. Nicht das, dass er mich dazu überredete, mich unterbinden zu lassen, noch das Alleinelassen an dem Tag der Geburt von Peter. Ich verstand auch plötzlich, dass es genau dieses Nichtvergeben war, das in meinem tiefsten Unterbewusstsein aufstieg und mich jedes Jahr um diese Zeit wieder umtrieb.

„Herr, Du mein Gott, vergib mir, dass ich so lange etwas in meinem Herzen gegen David herumtrug. Herr, ich will ihm jetzt und für immer das alles vergeben. Bitte Herr Jesus, gib mir auch den Mut, ihm das zu bekennen. Danke, dass Du es mir gezeigt hast. Amen!“

Noch am selben Abend leitete ich das Gespräch auf die Zeit vor genau zwanzig Jahren zurück. Ich erzählte David, was ich damals während der Schwangerschaft gegen ihn empfunden hatte und was für ein schreckliches Erlebnis der völligen Verlassenheit der Tag von Peter's Geburt für mich gewesen war. Er unterbrach meine Geschichte mit keinem Wort, hörte nur schweigend zu. Ich durfte dann auch vom heutigen Morgen berichten und wie mir Gott gezeigt hatte, worin die, jedes Jahr um diese Zeit wiederkehrende Spannung zwischen uns herrührte. Im Ausland hatte ich nicht darunter gelitten, da alles in der Schweiz Erlebte weit weg gerückt war.

„Ich möchte dir nur einfach sagen, dass ich all das, was mich bedrückte, Gott in seine Hände legen durfte und ich habe ihn für mein Fehlverhalten um Vergebung gebeten. Ich weiss, er hat mir vergeben und ich habe auch dir, vor Jesus Christus, alles was du mir damals, sicher nicht willentlich, sondern einfach aus der ganzen Situation heraus, angetan hast, vergeben. Ich trage dir nichts mehr nach und ich denke, dieses Gespenst der Vergangenheit wird nie mehr auftauchen.“

David blickte mich ernst an. „Niemals hätte ich an so etwas gedacht. Ich bin froh, hat unser Herr dir das offenbart. Ich bin aber auch froh, hat er es nicht schon früher getan, denn hätten wir beide in letzter Zeit nicht so grosse Glaubensschritte zusammen machen dürfen, hätte ich dich überhaupt nicht verstanden. Ich wäre höchstens beleidigt gewesen, dass du mir längst Vergangenes und Vergessenes immer noch nachträgst. Ich verstehe jetzt deine Gefühle und es tut mir leid, dass ich damals derart unbedacht gehandelt habe.“ Er nahm mich fest in die Arme und küsste mich.

Nie mehr hatten wir um Peter's Geburtstag herum Schwierigkeiten miteinander!

## Feste, Feste, nichts als Feste!

1978 ging in unsere Familienchronik ein als das Jahr der Feste. David und ich feierten unsere Silberhochzeit. Ich hatte mir schon lange gewünscht, einmal eine Mittelmeerreise zu unternehmen, denn ich war und blieb halt eine begeisterte Seefahrerin. Zahai wusste von meinem Wunsch. Sie erzählte ihren Geschwistern davon. Alle waren sogleich einverstanden, uns die Hälfte daran zu bezahlen. David und ich trauten unseren Ohren kaum, als sie uns mit diesem Vorschlag überraschten. Wir nahmen dieses Geschenk voller Freude entgegen.

Ende Mai war es so weit. Wir fuhren mit einem Autobus, mit einer von einem Reiseführer begleiteten Gruppe, nach Venedig. Von dort mit einem Passagierschiff nach Griechenland. David und ich genossen jede Stunde zusammen auf dieser interessanten Reise. Ich hätte gerne einmal am späten Abend die Nachtstimmung draussen auf dem Deck auf mich wirken lassen. David liess mich alleine gehen, denn ihm sagte das, im Unterschied zu mir, nicht viel. Er verbrachte die Abendstunden lieber im Gespräch mit einem Reiseteilnehmer. Die wunderschöne Stimmung alleine draussen zu geniessen, stellte sich jedoch als ein Ding der Unmöglichkeit heraus. Kaum stand ich irgendwo an Deck und blickte hinauf zum herrlichen Sternenhimmel, tauchte bereits ein Matrose oder irgend ein auf Abenteuer ausgehender Gast auf und sprach mich an. Es nützte nichts, dass ich ziemlich kategorisch erklärte, dass ich den

Mond und die Sterne betrachten wolle und zwar alleine, sie liessen sich nicht so schnell abschütteln. Nach dem dritten Versuch gab ich es auf und verzichtete endgültig auf dieses Vergnügen.

Natürlich besuchten wir auch mit viel Freude die Orte, welche in der Bibel, besonders in der Apostelgeschichte, erwähnt sind. Schade, dass wir keinen gläubigen Reiseleiter hatten. Mit einem solchen wäre bestimmt alles noch interessanter gewesen. Wir beschlossen später, diese Reise mit einer christlichen Gruppe noch einmal zu unternehmen. Bis jetzt ist noch nichts daraus geworden und es ist auch fraglich, ob wir je noch einmal die Zeit dazu finden werden.

Kurz nach unseren interessanten Ferien folgte Peters 20. Geburtstag. Natürlich kamen an solchen Tagen wenn möglich immer alle nach Hause. Selten fehlte eines von der Familie. Wir feierten ein wirklich schönes Fest miteinander. Es passiert schliesslich nicht jeden Tag, dass der jüngste Sohn zwanzig Jahre alt wird. Bei uns gab es ja dann noch die seltene Ausnahme, dass noch einmal ein Jüngster diesen Geburtstag feiern durfte, nämlich unser Fetene.

An Peters grossem Tag befanden sich Uschi und Richi in den Ferien. Als sie zurückkehrten und uns besuchten, sagte ich zu den beiden: „Bin ich froh, dass Ihr dieses Jahr nicht mehr heiraten wollt. Wir haben jetzt dann langsam genug Festivitäten für dieses Jahr. Peters 20. Geburtstag ist vorüber und jetzt steht in einem Monat noch Mulunehs 20. Geburtstag vor der Tür und am 19. Dezember müssen wir denk wohl auch unseren 25. Hochzeitstag gebührend feiern!"

Die beiden blickten sich verlegen an. Uschi wollte etwas erwidern, schloss dann jedoch schnell wieder ihren leicht geöffneten Mund und schwieg. Oha lätz! Da schien sich etwas anzubahnen. Gibt es wohl doch noch ein Hochzeitsfest?

Mein Gefühl hatte mich nicht getäuscht, Uschi kam im Laufe der Woche vorbei und beichtete mir, dass sie in Erwartung sei und dass Richi und sie am 21. Oktober heiraten würden. Ich nahm Uschi in meine Arme und küsste sie herzlich. So so, ich würde also Grossmutter werden! Eine recht junge Grossmutter mit 42 Jahren! Aber ich freute mich vom ersten Moment an herzlich auf mein erstes Enkelkind.

Uschi schien ein Stein vom Herzen zu fallen. „Weisst du Mutti, eigentlich wusste ich, dass du so reagieren würdest. Aber trotzdem war mir vor dieser Aussprache ein wenig bange. Was wird Vati dazu sagen?"

Ich grinste: „Ich könnte fast mit dir eine Wette abschliessen, dass er auf dein Geständnis antwortet: ‚Du meine Güte, dann bin ich jetzt dann bald mit einer Grossmutter verheiratet!'"

Kaum kam der Vater von der Arbeit nach Hause, sagte seine längst erwachsene Tochter, die auf ihn gewartet hatte, zu ihm: „Vati, ich muss dir eine Neuigkeit mitteilen."

Er blickte von der Tochter zur Mutter, von der Mutter zur Tochter, dann meinte er schmunzelnd: „Du willst doch nicht sagen, dass ich nun bald mit einer Grossmutter verheiratet bin?"

„Oh, Vati", rief Uschi lachend aus und fiel ihm um den Hals. Hinter seinem Rücken blinzelten wir zwei Frauen uns zu.

Am nächsten Morgen in der Stille betete ich das erste Mal für Uschi, Richi und ihr Kindlein. Ich war glücklich darüber, dass die beiden nun heirateten. Aber irgendwie kam mir alles noch ein wenig unwirklich vor. Ich hatte das komische Gefühl, als sei es erst gestern gewesen, dass Uschi das Licht der Welt erblickt hatte. So unglaublich schnell verrinnt die Zeit!

Am Hochzeitstag der beiden musste Peter seine Lehrabschlussprüfung als Heizungsmonteur absolvieren. Es wurde beinahe zu viel für mich am Samstagmorgen! Die letzten Vorbereitungen treffen, natürlich zum Coiffeur gehen, beten für das Hochzeitspaar, beten für Peter! Letzterer hatte es so nötig wie die beiden, denn er war nicht unbedingt ein fleissiger Lehrling gewesen. Glücklicherweise hatte ich gelernt, mich zu entspannen, während meine eingewickelten Haare unter der Haube trockneten, indem ich die Bibel las und betete.

Wir durften ein wunderschönes Hochzeitsfest erleben und uns alle miteinander freuen. Als dann noch ein strahlender Peter in der Waldhütte erschien, in der wir fröhlich feierten und uns freudestrahlend mitteilte: „Ich habe die Prüfung mit der Note 4,6 bestanden", da kannte unser Glück keine Grenzen mehr.

„Herr Jesus Christus, ich danke Dir", murmelte ich leise vor mich hin.

Wir gratulierten Peter herzlich. Zu mir gewandt meinte er nur: „Aber, Mutti, hattest du Bedenken? Ich nicht! Ich wusste doch, dass du für mich betest und das machte mich ruhig und gelassen. Da konnte doch nichts schief gehen! Oder?"

Alles lachte über diese Antwort. Aber David und mich machte sie sehr nachdenklich. Also wussten die Kinder alle haargenau um was es ging.

„Ja Peter, ich habe darum gebetet, dass der Herr dir hilft, das stimmt und jetzt gleich, nachdem du uns das Resultat gesagt hast, habe ich ihm auch für seine Hilfe gedankt. Ich glaube, das ist sehr wichtig!" Es war gar nicht so ganz einfach, jetzt und hier vor allen den vielen, zum Teil fremden Leuten, das zu bekennen.

„Wie fühlst du dich so als Mutter einer verheirateten Tochter?" fragte David auf der Heimfahrt.

„Ich bin glücklich, denn erstens denke ich, dass die beiden jungen Leute zusammenpassen und zweitens werde ich nun endlich Grossmutter. Aber wie fühlst du dich als zukünftiger Grossvater?"

„Um zwanzig Jahre älter geworden", antwortete er lachend und kniff mich in den Arm.

## Trotz allem geborgen

„Mutti, komm schnell, Falagu ist in der Küche umgefallen!" Fetene kam in mein Schlafzimmer gerannt und schrie mir voller Schreck die Worte entgegen.

Ich war erst halb angezogen, schlüpfte schnell in meine Pantoffeln und warf mir, währenddem ich die Treppe runtersauste, den Morgenmantel über. In der Küche lag unsere Jüngste bewusstlos am Boden. Bevor ich mich zu ihr runterbückte, blickte ich sie einen Moment lang aufmerksam an. Falagu war nicht einfach gefallen, sie hatte irgend einen Anfall! Das wusste ich sogleich, in diesem Moment, mit unumstösslicher Gewissheit. Es war, als wenn mir eine innere Stimme das signalisiert hätte. Aus dem Hinterkopf blutete sie heftig und sie wand sich stöhnend hin und her. Ich liess sie liegen, legte ihr nur ein Küchentuch unter den Kopf, dann lief ich ins Wohnzimmer, wählte die Nummer unseres Hausarztes von Freienstein und erzählte ihm was passiert war. Er versprach, sofort zu kommen, aber es würde mindestens zwanzig Minuten dauern, bis er hier wäre.

Zurück in der Küche strich ich dem verstörten Fetene, der bei seiner Schwester Wache gestanden hatte, leicht aufmunternd über den Krauskopf. Nachher kniete ich neben meinem Mädchen nieder und begann zu beten. „Herr, Du weisst, was mit ihr geschehen ist. Ich lege Dir Falagu in Deine Hände." Ich hörte ein leises Schluchzen und blickte auf. Aus Fetenes Augen kullerten Tränen. Mir tat der Junge leid, aber im Moment fand ich keine tröstenden Worte.

Es dauerte über zehn Minuten bis Falagu endlich langsam zu sich kam. Sie schaute uns verwundert an, dann griff sie an ihren schmerzenden Hinterkopf, spürte etwas Nasses, Klebriges und sah noch erstaunter auf ihre blutige Hand. Es war unmöglich für sie, sich zu erinnern, was geschehen war und warum sie jetzt blutend am Boden lag. Sie wollte sich aufsetzen, aber ich gebot ihr ruhig, noch ein wenig liegen zu bleiben. Ich atmete auf, als der Arzt bald ins Haus trat.

„Was hast denn du gemacht", fragte er Falagu. Während er sich neben sie hinkniete und behutsam ihren Kopf drehte. Er begutachtete ihre zwei langen, heftig blutenden Schrammen am Hinterkopf und zog die beiden Haarspangen, die tief in den Wunden drinnen steckten, heraus.

„Das muss im Spital sofort genäht werden. Fahren Sie mit ihr nach Winterthur ins Kantonsspital. Sie muss dort im Notfall behandelt werden", sagte er zu mir. Dann wandte er sich an Falagu und forschte sie aus: „Warum bist du gefallen? Wurde dir übel?"

„Ich weiss gar nichts. Nein, es war mir nicht schlecht. Ich bin eben vorhin hier am Boden erwacht", antwortete sie leise.

Der Arzt und ich halfen dem elfjährigen Mädchen aufzustehen, führten sie ins Wohnzimmer und hiessen sie, sich auf dem Sofa niederzulegen.

„Bitte, kommen Sie einmal mit mir in die Küche. Ich habe noch ein paar Fragen. Ihr Bruder kann ja inzwischen bei Falagu bleiben", gebot mir der Arzt.

Meine Jüngste blickte uns ängstlich nach. Was würden wir wohl über sie entscheiden?

„Haben Sie eine Ahnung wie alles geschah?"

„Nein! Nur Fetene war mit ihr zusammen in der Küche und er sagte, sie sei einfach ohne irgend ein Anzeichen, plötzlich umgefallen."

„Das ist seltsam!"

„Herr Doktor, ich glaube es war irgend ein Anfall. Mir sah es ganz danach aus."

„Wieso kommen Sie auf diese Idee? Hat sie aus dem Mund geschäumt? Oder sich krampfhaft auf dem Boden gewälzt?"

„Weder noch, aber ich habe einfach das bestimmte Gefühl, dass es so etwas wie ein epileptischer Anfall war."

„Wie können Sie so etwas sagen. Leidet Falagu denn unter Epilepsie?"

„Nein, aber ich habe schon ähnliche Anfälle in Äthiopien gesehen."

„Ich glaube nicht, dass es so etwas ist. Ich schreibe noch einen Kurzbericht an das Spital. Aber von Ihrer Idee erwähne ich nichts."

Eine Rotkreuzfahrerin von Pfungen wurde mobilisiert und sie fuhr mit uns ins Spital. Das ist so eine wunderbare Einrichtung, dass sich einige Frauen im Dorf für solche Fälle zur Verfügung stellen. Auf der Notfallabteilung wurde erst einmal Falagus Kraushaar um die Schrammen herum rasiert und dann die Wunden mit einigen Stichen genäht. Natürlich fragten sie Falagu und auch mich aus, wie das passiert sei und sie verwunderten sich, als wir bekennen mussten, dass wir keine Ahnung hätten.

Der behandelnde junge Arzt fand, dass ich mein Töchterchen besser für genaue Abklärungen einige Tage im Spital lassen würde. Wieder versuchte ich, meine Ahnung, dass es sich um einen epileptischen Anfall handle, an den Doktor zu bringen. Wieder wurde ich überhaupt nicht ernst genommen. Langsam wurde ich auch unsicher, aber erneut hatte ich bald danach wiederum das bestimmte Gefühl, dass jemand zu mir sagte: „Doch, du hast recht gesehen, beharre darauf!"

Natürlich gab es erst einige Tränen bei Falagu, als sie hörte, dass sie im Spital bleiben müsse. Ich versprach ihr, am Nachmittag wieder zu kommen und ihr einige Sachen mitzubringen. Das vernünftige Mädchen lächelte tapfer und schickte sich drein.

Falagu musste sich einem Totaluntersuch unterziehen, also: es wurden Röntgenaufnahmen gemacht, das Blut untersucht, Stuhl- und Urintests gemacht und sogar eine Lumbalpunktion musste sie über sich ergehen lassen. Immer und immer wieder wurde sie gefragt, ob sie sich an irgend etwas erinnern möge. „Hast du dich mit deinem Bruder gezankt und bist dabei ausgeglitten? Vielleicht willst du es nur nicht sagen, um deinen Bruder zu schonen. Wie war es? Was hast du?" Aber zu allem erwiderte sie nur: „Ich weiss es nicht."

Fetene, den ich mitbringen musste, wurde aufgefordert, unzählige Fragen zu beantworten und den Vorfall wahrheitsgetreu zu schildern. Doch auch er wusste nichts anderes zu sagen, als dass Falagu plötzlich umgefallen sei. Jedem Arzt der erschien um eventuell Neues in Erfahrung zu bringen, versuchte ich meine Gedanken über den Epilepsieanfall vorzutragen. Entweder wurde ich unwirsch angefahren oder einfach nicht ernst genommen.

Um 18.00 Uhr erschienen noch der Chefarzt und die Abteilungsschwester an Falagu's Bett. Wieder ging die Fragerei von neuem los. Dank der inneren Gewissheit, hatte ich auch jetzt den Mut, von meinem Verdacht zu berichten. Der Chef blickte mich von oben bis unten kritisch an, schüttelte den Kopf über die sture Mutter, welche schon den ganzen Tag über seine Ärzte mit dieser Behauptung belästigt hatte und sagte recht energisch: „Sie sollten nicht so etwas behaupten!"

Falagu fühlte keine grossen Schmerzen mehr und lachte den Chefarzt mit strahlenden Augen an. Er neigte sich ebenfalls lächelnd über sie und sagte: „Kleines braunes Fräulein, wir werden sicher herausfinden, was mit dir los ist und du wirst bestimmt bald wieder in Ordnung sein. Ich mache jetzt einige Tests mit dir. Du musst aber keine Angst haben, es schmerzt nicht."

Aufmerksam hörte Falagu zu und tat gehorsam alles, was er ihr befahl. Erst den Mund ganz weit aufmachen, dann die Zunge bei geschlossenem Mund erst auf die rechte Seite in die Backe stossen, nachher noch auf die linke Seite. „So, und nun blase einmal mit geschlossenem Mund so fest wie möglich, damit sich deine Backen ganz aufblähen", gebot der ältere Arzt.

Falagu gehorchte. Sie blies ihre Backen auf. Plötzlich stiess sie einen lauten Schrei aus, verdrehte die Augen, schlug kräftig um sich mit Armen und Beinen, während ihr gurgelnde Töne entfuhren. David und ich blickten uns vielsagend an. Der Arzt und die Schwester wurden sehr geschäftig. „Machen Sie bitte eine Spritze bereit", befahl der Chef laut, während er gleichzeitig die Glocke bediente, um noch eine Schwester und einen Pfleger zu Hilfe zu rufen. Es war ein ganz schlimmer Epilepsieanfall und es dauerte lange, trotz der Spritze, bis sich unser Töchterchen beruhigte und einschlief.

Der Arzt blickte mich an, dann sagte er bedauernd: „Es tut mir leid, dass wir nicht auf Sie gehört und Sie gar nicht nett behandelt haben. Aber nun wissen wir ganz klar, was mit Falagu los ist. Sie leidet wirklich unter Epilepsie. Ich habe solch einen Anfall wie eben noch nie erlebt. Nun können wir sie hier dann auf Medikamente einstellen."

Nachdem der Arzt und die Schwester das Zimmer verlassen hatten, beteten wir noch für Falagu. Wir legten sie wiederum in die Arme unseres gnädigen Gottes. In mir war keine Freude darüber, dass ich nun doch Recht erhalten hatte, sondern eine tiefe Dankbarkeit stieg in mir auf, dass es unser Herr so gefügt hatte, dass sich gerade der Chefarzt am Bett befand, als der schlimme Anfall kam. David und ich hatten die Gewissheit, dass Gott selber unser Kind in seinen Händen hielt und es beschützte.

Falagu musste viele Jahre lang Medikamente schlucken, war dadurch sehr verlangsamt, hatte Mühe in der Schule und durfte nicht alleine auf eine Fahrradtour oder zum Schwimmen gehen. Aber sie meisterte ihr Leben, lernte einen Beruf und muss heute, als verheiratete junge Frau, keine Medikamente mehr nehmen. Dafür danken wir unserem Herrn von ganzem Herzen.

## Grosseltern

Zahai wollte für ein Jahr nach Las Palmas, um dort zu arbeiten. Bevor sie dorthin reiste, lud sie die ganze Familie für eine Woche in ein Ferienhaus im Tessin ein. Wir freuten uns alle auf das Beisammensein. Mich störte einzig, dass dieser Ferienaufenthalt gerade in die Zeit fiel, in der unser erstes Enkelkind das Licht der Welt erblicken sollte.

Das Ferienhäuschen lag im Verzasca-Tal im Tessin und gefiel uns auf Anhieb. Leider gab es dort in dem hübschen Steinhaus keinen Telephonanschluss. Jeden Morgen und jeden Abend musste David mit mir ins nächste Dorf fahren, damit ich mich bei Uschi und Richi erkundigen konnte, wie alles stand. Ihr Kindlein liess auf sich warten. Endlich, am 14.4.79, kam Dominik, unser erster Enkel, zur Welt. Ein unbeschreibliches Gefühl beschlich mich, als ich da in einer Telephonkabine im Verzasca-Tal, zum ersten Mal unseren kleinen Enkel weinen hörte. Ich brachte vor Rührung kaum mehr den Glückwunsch heraus, dann reichte ich den Hörer an David weiter. Mir liefen die Tränen die Wangen hinunter und ich musste keinem der draussen Stehenden ein Wort sagen. Sie wussten es bereits: Mutti und Vati sind Grosseltern geworden.

Nun ging ein Gedränge los in die Kabine hinein. Jedes wollte doch ein paar Sätze mit der glücklichen Mutter tauschen. Wir waren schliesslich nicht nur Grosseltern, sondern sie alle auch zum erstenmal Tante und Onkel geworden. Unser ganzes Kleingeld brauchten wir auf für dieses lange Gespräch.

Eine ausgelassene Gesellschaft setzte nachher ihren Ausflug bis ganz zu hinterst ins Verzasca-Tal fort. Es lag noch viel

Schnee, wie selten zu dieser Zeit, auf den Feldern und Wiesen und bald war eine tolle Schneeballschlacht im Gange.

Andere Touristen blickten erstaunt auf die übermütige Bande. Manch einer wäre wohl aus allen Wolken gefallen, wenn er erfahren hätte, dass das jugendliche Ehepaar, mit den vielen braunen und weissen Kindern, mit den vom lustigen Spiel ganz roten Wangen, gerade eben zum erstenmal Grosseltern geworden war.

Das Nachtessen nahmen wir zur Feier des Tages in einem Tessiner Spezialitäten-Restaurant im Verzasca-Tal ein. Natürlich stiessen wir mit einem Gläschen roten Tessinerwein auf das Wohl unseres Enkels und seiner Eltern an.

Am Abend dankten und lobten wir unseren Herrn aus tief dankbaren Herzen über das wunderbare Geschenk des kleinen Bübchens, das heute neu in unsere Familie gekommen war. Lange sassen wir zusammen und sangen Loblieder. Es ist so herrlich, all unsere Freude und auch das Leid stets unserem Gott bringen zu dürfen und ihn dafür so zu preisen.

Uschi befand sich bereits zu Hause, als wir sie zum erstenmal besuchten. Fest schlossen wir unsere Tochter in die Arme und küssten sie. Nachher kam der Schwiegersohn Richi dran. Staunend standen David und ich vor dem Stubenwägelchen und blickten auf unseren Enkel. Für uns war es das hübscheste Baby, das wir schon je gesehen hatten. Ich musste mich einmal mehr gegen die Tränen wehren. Wieder stieg ein Dankgebet zum Himmel auf.

Zu Zahai's Abschied fertigte ich ihr zwei schöne Photoalben an. ‚Weisst Du noch?' schrieb ich als Titel darauf. Alle Bilder, die ich auftreiben konnte, seit dem Tag als sie als siebenjähriges Mädchen einst zu uns kam, bis heute, klebte ich ein. Zu jeder Photo schrieb ich ein Gedicht. Viel Arbeit gab es, aber es bereitete mir unbeschreiblichen Spass. Wo ich ging und stand hatte ich ein Notizblöcklein bei mir und jedesmal, wenn mir einige Verse einfielen, brachte ich es sogleich zu Papier. Wir schenkten es Zahai eine Woche bevor sie uns für ein Jahr verliess.

„Ihr habt mir mit diesen zwei Alben die grösste Freude

bereitet. Ich habe viel gelacht beim Lesen, aber noch mehr geweint", bekannte sie David und mir am nächsten Tag.

Nun war es für mich klar, dass ich bis Weihnachten für die anderen sechs grösseren Kinder dasselbe auch machen würde. Ihre Freude kannte keine Grenzen. Die Riesenarbeit hatte sich gelohnt. Wie oft diese Alben schon angesehen und Besuchern gezeigt wurden, ist wohl kaum zu zählen. Die Kleinen drei warten immer noch darauf. Vielleicht finde ich dann doch irgend einmal noch Zeit, um für sie auch diese Erinnerungsstücke anzufertigen.

## Ein Buch entsteht

Oftmals, wenn wir im Hauskreis oder sonst bei Freunden, von unseren vielen Erlebnissen mit Gott und den verschiedensten Abenteuern in unserem Leben erzählten, hiess es: „Ihr müsst unbedingt ein Buch über das alles schreiben." Lange Zeit hatte ich kein ‚Musikgehör' und auch immer eine gute Ausrede bereit. Ich hätte keine Zeit und wüsste auch gar nicht, wie so etwas in die Hand nehmen. Ich schob den Gedanken einfach weit von mir weg.

Steter Tropfen höhlt den Stein, sagt ein Sprichwort, und als dann David mir sogar mit einem bedeutsamen Augenzwinkern zum Geburtstag eine Schreibmaschine schenkte, wusste ich endlich, was ich zu tun hatte. Gerade zu dieser Zeit erschien das erste Buch von Katrin Rüegg. Ich las es begeistert. Plötzlich kam der Gedanke in mir auf: was die kann, das kann ich doch auch! Nicht, dass ich damit die Besonderheit ihrer Bücher schmälern möchte, ganz im Gegenteil, Katrin Rüegg gab mir den Mut, unsere Erlebnisse zu Papier zu bringen. Als ich dann sogar einmal ein persönliches Gespräch mit ihr haben durfte in einer Buchhandlung in Bülach, riet sie mir dringend dazu, unter die Schreiberlinge zu gehen.

Aber wie und wo beginnen? Das war die schwerste Entscheidung! Am besten wohl mit den Abenteuern in Äthiopien, mit ganz kurzem Rückblick auf die Zeit in Israel. Sicher auch von unserer Bekehrung, aber bestimmt nicht, wie und warum wir nach Israel ausreisten! Das ging niemanden etwas an, das war unser persönliches Leben und unser Geheimnis. Ich könnte niemals vor vielen Lesern (und das hoffte ich natürlich, dass es viele würden) unsere Schuld und das Davonlaufen bekennen. Nein, unter keinen Umständen! Kam schon gar nicht in Frage!

Also setzte ich mich hin und begann zu schreiben. Zwei Seiten, dann legte ich das Ganze wieder weg. Nach einigen Tagen las ich, bevor ich weiterschreiben wollte, alles erst einmal durch. Was hatte ich nur geschrieben? Nein, so ein komischer Anfang würde sicher niemanden begeistern! Mit neuem Elan begann ich erneut, legte das Heft jedoch bald wieder auf die Seite. Ich fand einfach den Faden nicht! Noch drei, vier Mal nahm ich, nach kürzeren oder längeren Pausen, das Heft wieder hervor, dann gab ich es endgültig auf. Mutlos geworden, versteckte ich mein Geschreibsel in einer Schublade. Ich hatte mich zu hoch eingeschätzt! Ich würde es niemals fertig bringen ein Buch zu schreiben!

Mich beschäftigte mein Versagen und ich fragte auch in meiner stillen Zeit Gott nach dem Warum. Aber ich erhielt keine Antwort von ihm. Oder besser gesagt, ich wollte nicht auf die leise Stimme hören, die mich in meinem Inneren mahnte:

„Du kannst nicht einfach irgendwo anfangen, du musst ganz von Anfang an beginnen, dort wo ihr vor euren Problemen und dem drohenden Konkurs davongerannt seid!“ Doch für mich war es sonnenklar, dass ich das niemals tun würde und dass auch David niemals seine Einwilligung dazu geben würde!

David und ich hatten uns – wieder auf liebevolles Drängen hin von Magdalena und Willy – für eine Ferienwoche ‚Christus, Dynamik des Lebens‘ von Mut zur Gemeinde, angemeldet. Sie hatten immer derart begeistert von solchen Ferien erzählt, dass David den Vorschlag machte, wir könnten doch auch einmal mitgehen. Ich willigte schliesslich auch ein. Zwar mit etwelchem Zögern und nicht ohne gewisse Zweifel. Sollte das Ganze dann zu schwärmerisch für uns zu und her gehen, ja dann würden wir einfach nur dort mitmachen, wo wir uns wohlfühlen könnten, beschlossen wir. Das sei ohne weiteres erlaubt, versicherten uns die Freunde mit einem Lächeln. Sie wussten schon vorher, dass es für uns dort bestimmt nicht zu fromm wäre.

Das Jugendzentrum CVJM konnten wir beinahe nicht finden, als wir am Samstagabend zusammen mit Denis Ball, unserem englischen Referenten, den wir auf dem Flugplatz abgeholt hatten, auf dem Hasliberg ankamen. Nebel, Nebel, dicker Nebel überall! Ich drückte die Augen fest zu, damit ich nicht sehen musste, wie steil eine schmale Strasse zum Kehrplatz hinunter führte. Waren wir wohl am rechten Ort? Ja, da stand Magdalena und erwartete uns!

„Wir hatten Angst, dass ihr uns nicht finden würdet! Jetzt müssen wir nur noch das ganz steile Stück hinunterfahren und dann sind wir am Ziel“, munterte sie uns auf.

Herzlich wurden wir auch unten im Jugendzentrum von Willy und dem Leiter, Hans Bürgi, empfangen. Auf Anhieb fühlten wir uns wohl im heimeligen Zentrum, das in fleissiger Fronarbeit von unzähligen Jugendlichen erbaut worden war. Keinen Moment lang, während der ganzen Woche, stieg je das Gefühl auf, wir sollten uns von irgend etwas fernhalten, oder es gehe hier nicht ganz mit rechten Dingen zu und her. Es waren die herrlichsten und bedeutungsvollsten Ferien bis jetzt in unserem Leben!

Der allerschönste Raum im Zentrum war die Kapelle. Dort war es wunderbar ruhig. Nie sprach jemand ein lautes Wort. Es fanden keine Gespräche, ausser seelsorgerliche, an diesem Ort statt. Ich brachte dort viele Stunden zu, nur im Gespräch mit meinem Herrn. An der einen Wand standen die Worte: Herr hier bin ich! Das traf ganz genau auf mich zu. Ich war hier mit ganz leeren Händen und vielen ungelösten Problemen. Aber das wusste ich, und es wurde mir während dieser Woche jeden Tag bewusster, ich wollte nur noch eines: ein Kind Gottes sein! Ganz egal, was das für mich heissen oder was es mich kosten würde!

Am Montagabend suchte ich, nach dem interessanten Vortrag von Denis, die Kapelle auf. Niemand ausser mir schien das Bedürfnis zu spüren, noch ein wenig alleine zu sein mit dem

Herrn. Ich war zutiefst dankbar dafür. Der Vortrag hatte einiges in mir aufgewühlt und ich wollte das hier in Ruhe noch einmal überdenken. Plötzlich stand der Gedanke an mein Buch im Raum und meine vergeblichen Versuche, alles zu Papier zu bringen.

„Herr, willst Du nicht, dass ich das tue? Soll ich meine Zeit besser für etwas anderes einsetzen?"

Eine Stimme in meinem Herzen gab mir ganz klar und unmissverständlich Antwort. „Natürlich will ich das. Du weisst es ganz genau. Ich habe versucht, es dir schon lange verständlich zu machen, aber du hast nicht hingehört."

„Was meinst Du, Herr?"

„Ich will, dass du dort beginnst, wo du und David mit den Kindern aus der Schweiz nach Israel geflüchtet seid!"

„Das kann ich nicht! Das ist zu viel verlangt!"

„Doch, das kannst du! Glaubst du wirklich, jemand nimmt dir alles das ab, was du mit mir erlebt hast und von dem du Zeugnis geben willst und auch sollst? Wenn du nur das Schöne und das, wo ihr gut dasteht, erzählst und nicht ganz ehrlich bist, dann bringt es gar nichts! Damit hilfst du keinem Menschen einen Schritt weiter. Ich will, dass dein Buch anderen Menschen hilft, zum Glauben zu finden und solchen, die mutlos sind, den Glauben wieder zu stärken. Nur durch Ehrlichkeit wird das gelingen!"

„Herr, es ist zu schwer. Ich kann das nicht und David wird niemals damit einverstanden sein!"

„Frage ihn doch einmal."

„Nein, Herr, ich kann das nicht!"

Völlig durcheinandergebracht verliess ich nach Mitternacht die Kapelle. Ich war heilfroh, hörte ich leichte Schnarchtöne von meinem Ehegespons, als ich behutsam die Zimmertür öffnete. Ich hätte unter keinen Umständen jetzt noch darüber Antwort geben wollen, wo ich mich so lange aufgehalten hatte. Ich wollte nur noch schlafen und meinen aufgestörten Gedanken entrinnen. Aber das war nur ein Wunschtraum! Die Stimme in meinem Inneren liess mir keine Ruhe mehr.

„Warum sträubst du dich so gegen meinen Wunsch?"

„Was würden die Leute, unsere Freunde, Verwandten und Kinder denken?"

„Ist dir das so wichtig?"

„Ja!"

„Also wichtiger als ich?"

Das war nun eine derart schwerwiegende Frage, dass ich sie nicht einfach so schnell beantworten konnte. War es mir wichtiger, dass die Menschen gut von mir dachten als Gott? Was haben denn die anderen Menschen schon für mich getan? Was aber hat Gott für mich getan? Er gab seinen einzigen Sohn her, damit ich gerettet und von meinen Sünden erlöst wurde! Warum setzte ich denn die Menschen höher als Gott? War es Menschenfurcht? Ich begann zu weinen. Lautlos rannen mir die Tränen die Wangen hinunter und netzten das Kopfkissen.

„Vater im Himmel, Herr Jesus Christus, vergib mir. Ich habe falsche Gedanken gehabt. Ich will in Zukunft nur das tun, was Du von mir erwartest."

Vor meinen Augen standen plötzlich die Worte, die ich an der Kapellenwand gelesen hatte: Herr hier bin ich!

„Ja, Herr, hier bin ich! Mach mit mir was Du willst!"

Der Sturm in meinem Inneren legte sich. Eine tiefe Ruhe kehrte in mich ein. Aber nicht zu lange. Was würde David zu meinem Entschluss, das Buch nach Gottes Willen zu schreiben, sagen? Dieser Gedanke liess mir keine Ruhe mehr. Ich musste es jetzt gleich wissen. Ich zündete die Nachttischlampe an, stieg aus dem Bett, ging hinüber zu David's Bett und berührte ihn leicht. Er hörte auf zu schnarchen, öffnete die Augen und blickte mich erstaunt an. Bevor er etwas fragen konnte, sagte ich: „David, ich muss dich etwas Wichtiges fragen."

„Du meine Güte. Jetzt mitten in der Nacht! Hat es nicht Zeit bis morgen?"

„Nein!"

„Also, dann fang an."

Ich begann mit meinen vergeblichen Versuchen, das Buch zu schreiben. Fuhr dann fort von der leisen Stimme in meinem Herzen zu sprechen, die mir bereits zu Hause gesagt hatte, was Gott eigentlich von mir wollte und erzählte ihm schliesslich vom Erlebnis der vergangenen Stunden. „Gott hat mir jetzt unmissverständlich gesagt, was er von mir verlangt und ich habe mich zu einem Ja durchgerungen.“

„Was willst du jetzt von mir?“

„Wenn ich in meinem Buch dort beginne, wo wir aus der Schweiz flüchteten, dann stelle ich uns beide bloss. Vielleicht werden auch einige deiner Mitarbeiter das Buch lesen und somit genau wissen, was mit uns los war. Das kann ich jedoch nur, wenn du auch ein volles Ja dazu haben kannst.“

„Hm, na ja . . . . Ich habe es mir noch nie überlegt. Aber Gott hat jetzt derart deutlich zu dir gesprochen, dass es doch ganz klar ist für dich, was Er will.“

„Ja!“

„Da kann ich doch kein Nein dazu haben. Das wäre nicht richtig.“

Wieder stürzten Tränen aus meinen Augen. Diese Antwort hatte ich nicht erwartet. David, inzwischen längst völlig wach geworden, schaute aufmerksam auf mich, dann fragte er lächelnd: „Bewegt dich noch etwas?“

„Ja, ich möchte gerne mit dir zusammen beten. Vor allem, dass es ein gutes Buch wird, zur Ehre Gottes geschrieben. Aber ich denke auch, dass wir endlich lernen sollten, alles was uns bewegt, miteinander vor Gott zu bringen. Ich glaube, das würde unsere Ehe noch vertiefen.“

„Wir können es versuchen“, antwortete David ernst.

In dieser Nacht begann für uns beide etwas ganz Neues. Wir lernten wirklich miteinander zu beten. Nicht nur, wenn uns etwas tief bewegte, sondern jeden Tag. Wir mussten es erst lernen, aber jetzt wollten wir es wenigstens beide und es ging bald über Erwarten gut. Dem Herrn sei Lob und Preis!

Am nächsten Abend verbrachte ich wieder eine Stunde in der Kapelle. Ich hatte noch ein paar Fragen und auch Wünsche an den Herrn. David war ein Nachtmensch und wir arbeiteten oder bastelten oft bis spät in die Nacht hinein zusammen. Ich hatte sehr grosse Mühe, am Morgen aus den Federn zu klettern und wenn ich dann noch eine Stunde lang mit Bibellesen und Beten verbrachte, war mein Tag nachher recht mit Arbeit ausgefüllt.

Ich wusste nicht, wo ich da noch die Zeit hernehmen sollte, um ein Buch zu schreiben.

„Herr, ich weiss nun, dass Du willst, dass ich das Buch schreibe. Aber dann musst Du mir dabei helfen. Ich kann es nicht alleine und vor allem musst Du mir die Kraft dazu geben, am Morgen viel früher aufzustehen. Sonst schaffe ich es nicht“, betete ich. Gott gab mir keine so klare Antwort wie am vorigen Abend, aber eine Ruhe und eine tiefe Gewissheit, dass Er mich gehört hatte und mir helfen würde, stieg in mir auf.

Wir hörten und lernten unendlich viel Neues in dieser Ferienwoche und uns war klar geworden, dass Gottes Liebe noch viel grössere und weitere Dimensionen für uns eröffnen würde, als wir bisher geahnt hatten. Wir hatten die ersten behutsamen Schritte in einem komplett neuen Leben mit Gott gemacht. Nur wussten wir es damals noch nicht.

Wir besassen auch keine blasse Ahnung, dass Gott damals feine Fäden spann zu unzähligen Menschen und einen riesigen Freundeskreis für uns aufbaute, dessen Umfang und Grösse wir uns nie vorzustellen gewagt hätten. Ja, Gottes Fäden so fein gesponnen!

Auf dem Heimweg sang und jubelte es in unseren Herzen und wir wussten bereits, dass wir im nächsten Sommer, mit unseren vier jüngsten Kindern, an einer solchen Woche teilnehmen würden.

Dass Gott mein Gebet wegen dem früher Aufstehen erhört hatte, spürte ich bereits am Anfang der nächsten Woche. Mit Freude und bereits einem Jubellied im Herzen stand ich auf und es fiel mir gar nicht schwer, alle Hausarbeit zu erledigen, um mich bald einmal hinter meine Schreiberei setzen zu können. Vor jedem Kapitel ging ich auf die Knie und bat den Heiligen Geist, mich zu führen und zu leiten. Das Buch ‚Flucht in die Wüste‘, welches da entstand, sollte zu Gottes Ehre geschrieben werden und jedes Wort sollte wirklich erbeten sein!

Ich arbeitete beinahe ein Jahr daran. Erst liess ich mich durch eine Bekannte, der ich das Manuskript als Erste – ausser David natürlich – zu lesen gab, verunsichern. Ich fing an zu korrigieren und durchzustreichen, bis mir Gott einmal in der Stille zeigte, was ich da eigentlich tat. Ich betete zum Heiligen Geist um Leitung und Führung vor jedem Kapitel und dann schrieb ich es wieder um. Das war nicht richtig und so griff ich wieder zur ersten Fassung.

Aber bis dann einmal das gedruckte Buch auf dem Tisch lag und im Buchhandel zu kaufen war, dauerte es noch lange und es mussten noch viele innere Kämpfe und grosse Unsicherheiten überwunden werden.

## Lausbubenstücklein

Natürlich war es in Pfungen dasselbe wie vorher in Freienstein, wenn unsere braunen Kinder irgendwo bei einer Dummheit dabei waren, dann kam die Meldung alsbald zu uns. Die anderen wurden auch da meistens von den Leuten nicht erkannt. Fetene hatte bald eine ganze Menge Freunde und da wurde halt hie und da etwas ausgeheckt, was nicht unbedingt im Sinne guter Schweizerbürger war. Aber allzu Schlimmes stellten sie nicht an, denn Fetene verbrachte, wie seine beiden Schwestern, viele Stunden mit Sporttraining. Sie waren alle drei gute Läufer und erkämpften viele Medaillen. Wir waren nicht wenig stolz auf sie.

An der unteren Strasse bei unserem Haus wurde ein Haus verkauft. Die Käufer wohnten bereits in Pfungen und arbeiteten jede freie Stunde an ihrem Heim. Sie hatten zwei kleinere Jungen, die natürlich immer mit ihren Eltern kamen. Sie spielten meistens draussen vor ihrem Haus. Warum unser Jüngster und die Nachbarsbuben die beiden nicht leiden mochten, weiss ich nicht. Auf alle Fälle passte es ihnen allen nicht, dass jetzt da noch andere Kinder in der Nachbarschaft einzogen.

An einem Samstagabend läutete es an unserer Haustüre. David öffnete; ein sehr erboster Mann stand draussen, der sich als unser zukünftiger Nachbar vorstellte. Sehr unwillig erzählte er David, dass einer der drei Freunde seinem Sohn, als er mit dem Fahrrad vorbeigefahren sei, mit einem Luftgewehr in den Hintern geschossen habe.

„Um Himmels willen, von wo aus denn? Und wieso wissen Sie denn, dass es einer der drei gewesen sein muss?“

„Sie schossen von Traber's kleinem Schuppen herab. Also muss es einer von ihnen gewesen sein und da die drei Schlingel immer zusammenstecken, ist es auch klar, dass sie das gemeinsam ausgeheckt haben! Ich will, dass sie zur Rechenschaft gezogen werden und sich bei uns entschuldigen!“

„Das ist selbstverständlich! Aber warum kommen Sie zu uns und gehen nicht zum Nachbarn?“

„Die sind alle fortgefahren und ich bin auch davon überzeugt, dass es Fetene war, der schoss!“

„Ich werde ihn bestimmt dafür bestrafen“, antwortete der Vater kurz und war froh, als der Mann sich verabschiedete.

„Das ist wieder einmal typisch, der Negerknabe ist der Schwarzpeter! Jetzt musste ich mich aber zusammenreissen, dass ich dem nicht eine scharfe Antwort gab“, schimpfte David beim Hereinkommen.

„Was ist denn los?“

Als David mir die Geschichte erzählte, war ich sehr betroffen. Ich hatte es gar nicht gern, wenn sie solche Sachen anstellten.

„Ich bin eigentlich davon überzeugt, dass es nicht Fetene war, der schoss. Vielleicht Daniel oder Marcel aber doch nicht der unsere! Und überhaupt, mich nimmt wunder, woher sie denn ein Luftgewehr haben sollten. Fetene besitzt bestimmt keines!“ beteuerte der Vater.

Ich war jedoch nicht so ganz sicher, ob es nicht doch unser Junge war. Aber ob oder nicht, mit dabei war er sicher. Mitgegangen, mitgehangen!

Fetene kehrte sehr aufgestellt von der Ausfahrt mit der Nachbarsfamilie nach Hause zurück. Als der Vater ihn ein wenig streng ins Wohnzimmer rief, trat er verlegen ein. Oh weh, ihm war das schlechte Gewissen bereits anzusehen. Nicht nur ich, auch der Vater bemerkte es sogleich.

„Fetene, wir hatten heute abend Besuch. Der zukünftige Nachbar hat sich über dich beklagt. Was hast du dazu zu sagen?“

Fetene wurde unter seiner braunen Hautfarbe bleich und er getraute sich nicht, seinen Vater anzublicken.

„Hast du geschossen?"

Unser Jüngster kniff die Lippen zusammen, dann nickte er verhalten.

„Was hast du? Geschossen? Bist du noch ganz bei Trost? Geht es noch mit dir?" David's Stimme wurde bei jeder Frage etwas lauter und der Übeltäter senkte angstvoll seinen Blick.

„Weisst du, Fetene, jetzt hätte ich beinahe die Hand für dich ins Feuer gehalten. Ich war so überzeugt, dass du das ganz sicher nicht gemacht hast, sondern einer der anderen. Bist du es wirklich gewesen, oder willst du deine Freunde schützen?" David schüttelte seinen Kopf. Wie konnte *unser Junge* nur so etwas tun?

„Doch, Vati, ich war es." erwiderte da unser Sohn fest.

„Weisst du, wie gefährlich das ist? Mach so etwas nie mehr sonst kriegst du Prügel. Woher hast du das Gewehr gehabt? Gehört es deinen Freunden?"

„Nein, es ist meines."

„Wie bitte? Woher hast denn du ein Luftgewehr?" David schrie diese Frage heraus.

„Peter hat es mir gegeben, als er auszog, um mit Susi zusammenzuleben."

„Mir fehlen die Worte! Geh jetzt zu Bett und morgen kaufst du am Kiosk eine Schokolade, bringst sie dem Knaben und entschuldigst dich bei seinen Eltern. Das ist ein strenger Befehl! Ich sage es dir nicht noch einmal. Ab, marsch, verschwinde!"

Fetene machte sich schleunigst aus dem Staube. Er war wohl froh, dass das befürchtete Donnerwetter so glimpflich abgelaufen war. Der Gang zu den Leuten anderntags fiel ihm gar nicht leicht, aber es war eine gute Lektion für ihn. Das Luftgewehr musste er David geben und es wurde nie mehr angerührt.

„Siehst du, Liebes, wie schnell man überzeugt ist, dass es nicht der eigene war, sondern die Nachbarskinder. Ich glaube, nicht nur Fetene, auch ich habe heute etwas gelernt!" sagte David ein wenig zerknirscht.

## Wenn sie flügge werden!

Es stellte sich als gar nicht so einfach heraus, mit den langsam älter werdenden Kindern zurechtzukommen. Wir waren nicht immer ganz gleicher Meinung und das führte zu gewissen Spannungen.

In unserem Dorf fand eine Unterhaltung vom Turnverein statt, an der unsere beiden Mädchen auch gerne teilgenommen hätten. Doch ich sah das etwas anders.

„Ihr seid beide noch viel zu jung um an einem solchen Fest mit dabei zu sein. Nach eurer Konfirmation können wir dann wieder darüber sprechen", sagte ich kategorisch.

Die um drei Jahre jüngere Falagu schickte sich murrend drein, aber da die fünfzehnjährige Genet zum erstenmal verliebt war und ihr der Freund versprochen hatte, an die Unterhaltung zu kommen, schmollte sie. Sie sprach kein einziges Wort mehr mit mir, kehrte mir den Rücken zu, wenn ich in ihr Zimmer trat und liess mich deutlich merken, was sie von mir dachte.

Als ich erneut einen Versuch unternahm, mit ihr über diese Angelegenheit zu sprechen, schrie sie mich mit blitzenden Augen an: „Ich sehe überhaupt nichts Schlimmes darin, wenn ich an diese Unterhaltung gehe! Alle von unserer Klasse dürfen daran teilnehmen, nur ich nicht! Ach, warum könnt ihr nicht sein wie andere Eltern auch?" Schluchzend warf sie sich auf ihr Bett.

Die Tonart, in welcher sie das alles herausstiess und gar erst mit den letzten Worten, verletzte sie mich so tief, dass ich ohne ein weiteres Wort aus dem Zimmer ging und die Tür zumachte. Ich war es nicht gewohnt, dass eines unserer Kinder auf diese Weise zu mir sprach. Mein Gott, was hatte ich denn falsch gemacht? Ich wollte die Kinder doch nur im christlichen Glauben erziehen? Aber das stellte sich als sehr schwer heraus in einer Welt voll von anderen Grundsätzen. Es war bestimmt auch nicht leicht für die Kinder, Aussenseiter zu sein.

Mir lag die ganze Geschichte schwer auf dem Magen und beschäftigte mich sehr. Gott sei Dank dachte David in dieser Sache genau gleich wie ich und unterstützte mich. Wir mussten gerade an diesem Wochenende wieder mit Willy und Magdalena an ein ‚Mut zur Gemeinde'-Wochenende in einem kleinen Dorf im Kanton Thurgau. Wie konnte ich dort im Team mitarbeiten und Zeugnis über die Liebe Gottes geben, wenn daheim der Haussegen schief hing und ich mit meinem Töchterchen nicht zurecht kam? Ich fühlte mich total unfähig, so vor die Leute hinzustehen. Dabei hatte ich mich so sehr darauf gefreut, etwas von unseren Erfahrungen mit Jesus Christus weiterzugeben.

Am Freitagnachmittag hielt ich es nicht mehr aus. Ich musste einfach Genet dazu bringen, noch mit mir zu sprechen. Im Streit für drei Tage wegzufahren, brachte ich nicht fertig. Ich suchte sie erneut in ihrem Zimmer auf. Sie lag auf ihrem Bett und blätterte scheinbar interessiert in einem Buch herum. Ohne ein Wort zu sagen setzte ich mich ruhig zu ihr auf das Bett, blickte sie an und wartete. Jetzt kam es darauf an, wer die besseren Nerven hatte. Sie oder ich? Zwei drei Minuten verflossen, es schien mir eine Ewigkeit zu dauern. Endlich schaute mein trotziges Töchterchen scheu auf. In ihren Augen sah ich Tränen schimmern.

„Genet, du bist jetzt kein kleines Mädchen mehr und ich denke, du kannst verstehen, was ich dir nun zu sagen habe", fing ich behutsam zu sprechen an. Ich wollte ihr gar nicht erst die Gelegenheit geben, sich wieder in ihr Schneckenhaus zurückzuziehen. „Du hast mir vorgestern die Worte an den Kopf geworfen: ‚Ach, warum könnt ihr nicht sein wie andere Eltern?' Das hat mir sehr weh getan!"

Genet sah auf die Seite, aber nun war es nicht mehr schlimmer Trotz, sondern tiefe Reue, die ich aus ihrem Gesichtsausdruck lesen konnte.

„Siehst du", fuhr ich leise fort, „wenn wir genau so wären wie alle anderen Eltern und auch an solchen Unterhaltungen Vergnügen finden würden, dann, ja dann wärest du und deine fünf Geschwister jetzt nicht hier bei uns. Überlege dir einmal, könnten Vati und ich es jetzt nicht sehr schön haben? Alle unsere Kinder stehen auf eigenen Beinen, sind bereits zu Hause ausgezogen. Wir zwei könnten hingehen, wo immer wir wollten und überall mitmachen, wo es uns Spass bereiten würde. Aber weil wir euch und Jesus Christus lieben, nahmen wir euch zu uns und darum seid ihr nicht mehr in Äthiopien, sondern hier in der Schweiz. Ihr müsst uns halt jetzt so nehmen wie wir sind."

Mein grosses Mädchen, mit dem ich eigentlich sonst nie Schwierigkeiten hatte, begann bitterlich zu schluchzen, dann setzte sie sich auf, schlang ihre Arme fest um meinen Hals und flüsterte: „Mutti, bitte vergib mir. Es tut mir so leid, dass ich dir weh getan habe!"

Es war wunderbar, nach dieser Aussöhnung an das Mut-zur-Gemeinde-Wochenende zu fahren. Ich war gewiss, dass zu Hause alles in bester Ordnung sein würde.

Am Sonntagabend gab es dann bei mir Tränen. Die beiden Mädchen waren brav zu Hause geblieben, aber Fetene hatte am Freitagabend, ohne jemanden um Bewilligung zu fragen, an der Hauptprobe teilgenommen. Wir vernahmen es beim Abendessen. Mich traf das so unerwartet und tief, dass mir gleich die Tränen kamen. Ich sagte kein einziges Wort zu unserem Jüngsten. Fetene schaute mich, ob meiner Reaktion, nur traurig und erschrocken an.

David nahm ihn nach dem Essen mit in die Werkstatt. Er solle ihm dort etwas helfen. Etwas später fragte er ihn: „Fetene, hast du die Mutti nicht lieb?"

Da fing der Junge heftig zu heulen an. Der Vater schickte ihn zu mir herauf. Unser Jüngster kam verlegen ins Wohnzimmer, atmete auf, als er sah, dass ich alleine war und sagte kleinlaut: „Es tut mir leid, Mutti, dass ich das getan habe und du deswegen weinen musstest."

„Ja, du hast mir sehr weh getan und ich hoffe, dass das in Zukunft nie mehr vorkommt." Mehr vermochte ich im Moment nicht zu sagen, aber ihm genügte es. Erleichtert verliess er mich.

## Ein Freundschaftsdienst

Eine ehemalige Schulkameradin telephonierte mir eines Morgens ziemlich früh und fragte: „Hast du gehört, was Ruth passiert ist?“

„Nein!“

„Sie sollte eine Hirntumoroperation über sich ergehen lassen. Als sie ihr vor dem schweren Eingriff eine Spritze verabreichten, wurde sie bewusstlos. Seither ist sie völlig gelähmt von Kopf bis Fuss. Sie vermag auch nicht mehr zu sprechen und kann nichts mehr essen. Sie wird künstlich ernährt und liegt im Kantonsspital Zürich auf der Intensivstation.“

„Mein Gott, das ist ja schrecklich!“ Diese Nachricht machte mich sehr betroffen, obschon ich mit Ruth seit vielen Jahren keinen Kontakt mehr gehabt hatte und sie und ihren Mann nur einige Male an Elternabenden von Genet's Klasse getroffen hatte. Ihr Sohn besuchte dieselbe Klasse wie sie. Ich wunderte mich ein wenig, warum mir Ursula deswegen telephonierte.

„Marie, ich besuche Ruth einmal alle vierzehn Tage und lese ihr dann etwas vor. Die Krankenschwester hat mich nun gefragt, ob nicht in der dazwischenliegenden Woche jemand anders diesen Liebesdienst übernehmen könnte? Sie habe das Gefühl, es täte Ruth sehr gut. Ich habe da gleich an dich gedacht.“

„Meinst du, ich könne das?“ fragte ich über dieses Ansinnen erschrocken.

„Sicher, wenn ich es kann, dann kannst du es auch!“ Ich gab mir einen Ruck und willigte ein, am nächsten Dienstag zu Ruth zu gehen, obschon mir bei dem Gedanken an diesen Besuch schwer ums Herz wurde. Ich hatte noch nie etwas ähnliches gemacht. Wie konnte ich denn mit jemandem sprechen, der mir keine Antwort geben würde? Mit bang klopfendem Herzen meldete ich mich bei der Stationsschwester und teilte ihr mein Begehren mit, Ruth auf der Intensivstation besuchen zu wollen.

„Sie sind sicher die Frau, die sich mit einer Klassenkameradin abwechseln und vorlesen will. Bitte kommen Sie mit mir. Aber erschrecken Sie nicht, es hat viele schwerkranke Patienten in diesem Zimmer", wurde ich sogleich freundlich begrüsst. Mir fiel ein Stein vom Herzen über die nette Begrüssung. Aber die Angst vor der Begegnung mit der kranken Ruth lag mir trotzdem noch schwer auf der Brust.

„Sehen Sie, dort hinten liegt Ihre Bekannte."

Ohne links oder rechts zu blicken, schritt ich auf das Bett zu, in dem Ruth lag. Keine Regung war ihrem Gesicht anzusehen. Ich hatte keine Ahnung, ob sie mich erkannte oder nicht. Ich kam mir völlig deplaziert vor, brachte erst kein einziges, armseliges Wort heraus und begann zu schwitzen. Dann riss ich mich zusammen, nahm das mitgebrachte Büchlein mit lustigen Kurzgeschichten hervor und fragte: „Ruth, soll ich dir etwas vorlesen?" Ich erwartete wenigstens irgendeine Reaktion, aber was und wie die sein sollte, konnte ich mir auch nicht vorstellen. Ich war noch niemals an einem Krankenbett bei einem Menschen gesessen, der nicht die kleinste Möglichkeit besass, sich auf irgend eine Art bemerkbar zu machen. Ein ohnmächtiges Gefühl der Hilflosigkeit überfiel mich. ‚Herr, hilf mir! Was soll ich nun tun?'

Vom Nebenbett her blickte mich eine Frau die ganze Zeit mit grossen Augen an. Sie war an verschiedene Apparate angeschlossen, schien Schmerzen zu haben, aber bei vollem Bewusstsein zu sein. Die auf mich gerichteten, beobachtenden Augen, verursachten mir noch mehr Hemmungen. Leise fing ich zu lesen an, nahm selber aber kein Wort von dem Vorgetragenen auf. ‚Mein Gott war das schwer!' Ich war froh, als die Geschichte zu Ende war. Nein, eine andere zu beginnen, dazu fehlte mir die Kraft. Ich sass nur still da und hielt Ruth's Hand in der meinen, dann begann ich leise mit ihr zu beten. Aber auch das Gebet ging mir gar nicht einfach über die Lippen. Ich fühlte mich derart verklemmt, dass meine Worte mir leer vorkamen. Viele Fragen schwirrten durch meinen Kopf. Will sie wohl, dass ich mit ihr bete? Hört sie mich? Glaubt sie überhaupt an Jesus Christus? Ist sie fähig, jetzt in ihrer Situation noch an Gottes Liebe zu glauben? Was denkt sie nun, da sie derart hilflos im Bett liegt? Ich schaute hinüber zum Nebenbett. Immer noch sah mich die Frau mit weit geöffneten Augen an. Aber jetzt liefen ihr Tränen über die Wangen. Ich vernahm keinen Ton, kein Schluchzen, bemerkte nur das lautlose Weinen. ‚Steh auf und frage sie doch, ob du mit ihr beten sollst‘, mahnte mich eine innere Stimme. Aber ich blieb regungslos sitzen, rührte mich nicht, sagte kein Wort des Trostes zu der leidenden Frau und folgte der inneren Stimme nicht. Viele Tage lang verfolgten mich diese traurigen Augen und ich erkannte, dass ich eine Gelegenheit, Gottes Liebe weiterzugeben, unwiderruflich verpasst hatte. Mit reuevollem Herzen musste ich meinen Herrn um Vergebung bitten. Ich befand mich in dieser Zeit in der harten Schule Gottes und lernte sehr, sehr viel. Jesus Christus musste viel Geduld haben mit mir. Es dauerte lange Zeit, bis ich es lernte, auf die mahnende Stimme des Heiligen Geistes zu hören. Heute würde ich eine solche Gelegenheit bestimmt nicht mehr ungenutzt verstreichen lassen.

Tief atmete ich die frische Luft ein, als ich das Spital verliess. Ich versuchte die Beklemmung abzuschütteln, aber es gelang mir nicht. Auch konnte ich jetzt nicht das Tram benützen um zum Bahnhof zu fahren. Im Moment wollte ich mich nicht unter andere Menschen mischen, sondern ganz alleine sein. Ich ertrug momentan kein Geschwätz und kein Lachen, musste erst versuchen, mit dem soeben Erlebten fertig zu werden. Ich fühlte mich völlig durcheinander. Unten auf der Brücke blieb ich stehen und schaute zum Fluss hinunter. Ich nahm kaum wahr, wie die Wildenten und Möven sich im Wasser tummelten und sich um Brotbrocken stritten, die ihnen eine ältere Frau voller Hingabe zuwarf. Langsam beruhigten sich meine Nerven und ich spürte die warme Sonne auf meinem Rücken. Trotz der aufgewühlten Gefühle, die in mir tobten, wusste ich mich in Gottes Händen geborgen und ich wusste auch, dass Jesus Christus meinen Schmerz verstand. Das gab mir Trost und half mir, dass ich jetzt hier auf der Brücke nicht in Tränen ausbrach, sondern nach einer Weile meinen Weg, irgendwie getröstet, fortsetzen konnte.

Ich hoffte sehr, dass in zwei Wochen die andere Frau noch im Zimmer sein würde und ich das Versäumte nachholen könnte. Doch dem war nicht so. Ich getraute mich nicht, die Schwester zu fragen, ob es ihr besser ginge oder ob sie gestorben sei. Die Gelegenheit, ihr von Jesus Christus zu erzählen, war unwiderruflich verpasst.

Ruth blieb noch einige Zeit auf der Intensivstation liegen. Ich gewöhnte mich langsam an die Atmosphäre in diesem Raum und das Vorlesen wurde leichter. Ein Gebet zu sprechen verursachte mir immer noch Mühe. Für mich war es eine grosse Erleichterung, als Ruth in ein Einzelzimmer, mit Verbindungstür zur Intensivstation, verlegt wurde. Ruth lag nun auch nicht immer mit geschlossenen Augen da, sondern blickte mich aufmerksam an, wenn ich etwas sagte. Nun wusste ich, dass sie mich hörte und verstand. Nach einigen Wochen lernte sie auch zu antworten, wenn man sie etwas fragte. Meinte sie ja, öffnete sie ihre Augen weit, wollte sie nein sagen, dann schloss sie sie. Wir lernten uns verstehen und im Laufe der Monate vermochten wir richtige Gespräche zu führen. Ich musste einfach die Fragen so stellen, dass sie mir mit ihren Augen antworten konnte. Natürlich erzählte ich ihr auch viel aus meinem Leben und auch von den täglichen Nöten und Freuden. Sie nahm regen Anteil, das konnte ich am Ausdruck ihrer Augen sehen.

Natürlich beschäftigte mich Ruth's Zustand auch weiterhin. Ich wusste auch nicht richtig, wie ich für sie beten sollte. In einer ‚Christus-Dynamik-des-Lebens'-Woche fragte ich Denis Ball danach. Er riet mir, meine Freundin Gott in die Arme zu legen und ihn ganz konkret zu bitten, sie aus dieser Lage zu erlösen; er möchte sie entweder ganz gesund machen oder sie zu sich holen, aber sie bitte nicht mehr länger so leiden lassen. Als ich ihm meine Unsicherheit erzählte, die ich beim Gebet mit ihr verspürte, da ich nicht wisse, ob sie das überhaupt wolle, blickte er mich nur erstaunt an und fragte: „Aber, Marie, warum fragst du sie denn nicht einfach danach?"

So einfach war das! Und es war dann auch wirklich einfach! Als ich Ruth fragte, ob sie es gerne habe, wenn ich mit ihr bete, zeigte sie mir mit ihren Augen gleich ein zweifaches Ja. Warum kam ich nicht selber schon viel früher auf diesen Gedanken?

Eines Tages las ich Ruth eine Geschichte vor von Corrie ten Boom. Sie hörte aufmerksam zu. Corrie ten Boom schrieb: Gott kann dir nur vergeben und dich heilen, wenn du auch von ganzem Herzen vergeben kannst. Ich schaute nachdenklich von meinem Buch auf, wollte darüber eine Bemerkung machen und entdeckte zu meiner grossen Bestürzung, dass meine Freundin weinte. Lautlos liefen ihr die Tränen über die Wangen wie kleine Bächlein. Was war geschehen? Etwas hilflos nahm ich mein Taschentuch heraus und versuchte, Ruth die Tränen zu trocknen. Es brachte nicht viel, denn unaufhörlich strömten weitere aus ihren nun geschlossenen Augen hervor. Was hatte ich zuletzt gelesen? ‚Gott kann dir nur vergeben und dich heilen, wenn du auch von ganzem Herzen vergeben kannst.' War es das? Trug sie jemandem etwas nach?

„Ruth, kannst du jemandem nicht vergeben?" fragte ich leise. Es dauerte ziemlich lange, ich spürte förmlich wie die Antwort ihr Mühe bereitete, bis sie ihre nassen Augen weit öffnete. Das Ja-Zeichen. Die nächste Frage musste gut überlegt werden, damit sie mit ihren Augen antworten konnte. Wem konnte sie nicht vergeben? Was war in ihrer Lage das Naheliegendste? Ich betete leise in meinem Herzen zu Jesus, er solle mir doch durch den Heiligen Geist zeigen, wem Ruth etwas nachtrug und nicht zu vergeben vermochte. Plötzlich wusste ich, was ich fragen musste.

„Ruth, kannst du der Person nicht vergeben, die sehr wahrscheinlich an deinem jetzigen Zustand schuld ist?" Wieder verging einige Zeit bis sie mit ‚Ja' antwortete.

„Möchtest du dieser Person vergeben?" Sie lag mit geschlossenen Augen da und ich merkte, dass sie daüber nachdachte.

Es ist furchtbar, wenn man sich nicht wehren, sich nicht bewegen, nichts mit Worten ausdrücken kann. Ganz besonders in einem so schwierigen Problem. Endlich zeigte sie mit ihren Augen, Ja!

„Kannst du es von ganzem Herzen tun? Soll ich dir diesen Satz noch einmal lesen?" Ja.

„Gott kann dir nur vergeben und dich heilen, wenn du auch von ganzem Herzen vergeben kannst. Kannst du es nun von ganzem Herzen tun." Dieses Mal kam die Antwort spontan.

„Willst du, dass ich für dich ein Gebet spreche, in dem du

dieser Person deine Vergebung zusprichst, und eines, in dem du Gott um Vergebung bittest für deine Schuld des Nichtvergebenkönnens?"

Ich war froh, kam ihre Antwort nicht ganz so spontan wie vorher. Sie überlegte sich wirklich alles ganz genau, dann signalisierte sie ihre Zustimmung. Ich sprach langsam, jeden Satz betonend. Oftmals hielt ich inne, damit sie ihre Bereitschaft des Vergebenwollens oder die Bitte um Vergebung, mit einem Augenaufschlag bekräftigen konnte.

Ich habe niemals vorher und auch später nie mehr eine solch tiefe und innige Verbundenheit mit einem Menschen verspürt, mit dem ich vor Gott gekommen bin, wie an diesem Nachmittag. Unser Herr Jesus Christus war selber anwesend in diesem Krankenzimmer. Dass Ruth dasselbe empfand, zeigte mir ihr gelöster, glücklicher Gesichtsausdruck. Wir hatten zusammen eine heilige Stunde erlebt. Sie übergab wenig später in einer Nacht, dank der Mithilfe einer gläubigen Krankenschwester, ihr Leben ganz in die Hände unseres Herrn. Sie wurde einige Monate nachher von ihren Schmerzen erlöst und durfte in die ewige Heimat übersiedeln. Ich habe in dieser mehr als drei Jahre dauernden Betreuung viel Wertvolles gelernt. Die Angst vor Schwerkranken wurde mir genommen, ich lernte mich zu öffnen und etwas von mir preiszugeben und verlor die Furcht, mit jemandem ganz offen zu sprechen und ihn zum Herrn zu führen. Das war für mich sehr wichtig für den Seelsorgedienst, in welchen mich der Herr bald rief.

## O, diese Kinder!

Unser Peter war kein Frühaufsteher. Meistens sprang er erst aus dem Bett, wenn er den Zug pfeifen hörte beim Bahnübergang. Die wenigen Minuten, die es von diesem Pfiff an dauerte, bis die Bahn im Bahnhof einfuhr, genügten unserem Sohn, sich in seine Kleider zu stürzen, im Badezimmer die Hand nass zu machen, sich damit über das Gesicht und die Haare zu streichen, die Treppe hinunterzurasen, über den Bahnhofplatz zu spurten, im letzten Augenblick, gerade bevor sich vor der Abfahrt die automatischen Türen schlossen, noch aufzuspringen. Hie und da musste er sich auch in der Toilette des Zuges ganz fertig ankleiden.

Erst machten wir ihm deswegen Vorwürfe, dann nahmen wir ihn hoch, später lachten wir einfach darüber. Warum sich ärgern und aufregen, wenn doch alles nichts fruchtete?

Muluneh war da ganz anders. Er stand beizeiten auf, machte anständig Toilette, genoss das selber zubereitete Frühstück und ging gemächlich zum Bahnhof. Dort musste er meistens einige Minuten auf den Zug warten. Trotz der grossen Verschiedenheit, kamen die beiden Brüder gut zusammen aus. Nur einmal wurde Muluneh recht wütend auf Peter. Peter war ausnahmsweise einmal frühzeitig zu Bett gegangen. In seinem recht lebendigen Traum hörte er die Bahn pfeifen. Er raste aus dem Bett, dann ins Badezimmer. Etwas kam ihm nicht vor wie sonst, es war so seltsam still im Haus. So schnell er vermochte öffnete er Muluneh's Zimmertür und rief:

„Muluneh, du hast dich verschlafen, die Bahn hat schon gepfiffen. Beeile dich, sonst kommst du zu spät!" Wie es der bedächtige Muluneh schaffte, in kürzester Zeit auf dem Bahnhof zu sein, ist uns ein Rätsel geblieben. Auf alle Fälle rannten die beiden Brüder zusammen auf den Bahnhof. Noch halb schlafend, standen sie dort nahe beisammen. Aber irgend etwas stimmte nicht. Sie waren die einzigen, die sich dort befanden und der Zug hätte auch schon längst hier sein müssen! Peter blickte hoch zur Uhr, dann fing er an lauthals zu lachen. Muluneh schaute ihn verdutzt an.

„Muluneh, hahaha, es ist erst halb eins und nicht zwei Minuten nach sechs! Komm wir gehen wieder heim ins Bett!" Die zwei mussten anderntags, als sie der Familie ihr Erlebnis erzählten, für den Spott nicht sorgen.

Peter kam eines Abends zu mir und sagte: „Mutti, ich will dir 100 Franken geben im Monat. Natürlich nebst dem vereinbarten Haushaltungsgeld."

„Für was?"

„50 Franken sind für dich ganz persönlich. Du machst immer so viel für uns alle und ich will das jetzt einfach so!"

„Und die anderen 50 Franken?"

„Die zahlst du für mich an irgend ein Werk ein."

„Danke Peter, das ist eine unbeschreibliche Überraschung für mich. Ich bin richtig beschämt. Ich weiss gar nicht, ob ich das für mich annehmen darf."

„Du darfst nicht nur, du musst!" Ich schloss meinen grossen Jungen in meine Arme und gab ihm einen Kuss.

Fetene und die beiden Nachbarsjungen, Marcel und Daniel, fuhren mit ihren Fahrrädern weg. Ich sah sie davonbrausen. Was hatten sie wohl wieder zusammen vor? Aber ich machte mir nicht allzuviele Gedanken darüber; fand es aber ein wenig seltsam, da es draussen bissig kalt war und sie normalerweise bei solchem Wetter nicht mit den Fahrrädern ausfuhren. Das beständige Sorgen um die Kinder hatte ich mir schon längst abgewöhnt. Wenn man so viele hat wie wir, dann würde man sich hintersinnen, wollte man sich immerzu um jede Kleinigkeit aufregen oder sorgen. Nach einer knappen Stunde sah ich Fetene bereits wieder, komischerweise alleine, ins Haus kommen. Er schien ein wenig breitspurig zu gehen. Bevor er die Treppe hinauf zu seinem Zimmer verschwinden konnte, rief ich ihn zu mir in die Stube herein.

„Um Himmels willen, was hast du gemacht", rief ich erschrocken aus, als ich den triefend nassen Knaben sah.

„Nein, geh sofort hinauf und zieh dich um, du kannst mir nachher erzählen was ihr angestellt habt."

Das musste ich Fetene nicht zweimal sagen. Er war heilfroh, aus seinen nassen Klamotten zu steigen. Seine Hosenbeine schienen bereits leicht gefroren zu sein. Ein sehr verlegener Fetene kam nach ziemlich langer Zeit zu mir herunter. Er blickte mich nur leicht grinsend an, sagte aber nichts, bis ich ihn dazu aufforderte. „So, nun beichte mir einmal, was ihr wieder angestellt habt. Sind die anderen beiden auch zu Hause?"

„Ja! . . . Hm, na ja . . . Wir fuhren der Töss entlang, dann wollten wir hinauf nach Dättlikon. Als wir beim kleinen Weiher vorbeikamen, entdeckten wir, dass er gefroren war. Wir fanden, das Eis sei sehr dick und wollten ausprobieren, ob es uns tragen würde. Ich getraute mich als Erster aufs Eis und zuerst ging auch alles gut, jedoch, als ich mich ungefähr in der Mitte befand, brach das Eis und ich sank ein. Zum guten Glück ist der Weiher nicht tief. Das Wasser reichte mir nur bis über die Hüfte. Nun kam mir Marcel zu Hilfe, aber auch ihn trug das Eis nicht und er sank ebenfalls ein. Daniel hat das beobachtet und natürlich konnte er uns nicht im Wasser stecken lassen. Er kroch zu uns heran und wollte uns beiden heraushelfen. Durch sein Gewicht krachte das Eis nun endgültig ein und wegen Daniel's Sturz ins Wasser, verloren wir anderen zwei das Gleichgewicht. Gemeinsam gelang es uns nachher, aus dem eiskalten Wasser zu klettern."

„Mein Gott, da habt ihr wieder einmal einen besonderen Schutzengel gehabt, ihr drei!" Ich wurde vor Schreck blass.

„Ich glaube, es hätte uns nicht viel passieren können, weil das Wasser nicht tief war, aber unangenehm war das Ganze doch und wir hatten auch Angst", bekannte Fetene. „Auf alle Fälle werden wir drei nie mehr ausprobieren, ob das Eis uns trägt", versicherte er. Ich musste gar nichts mehr dazu sagen. Er, und mit ihm seine zwei Freunde, hatten ihre Lektion erhalten!

Wir hatten eine Maus im Haus. Gesehen hatte sie noch niemand, aber wir hörten sie hinter der Holzwand überall im ganzen Haus knabbern. Besonders in der Nacht war das sehr lästig. Das beständige Knabbern des Tieres regte mich auf und ich vermochte nicht einzuschlafen. David versprach mir, eine Mausefalle zu kaufen und den Störenfried zu fangen. An den verschiedensten Orten stellten wir die Falle auf und wir versuchten, die Maus mit Speck, dann mit Käse, später sogar mit Nüssen anzulocken. Aber sie schien an gar nichts Interesse zu haben. Endlich, an einem Sonntagmorgen ziemlich früh, kamen die Kleinen-Drei zu uns ins Schlafzimmer. Fetene trug stolz die Falle mit der gefangenen Spitzmaus.

„Was machen wir jetzt mit der Maus?" fragte der Vater.

„Töten", antwortete der Junge gleich.

„Nein, das dürft ihr nicht", riefen die beiden Mädchen aus.

„Was dann?"

„Wir bringen sie hinunter ins grosse Feld und lassen sie dort frei“, war Genet’s Vorschlag und die beiden anderen stimmten auch zu. Lachend gab der Vater die Einwilligung dazu und ich war selbstverständlich einverstanden. Nach drei Tagen hörten wir wieder ein Knabbern im Haus. Hatten die Kinder die Maus im Haus wieder frei gelassen? Oder war sie zurückgekommen? Der Vater knöpfte sie sich vor.

„Was habt ihr mit der Maus gemacht?“

„Wir haben sie weit hinunter ins Feld getragen“, antworteten sie wie aus einem Munde.

„Hm... Habt ihr der Maus nicht zuerst die Augen verbunden?“

„Wie meinst du das, Vati?“

„Ja, wenn ihr das nicht getan habt, dann hat die Maus doch ganz genau geschaut, von wo sie kam. Nachdem ihr sie freigelassen habt, ist sie gleich wieder zurückgekommen.“

„Warum meinst du?“

„Das ist doch klar! Ich würde auch in ein Haus zurückkehren, in welchem so liebe Kinder wohnen, die einem nicht töten wollen“, erklärte ihnen der Vater lachend. Die drei Kinder merkten, dass sie der Vater hochgenommen hatte und stimmten in sein Lachen ein. Nach zwei Tagen hörte das Knabbern auf und die Maus war und blieb verschwunden.

## Was für eine Mutter?

Ich kam in die Abänderungsjahre und wie das bei vielen Frauen der Fall ist, hatte ich hie und da ein wenig gegen leichte Depressionen zu kämpfen. Ich nahm alles zu schwer und hing dummen Gedanken nach. Unser Widersacher, dem es natürlich nicht gefiel, dass David und ich immer an mehr christlichen Wochen und Wochenenden im Team mitarbeiteten und versuchten, eine immer innigere und tiefere Verbindung zu Gott und zueinander zu bekommen, wusste auch, wo er mich am besten in die Knie zwingen und mutlos machen konnte.

Oft kamen alle Kinder – nun auch meistens mit ihren

Freunden, Verlobten oder Ehepartnern – nach Hause. Dann wurde in Erinnerungen geschwelgt. ‚Weisst du noch?‘ Früher hatte mir das auch Spass gemacht und ich hatte mich sehr gerne an solchen Gesprächen beteiligt. Plötzlich war alles anders. Ich glaube nicht, dass sich die Kinder anderes erzählten als vorher, aber ich hörte nur noch das für mich Schlechte heraus und hielt es beinahe nicht mehr aus, dabeizusitzen und so zu tun, als ob ich darüber Freude und Spass empfände.

„Als mich Mutti einmal erwischte, als ich eine Hose im Dorf verkaufte und vom Erlös Bonbons erstand, klopfte sie mir den Hintern durch“, erzählte Dave lachend.

„Ich war immer froh, wenn nicht Mutti mich strafte, sondern Vati“, sagte Uschi.

„Warum?“

„Ja, Mutti schlug mit ganzer Kraft und Vati nur verhalten. Er hatte wohl Angst, wir würden sonst zerbrechen.“

„Weisst du noch, als Mutti mit uns schalt, weil wir die Henne mit den Entchen zum Bach hinunterschleppten?“

„Weisst du noch, als sie . . .? Weisst du noch, damals hat sie . . .?“ Natürlich erzählten sie sich das nicht so geballt, wie ich es nun beschreibe, sondern dazwischen berichteten sie über viel Lustiges und Schönes, aber eben, das hörte ich nicht. Ich hielt es nicht mehr aus, lief in unser Schlafzimmer hinauf, warf mich auf mein Bett und begann zu weinen. Ich war sicher, dass niemand mein Fehlen merken würde. Aber dem war nicht so. Es verging keine Viertelstunde, öffnete sich die Zimmertür. Uschi blickte herein und entdeckte natürlich sogleich, dass ich geweint hatte. „Was ist denn mit dir los, Mutti?“ fragte sie zutiefst erschrocken.

„Ach, nichts.“

„Was nichts? Wegen nichts liegst du nicht hier oben und weinst. Willst du es mir nicht sagen? Bist du krank?“

„Nein.“ Wieder begannen meine Tränen zu fliessen. Betroffen sah mich Uschi an. „Bitte, Mutti, sag mir doch, was mit dir los ist. Oder soll ich Vati rufen?“

„Nein!“ Das wollte ich auf keinen Fall. Ich wollte David nicht mit meinen wirren Gefühlen und Gedanken belästigen. Er hätte mich bestimmt nicht verstanden. Ich riss mich zusammen und nach einigem Nachdenken begann ich zu sprechen. „Immer wenn ihr Geschwister in letzter Zeit zusammen seid, sprecht ihr von früher.“

„Ist das denn nicht schön? Hast du etwas dagegen?“ unterbrach mich meine Tochter.

„Nein, das nicht. Aber . . . “ ich stockte wieder.

„Was aber?“

„Ja, ihr sprecht immer nur darüber, dass ich euch geschlagen, euch ausgescholten, euch gerügt habe. Etwas anderes hörte ich schon lange nicht mehr. War ich denn eine solch furchtbare Mutter?“

„Mutti, jetzt spinnst du aber!“ rief Uschi empört aus. „Du weisst ganz genau, dass das nicht stimmt. Wir hatten so viele schöne Erlebnisse mit dir und Vati, dass wir gar nie aufhören könnten, davon weiterzusagen. Ich erzähle immer allen Bekannten davon und schwärme, was für eine tolle Jugendzeit wir in Äthiopien und auf der Swiss-Farm erleben durften. Ich glaube nicht, dass andere Kinder so viel erlebten wie wir. Natürlich hast du oft gescholten und uns auch einmal den Hosenboden versohlt, aber wir waren auch eine rechte Rasselbande und haben viele Streiche gemacht! Hast du denn nicht gesehen, dass wir bei diesen Erinnerung lachten? Wir haben dich doch so lieb wie du bist.“

„Ja, das sagst du jetzt, um mich zu trösten“, wehrte ich ab.

„Sollen wir zu den anderen hinunter und sie fragen?“ Nein, das wollte ich bestimmt nicht! Da gab ich mich lieber mit der Antwort von Uschi zufrieden. Sie erklärte das Ganze mit solchem Nachdruck, dass ich ihr glauben musste. Also war ich doch nicht solch eine schlechte Mutter?

„Komm, Mutti, wasch dir die verweinten Augen, dann lass uns wieder hinunter zu den anderen gehen. Sie wundern sich sicher schon alle, wo wir so lange bleiben.“ Uschi neigte sich zu mir herunter und küsste mich. „Bitte, Mutti, weise in Zukunft solch dumme Gedanken sogleich von dir“, bat sie mich innig. Ich versprach es ihr. Niemand, ausser David, der bemerkte, dass ich geweint hatte, fand etwas daran, dass Uschi und ich so lange weggeblieben waren. Ich atmete auf, als David vergass, mich danach zu fragen, als alle das Haus verlassen hatten. Am nächsten Sonntag sagte unser Pfarrer ganz am Schluss seiner Predigt, dessen sonstigen Inhalt ich schon lange vergessen habe. „Wenn jetzt unter euch eine Mutter oder ein Vater ist, der sich immer wieder darüber Gedanken macht, dass er dieses oder jenes hätte anders machen, anders reagieren sollen, dann bitte legt diese Gedanken ab. Denkt doch einmal daran, dass euch Gott dazu auserlesen hatte, Eltern gerade dieser Kinder zu sein. Im übrigen war Jesus Christus auch bei der Erziehung mit dabei."

Mir war, als ob Gott gerade persönlich zu mir gesprochen hätte. Ich vermochte meine Gewissensbisse abzulegen und wieder fröhlich zu werden und mich von da an wieder an den ‚Weisst du nochs' zu freuen. An diesem Sonntagabend sprach ich auch mit David über das, was mir so schwer zu schaffen gemacht hatte. Er verstand, was mich umgetrieben hatte. Ich sagte zum Schluss: „Weisst du, David, ich wünschte mir, meine Kinder wären jetzt klein. Ich würde bestimmt nicht mehr die gleichen Fehler machen."

„Das glaube ich dir. Aber ich bin sicher, wir würden wieder Fehler machen. Vielleicht noch schwerwiegendere als früher!"

## Eine Riesenüberraschung

Dadurch, dass wir praktisch alle unsere Ferien in Ferienwochen von Mut zur Gemeinde verbrachten, lernten wir sehr viele Menschen kennen. Wir arbeiteten meistens im Team mit und immer mehr Teilnehmer baten David und mich um persönliche, seelsorgerliche Gespräche. Wenn ich heute zurückblicke, staune ich darüber, dass Gott uns bereits damals für solche Gespräche brauchen konnte und wir sogar manchem etwas Entscheidendes auf seinen weiteren Lebensweg mitgeben durften. Aber wir beide spürten doch, dass wir uns auf diesem Gebiet weiterbilden sollten. Als daher das erste Seelsorge-

Seminar von Mut zur Gemeinde, vier Tage lang vom Gründonnerstag bis Ostermontag in Iseltwald, angeboten wurde, meldeten David und ich uns sogleich an. Willy und Magdalena waren auch mit von der Partie.

Der Kurs war sehr interessant, das Essen höchst komisch für unsere Schweizergaumen. Das Ehepaar, welches für unsere Gruppe, bestehend aus 50 Erwachsenen und 10 Kindern, hätte sorgen sollen, sagte kurz vorher ab. Dafür sprang kurzentschlossen die junge Tochter der Besitzer des Chalets ein. Sie war bei ihren Eltern in Amerika aufgewachsen, jetzt nur für einen Monat in der Schweiz bei der Grossmutter zu Besuch und war natürlich an eine völlig andere Esskultur gewohnt. Wir Teilnehmer blickten uns am ersten Abend ein wenig erstaunt an, als zu einem gar nicht schlechten „Birchermüesli“ noch heisse Wienerli serviert wurden. Auf alle Fälle war das Café im Dorf jeden Nachmittag voll besetzt mit Leuten von unserer Gruppe. Ich glaube, ich habe bestimmt noch niemals in meinem Leben so viel Kaffee getrunken und Kuchen gegessen wie während dieser wenigen Tage.

Müde, jedoch innerlich sehr aufgewühlt von allem, was wir gehört und erlebt hatten, fuhren wir mit unseren Freunden zusammen nach Hause. Ich freute mich auf die Ruhe dort nach dem Rummel und wollte wieder einmal ganz früh ins Bett. Als wir jedoch daheim anlangten, war zu unserer grossen Überraschung das ganze Haus voll von unseren Kindern. Ich spürte sogleich, dass etwas Besonderes los war, denn alle blickten uns gespannt an.

Ich habe es schon einmal erwähnt, dass David gerne und viel umbaute. Er wollte wirklich immer nur das Beste und Schönste für mich. Mit Enthusiasmus begann er die Umbauerei, aber oftmals fehlte ihm dann die Zeit oder die Geduld um alles noch ganz fertig zu machen. So gab es auch in der Küche unten noch einiges zu tun und im Badezimmer im ersten Stock war, ausser dass die Badewanne versetzt wurde, noch gar rein nichts weiter gemacht worden in den nun drei Jahren, seit wir im Haus wohnten. Es war auch gar nicht dringend, denn wir hatten ja auf jeder Etage eine Toilette und eine Waschgelegenheit. Mich störte es schon lange nicht mehr gross, schliesslich vermochte David nicht mehr als zu arbeiten. Aber schön wäre ein fertiges Badezimmer halt doch gewesen!

Als ich, nach der Begrüssung, hinter Peter in die Küche trat, blieb ich wie angewurzelt stehen. Was war nur da drinnen geschehen? Ein nagelneuer Küchenboden glänzte in voller Pracht, die Decklatten waren angenagelt worden, die Decke und Wände fertig gestrichen und sogar eine helle Neonlampe leuchtete von der weissen Decke herab.

„Wir haben alle mitgeholfen!" rief Peter lachend aus, als er mein Fragezeichengesicht sah. „Es war gar nicht so schlimm, denn die Platten für den Fussboden lagen ja schon längst im Keller bereit."

David und ich staunten. War das möglich? Jetzt hatten die Kinder sich alle so viel Mühe gegeben während unserer Abwesenheit.

„Danke, danke", stammelte ich gerührt. David drückte nur jedem stumm die Hand.

„Mutti, kommst du einmal hinauf in Genet's Zimmer?" bat mich Uschi, „ich will dir noch ein paar Sachen erklären wegen Dominik." Uschi und Richi würden für einige Tage nach England reisen und uns für diese Zeit ihr einjähriges Bübchen anvertrauen.

Ich nickte und folgte Uschi die Treppe hinauf. Zu meinem Erstaunen kam unsere ganze Kinderschar, wie ein Rattenschwanz, gleich hinterher. Was sollte das nun wieder bedeuten?

Um zu Genet's Zimmer zu gelangen, musste ich beim Badezimmer vorbeigehen. Die Tür stand weit offen und ich konnte einfach nicht übersehen, was während unserer Abwesenheit da drinnen passiert war. Ich blieb wie versteinert stehen und blickte, jetzt ganz und gar nichts mehr verstehend, hinein. Nein, nun träumte ich wohl ganz bestimmt! Im Badezimmer war der Fussboden verlegt, die Wände geplättelt, das Bidet und das Waschbecken versetzt, das grosse Fenster, wie David es geplant hatte, halb zugemauert. Alles war wunderschön, fix und fertig! Nein, so etwas gab es doch einfach nicht! Das war rein unmöglich! Meine Augen füllten sich mit Tränen und bald liefen sie wie zwei kleine Bächlein die Wangen hinunter. Das war wirklich zuviel des Glückes! Inzwischen hatten die Kinder auch den Vater heraufgelockt und er war ebenso sprachlos wie ich. Er blickte mich an und ich bemerkte, dass es selbst in seinen Augen seltsam schimmerte.

Beim Nachtessen ging ein Erzählen los über das, was sie alles erlebt und gemacht hatten. „Auch Grossi, Klär und Willy haben tüchtig mitgeholfen und sie haben ebenfalls etwas an die Unkosten bezahlt, damit wir alles so herrichten konnten, wie wir dachten, dass es euch gefallen würde", sprudelte es nur so aus Peter. Er schien der Drahtzieher vom Ganzen gewesen zu sein.

„Hast du denn nicht gemerkt, Vati, dass ich dich in den letzten Wochen immer wieder ausforschte, wie du das oder jenes gerne haben wolltest oder wo man die Sachen günstig einkaufen kann?"

„Wenn du mich jetzt fragst, im nachhinein war deine Fragerei schon ein wenig komisch. Aber ich wäre nie auf diesen Gedanken gekommen", entgegnete David.

„Wir brauchten deinen grossen Wagen auch nicht, um zusammen in die Osterferien zu fahren, wie wir euch weismachten, sondern um das viele Material zu transportieren", erklärte Uschi lachend.

„Ihr habt also alle zusammen ein richtiges Komplott geschmiedet gegen oder besser gesagt für uns?"

„Ja und es hat uns grossen Spass gemacht!" riefen sie einstimmig aus.

„Wir haben jeden Tag geschuftet, auch gestern am Ostersonntag. Als Grossi sagte, dass man eigentlich an Ostern zur Kirche gehen sollte und nicht arbeiten, antwortete ich ihr: ‚Schau Grossi, Mutti und Vati beten jetzt bestimmt für uns und wir arbeiten für sie, das ist doch gerade der richtige Ausgleich. Meinst du nicht auch?' Da stimmte sie mir lachend zu." Peter grinste spitzbübisch über das ganze Gesicht vor Freude.

„Ich glaube auch, dass euch unser Herr für das alles, was ihr in diesen Tagen für uns getan habt, besonders segnen wird und ich möchte euch noch einmal von ganzem Herzen für alles danken", erwiderte ich gerührt.

Bald verabschiedeten sich unsere Kinder. Müde aber überglücklich begaben sie sich auf den Heimweg. David und ich standen auf der Treppe draussen vor der Haustür und blickten den Davonfahrenden nach, bis die roten Schlusslichter um die Kurve verschwanden.

„Danke, Herr Jesus, für alles. Segne und behüte sie", sagte ich laut in die Nacht hinaus.

## Hinter dem Eisernen Vorhang

Mut zur Gemeinde erhielt eine Anfrage von der Methodistengemeinde Bockau, ob sie nicht eine Gruppe von zehn Leuten zu ihnen senden könnten, um ein Wochenende durchzuführen. Natürlich dürfte das alles nicht hoch offiziell sein, sondern die Einladungen müssten von Familien zu Familien geschehen. Fünf deutsche Christen und ausser David und mir noch ein uns bekanntes Ehepaar und Schwester Evi, eine Diakonisse aus Riehen, fanden sich sogleich bereit, mitzumachen.

Gespannt warteten wir auf die Einladung von Bockau. Bald schon kam ein überaus netter Brief an uns von Fritz und Hannchen Lässig. Bis wir das Visum erhielten, um nach Ostdeutschland einzureisen, vergingen einige Wochen. Endlich war es soweit! Wir waren alle reisefertig. Am Donnerstag sollte es losgehen. Schwester Evi würde mit David und mir zusammen reisen. Am Dienstagmorgen erhielten wir vom Mut zur Gemeinde-Büro den völlig überraschenden Bericht, dass das Wochenende abgeblasen worden sei. Die Gründe konnten sie uns noch nicht sagen. Unsere Enttäuschung war riesengross und wir konnten alles erst gar nicht verstehen. Später wurde uns erklärt, dass es dort auf dem politischen Büro aufgefallen sei, dass komischerweise zehn Leute über das gleiche Wochenende methodistische Familien besuchen wollten. Den Westdeutschen hätten sie gerade noch zu allerletzt das Visum verweigert und der Pastor hatte eine ernste, nachdrückliche Warnung zugespielt erhalten, er solle das, was er geplant habe, aus Sicherheitsgründen lieber unterlassen.

Nicht nur wir waren über diesen Entscheid traurig, sondern auch alle unsere Gastgeberfamilien. Sie hatten sich ebenso wie wir auf das Treffen gefreut, denn wir hatten in den vergangenen Monaten regen Briefwechsel geführt und uns auf diese Weise schon recht gut kennengelernt. Sie telegraphierten, wir sollten doch trotzdem kommen und einfach einen privaten Besuch bei ihnen machen. Aber Hans Bürgi, der Leiter von Mut zur Gemeinde, riet uns dringend ab. Um unsere Freunde nicht gar so sehr zu enttäuschen, versprachen wir ihnen, unseren Besuch später nachzuholen.

Fritz und Hannchen baten uns in jedem ihrer Briefe, doch bald zu kommen und das Visum nicht verfallen zu lassen. Wir fünf Schweizer entschlossen uns, auf diese dringenden Bitten hin, gemeinsam über die Osterfeiertage nach Bockau zu fahren. Wir würden noch unsere drei Jüngsten, Genet, Falagu und Fetene auf die Reise mitnehmen. Natürlich galt die Einladung an Schwester Evi, dass sie mitfahren dürfe, immer noch.

Die Fahrt nach Nürnberg, wo wir übernachteten, war lange aber interessant. Am nächsten Morgen früh ging es frisch und munter weiter. David, Schwester Evi und die Kinder schienen richtig den Plausch zu haben. Mir aber wurde immer komischer zumute, je näher wir dem Grenzübergang Hof kamen. Wie würde es wohl dort drüben sein? Gab es Schwierigkeiten? Ich hatte schon so viele absonderliche Geschichten von Grenzübergängen nach dem Osten gehört, dass ich weiss was erwartete. Wieder einmal hatte ich mich, wie schon oft, völlig umsonst geängstigt. Es ging alles ohne irgendwelche Probleme über die Bühne. Nur das fünf Kilogramm schwere Paket Waschpulver wurde durchleuchtet. Es könnte doch eine Bombe oder eine Waffe darin versteckt sein! Der Frau im Wagen vor uns ging es nicht so gut wie uns. Sie musste alles, bis auf das Hinterste und Letzte auspacken und wurde gründlichst untersucht. Allein schon das Zusehen kostete uns Nerven.

„Ach du meine Güte, bin ich froh, dass wir da durch sind“, meinte ich aufatmend.

„Meinst nur du", fragte David neckend.

„Ich habe die ganze Zeit gebetet, als die Frau vor uns so lange gefilzt wurde", sagte Evi schlicht.

„Ich auch, aber bei mir waren es mehr Stossseufzer," gab ich ehrlich zu.

„Schaut euch gut um, Kinder, nun sind wir in einer total anderen Welt", riet der Vater.

„Aber wir sind doch immer noch in Deutschland und draussen sieht es genau gleich aus wie vorher." Falagu konnte nicht verstehen was er meinte. Es war auch wirklich viel zu schwierig. Ja, es stimmte, wir befanden uns noch in Deutschland und waren doch so meilenweit davon entfernt! Wie soll man das einem dreizehnjährigen Kind klarmachen, wenn man das Ganze selber nicht richtig begreifen kann?

„Aber ich spüre einen Unterschied. Merkt ihr wie furchtbar schlecht die Strasse ist und wie viele Löcher es hat seit der Grenze. Es ist fast wie in Äthiopien." Bei diesen Worten fuhr er ganz auf die linke Seite hinüber, um einem grossen Loch auszuweichen.

„Wenn das der einzige Unterschied ist zum Westen, dann ist es ja nicht so schlimm", lachte Evi.

Dank dem guten Beschrieb des Weges, welchen uns Fritz gesandt hatte, fanden wir das Dorf Bockau im Erzgebirge bald einmal. Hinauf in den Spanedel 14 B führte eine enge, steile Naturstrasse. Wir staunten nicht schlecht über das schöne Haus, in dem wir zu Gast sein durften. Ich läutete mit etwas bang klopfendem Herzen an der Haustür der uns, trotz Briefwechsel doch noch fremden Menschen. Ein älterer Mann öffnete, blickte mich fragend an, dann entdeckte er die drei braunen Kinder hinter mir, lächelte und sagte zu unserer völligen Verblüffung: „Grüss Gott! Ich weiss, warum Ihr nicht in Äthiopien bleiben wolltet, Ihr wolltet keine Kommunisten werden!"

Was für eine Begrüssung! Wir schauten den betagten Mann verdutzt an, dann stimmten wir in sein ansteckendes Lachen mit ein. Das Eis war gebrochen, wir folgten dem Vater von Fritz fröhlich ins Haus. Ein Blick hinein in Hannchen's strahlende Augen genügte, ich wusste, wir würden uns verstehen. Für uns gab es keinen Eisernen Vorhang, wir waren einfach sofort Schwestern und hatten uns von ganzem Herzen lieb. Fritz und David ging es nicht viel anders und auch unsere Jungmannschaft freundete sich bald einmal mit dem Sohn Hendrik und den Nachbarskindern an. Schwester Evi fand ein gemütliches Heim bei Regina, der Schwester von Fritz, im gediegenen Hause seiner alten Eltern.

Wir durften wunderschöne Feiertage dort in Bockau erleben, die nur durch den Tod der lieben Tante Elsa etwas getrübt wurden. In der Methodistenkirche in Bockau und Albernau gaben wir fünf Schweizer Zeugnisse über unsere Erfahrungen und Erlebnisse mit Gott. Wir hielten ganz im geheimen ein kleines Mut zur Gemeinde Wochenende ab und konnten den uns in kürzester Zeit nahe gekommenen Freunden einiges von der Liebe Gottes weitergeben.

Wir fühlten uns von allen so freundlich aufgenommen, dass wir wirklich mit keinem Gedanken mehr daran dachten, dass wir uns hinter dem Eisernen Vorhang befanden. Das wurde uns erst wieder mit einem Schlag bewusst, als ein etwa siebenjähriges Mädchen, nach dem Gottesdienst seine Mutter fragte:

„Wo kommen diese Leute her?“

„Aus der Schweiz.“

„Wo ist das? Fahren wir da auch einmal hin?“

Darauf erwiderte die Mutter ganz traurig: „Jetzt können wir das nicht.“ Dann fuhr sie tröstend fort: „Aber vielleicht, wenn du einmal gross bist!“

Wer hätte damals erwartet, dass neun Jahre später diese Grenzen nicht mehr existieren würden? Wohl keines von uns, das an diesem Gottesdienst teilnahm, hätte sich das träumen lassen! Aber unser Gott ist wunderbar und für Ihn ist nichts unmöglich. Gelobt sei sein Name! Dass es keinen Eisernen Vorhang mehr gibt, ist unbeschreiblich herrlich.

Der Abschied von den liebgewonnenen Freunden fiel uns sehr schwer. Unsere beiden Mädchen weinten bitterlich. Ihre Koffer, bei der Herreise bumsvoll, waren komplett leer. Sie nahmen nur noch die Kleider, die sie auf dem Leibe trugen, mit nach Hause. Am liebsten hätten sie dieselben auch noch verschenkt. Falagu bekannte mir am nächsten Tag: „Weisst du, Mutti, ich habe ehrlich gesagt geglaubt, du spinnst, als du immer betontest, wir sollten nur Kleider mit auf die Reise nehmen, die wir frohen Herzens verschenken könnten. Ich dachte, was hat sie denn nur? Wir fahren doch nach Deutschland und dort haben sie auch alles, genau wie wir. Aber nun weiss ich es besser. Es tut mir leid."

„Nächstes Jahr kommen wir wieder", waren unsere letzten Worte zu Fritz und Hannchen, dann stiegen wir ins Auto, winkten noch einmal aus dem Fenster und fort ging die Fahrt, Richtung Hof, zurück in den Westen.

Damals fuhren wir mit Autos, die bis in die letzte Ecke vollbeladen waren mit Kleidern, Schuhen und Lebensmitteln, in die DDR. Heute kommen Fritz und Hannchen, mit ihrem ebenso mit Schuhen und Kleidern vollgeladenen Auto nach Pfungen gefahren. Sie bringen die Sachen her, damit sie in Schiffskontainer verladen, nach Äthiopien geschickt werden können. Viel mehr als das, was wir einst zu ihnen hinaus brachten, kommt wieder zu uns zurück.

Wir können nur wieder staunen, wie Gott alles in seinen Händen hält und für alles sorgt zu seiner Zeit! Ja, Fäden so fein gesponnen.

## Flucht in die Wüste

Freunde in Lahr, denen ich von meinem Buch erzählte, welches im Entstehen war, erklärten mir spontan: „Wenn es dann einmal soweit ist, habe ich dir eine Adresse von einem christlichen Buchverlag, der einem Freund von uns gehört. Ich bin sicher, er wird dein Buch in seinen Verlag aufnehmen."

Welch eine Fügung, dass wir gerade bei diesen Leuten einquartiert wurden! Wir befanden uns wieder einmal an einem Mut zur Gemeinde-Wochenende in Deutschland. Unser Leben war so viel reicher und ausgefüllter geworden seit wir uns in den freiwilligen Dienst unseres Herrn gestellt hatten. Wir hatten mehr und mehr erkennen gelernt, dass Gott unser Leben führt und wir beide waren gewiss, dass er noch einen grossen Plan für uns hatte. Wir besassen zwar keine Ahnung, was für einen und das war auch gut so. Aber wir fühlten uns sicher in seiner Hand und waren auch gewillt, ihm zu folgen, wohin er uns auch führen würde. Dann, das wussten wir inzwischen mit Bestimmtheit, würde er auch für uns sorgen. Er versprach uns nicht unbedingt ein einfaches, aber bestimmt ein interessantes und abenteuerliches Leben. Wir wollten uns von Ihm überraschen lassen.

Trotz aller Zuversicht, dass es der Wille Gottes war, dass mein Buch geschrieben wurde, fühlte ich immer wieder eine grosse Unsicherheit aufkommen. Schrieb ich es wirklich so wie er es wünschte? Manchmal wurde ich ganz ruhig und konnte alles in Gottes Hände legen, dann beschäftigte es mich wieder aufs neue.

Endlich war es so weit, ich hatte den letzten Satz geschrieben und den Schlusspunkt darunter gesetzt. Aber als ich mein Manuskript lieben Freunden zu lesen gab, verunsicherten mich ihre verschiedenen Reaktionen wieder mehr und mehr. Sonja war begeistert, aber Ernst sagte, es sei viel zu fromm. Maria Frick, die sich bereit erklärt hatte, mein Manuskript zu überarbeiten und zu korrigieren, sprach mir wieder Mut zu, es sei genau richtig geschrieben so, meinte sie. Trotz dem Hin- und Hergerissensein wartete ich nun nicht mehr länger, sondern packte das Manuskript ein, brachte es auf die Post und sandte es nach Lahr. Nachher überfiel mich eine komische Leere. Beinahe das gleiche Gefühl, als wenn ein Kind von zu Hause auszieht. Ich musste etwas, an dem ich unzählbare Stunden gearbeitet hatte, loslassen. Von Friedrich und Priska kam innert kürzester Zeit ein Antwortschreiben. Sie hätten mit viel Freude alles gelesen und das Manuskript sogleich nach Stuttgart geschickt. Sie seien überzeugt, dass es ihrem Freunde ebenfalls gefallen würde.

Vom Verlag erhielt ich gleichfalls bald eine Nachricht. Die tönte nicht so gut wie ich es gewünscht hätte. Ihnen würden täglich so viele Manuskripte zugeschickt, dass es mindestens drei Monate dauern würde, bis sie mir eine Antwort geben könnten. Ich hätte allzu gerne gleich gewusst woran ich war. Aber diese Wartezeit tat mir unendlich gut. Ich konnte mich irgendwie von allem lösen und es kehrte Ruhe ein in meinem Herzen. Ich wusste plötzlich wieder ohne jeglichen Zweifel, dass Gott dieses Buch wollte und zwar haargenau so wollte, wie es geschrieben wurde. Es spielte gar keine Rolle, ob dieser Verlag es nahm oder nicht. Ich sagte einmal zu einer Bekannten: „Weisst du, jetzt bin ich soweit, dass es mir nicht die Bohne ausmacht, wenn mein Manuskript zurückkommt." Nachher dachte ich: wird es mir wirklich nichts ausmachen? Werde ich dann auch so fühlen oder war das nur einfach leeres Gerede von mir?

In einer Ferienwoche erzählte ich dem uns befreundeten Pfarrer von meinem Buch. Spontan fragte er mich: „Darf ich dein Manuskript lesen? Es interessiert mich ungemein."

„Ich werde es dir sofort schicken am Montag", versprach ich ihm ohne zögern.

Zwei Tage bevor ich mein Manuskript von Stuttgart zurück gesandt bekam, erhielt ich einen wunderschönen Brief von unserem Freund. Er schrieb: dein Erfahrungsbericht hat mir den Mut gegeben, wenn auch nicht ein ungebrochenes, so doch ein Ja zu finden, zur vollzeitlichen Arbeit in der Mut-zur-Gemeinde-Bewegung.

Als ich dies las, dankte ich unserem Gott aus ganzem Herzen dafür. Mein Manuskript hatte bereits seinen Zweck erfüllt. Er war ein solch von Gott begnadeter Redner. Wenn er frei war zum Evangelisieren, dann würde er viel mehr Menschen erreichen und ihnen von der Liebe Gottes erzählen können, als ich es je durch mein Buch fertig bringen würde. Welch ein riesengrosses Geschenk bedeutete mir dieser Brief.

Der christliche Buchverlag schrieb: ihr Buch ist gut geschrieben und auch sehr interessant, aber leider würde es trotzdem nicht ein Buch, nach dem viele Leser greifen würden. Na ja, Geschäft ist Geschäft! Heute weiss ich, dass sich auch ein Verlag irren kann. Mein Buch ‚Flucht in die Wüste' ist jetzt seit zehn Jahren auf dem Markt, ich habe bereits die 5. Auflage drucken lassen und es ist immer noch viel gefragt. Aber damals fehlte mir einfach der Mut, mein ‚Geschreibsel' gleich wieder einem anderen Verleger einzusenden. Ich bewegte diese Angelegenheit viel im Gebet vor meinem Herrn. Je länger ich darüber betete, umso klarer schien eine Stimme in meinem Herzen zu sagen: „Lass das Buch im Selbstverlag drucken."

„Aber Herr, woher soll ich das Geld dazu nehmen?" fragte ich.

„Du wirst es zur bestimmten Zeit haben." Ich wusste nicht, hörte ich diese Stimme oder meinte ich es nur.

Auf alle Fälle fing ich an, mich danach zu erkundigen, was ein Buch herzustellen kosten würde. Wenn ich 3000 Bücher drucken liess, dann würde eines ungefähr auf vier Franken zu stehen kommen, erklärte mir ein Bekannter. Also 12'000 Franken. Das war sehr viel Geld für mich. Aber auch der Verkauf des Buches an den Buchhandel würde dadurch viel schwieriger, ja praktisch unmöglich sein. Immer wieder fragte ich den Herrn: „Willst du das wirklich von mir?" Ich hörte einfach nicht gut auf diesem Ohr.

Dann legte ich, wie einst Gideon, Gott ein Vlies hin. Ich sagte am Morgen des 31.12.82 zu Gott, während unserer Familien-Weihnachtsferienwoche in Gonten: „Herr, wenn das Erbe von der Tante Christine 12'000 Franken ausmacht, dann sehe ich es als Zeichen an von Dir." Nachher erschrak ich selber über mich. Wie konnte ich nur so unverschämt sein in meiner Forderung. Ich hatte keine blasse Ahnung, wieviel Geld meine Tante besessen hatte und erwartete überhaupt niemals eine solche Summe.

Mulat musste zwischen Weihnachten und Neujahr arbeiten. Am Silvesterabend kam er wieder zu uns zurück, um zu feiern. Er brachte die Post mit. Darunter befand sich ein Brief vom Notariat Rheinfelden, worin stand, dass das Testament der Tante nun rechtsgültig sei und mein Erbteil Fr. 12'094 ausmachen würde. Jetzt blieb mir doch beinahe der Atem stehen. Gott hatte mein Vlies angenommen und mir schon am selben Tag die Antwort gegeben! Auch David und die ganze Familie staunten. Nun gab es für mich keinen Zweifel mehr, ich verstand was er wollte. Glaubte ich!!!!

Ich traf an einem Mut-zur-Gemeinde-Wochenende eine belesene Kollegin und erzählte ihr von meinem Manuskript. Sie antwortete in ihrer gewohnten Spontaneität sogleich: „Du, ein Buch im Selbstverlag herauszugeben ist viel zu schwierig. Weisst du was, ich kenne einen tollen Verleger. Schicke mir dein Manuskript, ich werde es ihm geben."

Ich überlegte nicht lange, willigte sogleich freudig ein und brachte das Paket gleich anderntags, noch vor meiner Stillen-Zeit, auf die Post. Erst während ich versuchte, mich zum Gebet zu sammeln, wurde mir plötzlich voll bewusst, was ich getan hatte. Die Erinnerung an mein Vlies stand mir vor Augen. Ich sah mich den Brief des Notars in Händen haltend, weinend in jenem Zimmer stehen. Mein Gott, was hatte ich jetzt getan? Wo war mein Glaube hingekommen? Warum hatte ich nun doch wieder einen anderen Weg eingeschlagen?

Dann fing ich an nach Ausreden zu suchen. Hatte mir nicht Gott die Kollegin an dem Wochenende über den Weg geschickt? Hatten mir nicht immer wieder Freunde erklärt und Leute, die es wissen mussten, dass das Selbstdrucken viel zu problematisch sei? Und überhaupt, inzwischen hatte ich mich in Buchdruckereien in der Schweiz erkundigt, 3000 Bücher zu drucken würde 16'000 Franken kosten. Und soviel Geld besass ich schliesslich nicht!

Zwei Tage später erhielt ich einen Brief vom Notariat Rheinfelden. Sie schrieben, dass ihnen ein Fehler unterlaufen sei, das Erbe von meiner Tante betrage nicht Fr. 12'094 sondern Fr. 16'001.40. Jetzt schämte ich mich furchtbar vor meinem Herrn.

Natürlich verstrichen wiederum einige Monate bis ich, durch meine Kollegin, eine Antwort vom Verleger bekam. Er war voll begeistert und seine Frau ebenfalls. Sie würden das Buch gerne in ihrem Verlag aufnehmen, wenn ich alles, was nicht unfehlbar mit unserer Familie und dem Glauben zu tun hatte, herausstreichen und dafür unsere ganze Familiengeschichte in nur einem Buch beschreiben würde. Für mich war es sogleich klar, dass ich dies unter gar keinen Umständen tun würde, denn Gott hatte mir genau gezeigt, wie und was ich schreiben sollte. Ich sah das Ganze nun auch als nochmalige Chance an, endlich den Willen

Gottes zu erfüllen und ihm das Erbe von Tante Christine voll und ganz zur Verfügung zu stellen. Dass er mir dann später Herrn Jucker schickte, der mir für mein Buch ‚Flucht in die Wüste' und alle nachfolgenden Bände, den Namen seines Verlages und für die Bücher die benötigte ISB-Nummer, durch einen etwas ungewöhnlichen Vertrag, zur Verfügung stellte, ist ein besonderes Liebesgeschenk von Ihm, meinem Herrn Jesus Christus.

Herr Jucker hätte mein Manuskript, so wie ich es geschrieben hatte, übernommen, aber ich weigerte mich. Dieses Mal wollte ich den Willen Gottes tun und der hiess für mich: lass dein Buch drucken und bezahle es selber! Ich meinte, er wolle mich prüfen, ob ich so viel Geld für ihn in die Waagschale werfen würde ohne die geringste Ahnung zu besitzen, ob ich es je wieder zurückerstattet bekäme. Vielleicht war es auch so eine Art Prüfung, aber heute weiss ich, dass er mir danebst ein grosses, völlig unverdientes Geschenk machen wollte, denn nun bin ich frei, mit meinem Buch zu tun was immer ich will. Ich kann es verkaufen, wem ich will, verschenken oder in andere Sprachen übersetzen lassen, (momentan wird es ins Englische übersetzt) ohne dass ich erst einen Verleger um Erlaubnis bitten muss.

Oftmals habe ich mich gefragt, wer wohl meine Bücher lesen würde? Ich dachte: vielleicht die Frauen in meinem Alter. Ich und auch David waren dann sehr überrascht, dass Menschen aller Altersstufen meine Bücher geradezu verschlingen. Mütter lesen es ihren Kindern vor, Frauen und Männer lesen sie mit Begeisterung. Zu meinem Erstaunen auch studierte Frauen und Männer. Oft habe ich schon über Briefe gelacht, manchmal auch Tränen der Rührung vergossen. Da schrieb eine Frau: mein Mann und ich stritten, wer das Buch zuerst lesen dürfe. Eine andere: wegen Ihnen habe ich heute den ganzen Haushalt vernachlässigt. Ich las und las und las! Ein junger Mann machte mir ein Riesenkompliment: die Geschichte ist interessanter als ein Kriminalroman. Mehrere Mütter kleiner Kinder: ich habe wieder Mut bekommen. Ich bin nicht die Einzige, die in der Kindererziehung Schwierigkeiten hat. Eine ältere Dame: Sie haben mir mit Ihrer Ehrlichkeit geholfen. Ein Arzt: ich finde es ein ganz tolles Buch und Ihre Offenheit ist frappierend. Ein anderer Mann bekannte: durch Ihr Buch erhielt ich noch den letzten Anstoss, mein Leben Jesus Christus ganz in die Hände zu geben. Das machte David und mich am allerglücklichsten. Ja, unser Gott ist gut! Er liess uns teilhaben an dem, was mit und durch unser Buch geschah. Denn es sind schlussendlich nicht meine, sondern unsere Bücher.

Durch den Erfolg der Bücher wurde ich oft angefragt, bei den verschiedensten Anlässen Vorträge zu halten und aus unserem Leben zu erzählen. Dadurch habe ich wiederum viele Möglichkeiten, Menschen kennenzulernen und für unsere jetzige Arbeit in Äthiopien zu interessieren. Ja, Fäden so fein gesponnen . . . !

Unser Herr ist gut und er weiss, was das Beste für uns ist. Nur hatte ich leider lange taube Ohren!

## Wie soll ich beten?

Als ich einmal einen englischen Pfarrer sagen hörte, er hätte, von dem Moment an, als ihm seine Frau berichtete, dass sie schwanger sei, angefangen dafür zu beten, dass das Kindlein, welches da nun im Entstehen war, einmal den für ihn von Gott bestimmten Partner finden würde, da lächelte ich über diese Idee. Als ich endlich erkannte, wie wichtig das für eine glückliche Zukunft unserer Kinder ist, fing ich ebenfalls an dafür zu beten.

Als Peter seine Freundin Susi, an einem Wintersonntagabend, das erste Mal nach Hause brachte, gefiel sie David und mir auf Anhieb. Es war ein blondlockiges junges Mädchen. Zu dieser Zeit hatte ich immer noch gegen gewisse Hemmungen, betreffs des Betens und Bibellesens anzukämpfen, wenn fremde Menschen bei uns im Hause weilten. Aber auch ein gemütliches Zusammensein mit viel Lachen und Erzählen konnte einmal der Grund sein, dass ich nicht daran dachte, wie gewohnt nach dem Abendessen, die Bibel hervorzunehmen. Erst als die Jüngsten sich bereits in ihre Zimmer verzogen hatten, kam es mir wieder in den Sinn. Ein wenig ärgerlich über mich selber sagte ich, mich zu Peter und David wendend: „Ach, jetzt haben wir ganz vergessen, unserem Herrn zu danken für den schönen Tag im Schnee, den wir heute erleben durften und für alle Bewahrung. Aber es könnte doch auch einmal einer von euch etwas davon sagen, wenn ich nicht daran denke.“ Beide blickten mich leicht schuldbewusst an. Ich hatte jedoch das bestimmte Gefühl, dass unser Sohn erleichtert war, dass niemand vorher ein Wort darüber verlauten liess. Ich konnte ihn erst noch verstehen deswegen.

Am nächsten Sonntagabend kam Susi gleich hinter mir her, als ich vom Esstisch aufstand und hinausging. Etwas schüchtern sagte sie zu mir: „Frau Röschli, entschuldigen Sie, aber bitte vergessen Sie nachher das Bibellesen nicht.“

Erstaunt blickte ich auf das junge Mädchen: „Wie kommen Sie darauf?“

Eine leichte Röte der Verlegenheit stieg in ihr Gesicht, dann antwortete Susi leise: „Letzten Sonntag haben Sie zu Ihrem Mann und Peter gesagt, sie sollten doch auch einmal daran denken, wenn Sie nicht daran denken würden. Ich möchte nicht, dass Sie es heute wieder vergessen.“

Ich drückte dem liebenswerten Mädchen fest die Hand und bedankte mich. Ich konnte nicht mit Worten ausdrücken, was mich innerlich bewegte. In meinem Herzen stieg eine unbeschreibliche Dankbarkeit auf für meinen Herrn. Ich erkannte mit tiefer Gewissheit, dass Peter die richtige Freundin gefunden hatte. Wenn sie ganz abgeneigt gewesen wäre, etwas von Gott zu hören und es lächerlich gefunden hätte, dass wir beteten, dann hätte sie mich bestimmt nicht auf das Bibellesen aufmerksam gemacht.

Bald war Susi ein von allen Familienmitgliedern gern gesehener Gast bei uns im Hause. Wir freuten uns alle, als die beiden sich verlobten. Dass sie von da an zusammenlebten, na ja, das war wieder so ein harter Brocken für mich, tat aber meiner besonderen Liebe zu den beiden jungen Menschen keinen Abbruch.

Peter fragte David und mich einmal, ob er und seine Verlobte die Kellerwohnung bei uns mieten könnten. Ich sah ihn nur schräg an und antwortete: „Wenn ihr verheiratet seid, vorher nicht."

„Ich habe diese Antwort von dir erwartet, wollte aber doch zur Sicherheit fragen." Er war kein bisschen beleidigt über meine Ablehnung.

Inzwischen sind sie schon lange verheiratet und sind Eltern von zwei Knaben und einem Mädchen. Remo, der Älteste geht bereits in die erste Klasse. Susi und mich verbindet ein ganz besonderes Band der Liebe. Es geschieht nicht selten, dass Leute sagen, wenn sie uns miteinander sehen: „Das sieht man, dass Sie Mutter und Tochter sind!" Sie können es jeweils kaum glauben, wenn wir darauf lachend erwidern: „Nein, nur Schwiegermutter und Schwiegertochter." Hie und da, wenn Susi nicht so will wie ihr geliebter Peter, dann meint er achselzuckend zu mir: „Ich hätte es mir denken können, dass meine Frau ins gleiche Horn bläst wie du! Ihr seid euch doch allzu ähnlich."

Unser Sorgenkind war und blieb unser Dave. Jeden Tag legte ich ihn im Gebet meinem Herrn hin und bat Ihn um Seine Bewahrung. Deshalb war es für mich auch ungeheuer wichtig, was für ein Mädchen er nach Hause brachte. Als er, nach einigen längeren und kürzeren Freundschaften, uns dann seine Brigitta vorstellte, gab ich mich das erstemal vielleicht ein wenig zu reserviert. Doch bereits bei ihrem zweiten Besuch in unserem Haus, folgte mir Brigitta, als ich im Garten Salatgewürze holte, dahin. Ich spürte, dass sie mir etwas sagen wollte, blieb stehen und blickte sie fragend an.

„Frau Röschli, ich . . ., ja, ich habe Jesus auch lieb!" sagte sie mit bebenden Lippen.

Ich traute meinen Ohren nicht, Dave brachte ein gläubiges Mädchen nach Hause? Erstaunt sah ich auf die junge Frau.

„Ich bete jeden Abend zu Gott, damit er mir für den nächsten Tag die Kraft gibt und ich glaube, dass nichts nur einfach Zufall ist. Ich habe auch einmal vier Monate in Israel gelebt", erzählte Brigitta.

Nun hatte ich tagtäglich zu Jesus gebetet und ihn angefleht, dass er doch endlich Dave begegnen würde. Jetzt tat er es auf ganz einfache Art und Weise, durch die Liebe seiner gläubigen Freundin. Ich nahm Brigitta, gleich da unten im Garten, fest in meine Arme. In unseren Augen schimmerten Tränen.

Es gab noch viele Tränen um unseren Sohn und auch Brigitta hatte und hat es oft nicht leicht mit ihm. Sie musste durch viele Hoch und Tief in ihrem Glaubensleben, aber Jesus Christus ist ihr Herr, das weiss ich mit Bestimmtheit und dafür bin ich von Herzen dankbar.

Natürlich lebten auch sie zwei wieder vor der Hochzeit zusammen. Weiterhin gehörte mein flehentliches Fürbittegebet für unseren Ältesten immer in meine Stille-Zeit. Besonders an dem Tag, als er wieder einmal schwer in der Tinte sass und mich diese Sorgenlast beinahe erdrücken wollte. Brigitta hatte mir kurz vorher telephoniert und weinend alles gebeichtet. Ich lag auf den Knien vor meinem Sessel, hielt das Gesicht in meinen Händen geborgen und betete im Geiste. Ich war zutiefst getroffen über den Schlamassel, in dem die beiden, vor allem unser Sohn, steckten, und mein Herz schrie vor Angst und Not um „mein Kind".

Plötzlich hatte ich das Gefühl, ich befände mich nicht mehr alleine im Raum. Ich sah auf, konnte jedoch niemanden entdecken. Ich lauschte, doch es herrschte vollkommene Stille im Haus. Trotzdem glaubte ich zu spüren, dass mich jemand anblickte. Ich versuchte das Hirngespenst abzuwehren, mich wieder zu sammeln und für Dave zu meinem Gott zu flehen. Seltsamerweise gelang es mir trotz der Beklemmung, die auf mir lag. Plötzlich hörte ich eine Stimme, leise aber sehr deutlich sagen: „Hör doch einmal auf damit! Lass das jetzt meine Sorge sein!"

Erschrocken schaute ich hoch. Es war, genau wie vorher, niemand da! Und doch befand sich noch jemand ausser mir in diesem Raum. Ich spürte das mit jeder Faser meines ganzen Körpers und auch jetzt beim Beschreiben dieser Begebenheit ist es wieder genau so Wirklichkeit wie damals. Ich wusste auch, wer es war. Es war Jesus Christus! Ich schloss die Augen und horchte angestrengt. Würde er es noch einmal wiederholen?

„Ich habe gesagt, du sollst aufhören, jeden Tag für deinen Sohn zu flehen, sondern es meine Sache sein lassen", sagte dieselbe Stimme noch einmal eindringlich.

„Wie meinst Du das, Herr?" fragte ich mit bebenden Lippen.

„Schau, du kannst diese Last nicht tragen. Es nützt dir auch gar nichts, immer nur zu bitten und zu flehen. Ich habe dich gehört, überlasse deinen Jungen jetzt vertrauensvoll mir."

„Ich will es versuchen, Herr."

Danach blieb ich noch lange Zeit, völlig ruhig und entspannt, auf meinen Knien. Der Krampf in meinem Herzen hatte sich gelöst. Ich wollte das tun, was der Herr gesagt hatte, Ihm vertrauen und Ihm von jetzt an nur noch für unseren Ältesten danken.

Aber das war leichter gesagt als getan. Bereits am nächsten Morgen in meiner Gebetszeit war ich versucht, wohl mehr durch die Macht der Gewohnheit, erneut für Dave zu flehen. Doch sogleich stieg das wundersame Erlebnis vom gestrigen Tag in mir auf und ich liess es sein. Ich legte unseren Ältesten einfach genau gleich wie ich es für die anderen Kinder täglich tat, in Gottes Hände. Ich fühlte mich wie von einer schweren Last befreit, die ich jahrelang auf meiner Schulter mit durch mein Leben schleppte.

Leider hielt dieses Gefühl der Erleichterung nur einige Tage lang an. Ich merkte schon seit einiger Zeit, dass Satan diese Zeit mit Gott sehr gut dazu benutzen konnte, um mich mit Gedanken, welche nichts mit Ihm, meinem Herrn zu tun hatten, zu versuchen. Es waren oft ganz perfide Angriffe, die abzuwehren gar nicht einfach waren. Erst meinte ich, es passiere nur mir, dass ich plötzlich während einem ernsten Gebet, auf ganz dumme, manchmal sogar absurde, sexuelle Gedanken kam. Aber später fand ich durch seelsorgerliche Gespräche mit Ratsuchenden heraus, dass das bei weitem nicht nur mir geschah, sondern dass viele tief gläubige Christen unter solchen Angriffen zu leiden haben.

Dieses Mal waren es keine sexuellen Angriffe, die ich zu durchkämpfen hatte, sondern die der Mutterliebe. Eine Stimme in mir fragte höhnisch: „Was bist du nur für eine Mutter? Jetzt wo dein Sohn in der Tinte sitzt, hast du aufgehört, für ihn im Gebet einzustehen!“

„Aber Jesus hat es mir doch gesagt, ich solle endlich damit aufhören“, gab ich in meinen Gedanken zurück.

„Haha, das bildest du dir doch nur ein! Was glaubst du denn, wer du bist? Jesus mit dir persönlich sprechen! Hahaha!“

Es stimmte wirklich, was die Stimme mir da einflüsterte. Wer war ich schon? Ich vermochte es mir ja selber nicht vorzustellen, dass Jesus mit mir so direkt sprechen würde. Vielleicht war das ganze Erlebnis doch nur Einbildung gewesen.

„Ich glaube eher, du hast aufgehört deinen Sohn zu lieben, weil er euch zu viele Sorgen und Kümmernisse bereitet“, fuhr die Stimme anklagend fort.

„Nein, das ist ganz und gar nicht wahr!“ schrie ich jetzt laut heraus, „ich liebe Dave und David liebt ihn auch. Er ist und bleibt unser Junge, wie alt er auch immer ist und was er auch immer tun wird!“

Irgendwie war durch meinen Aufschrei alles anders geworden. Die Stimme schwieg, ich konnte mich wieder neu Gott zuwenden und erneut ins Gebet gehen. Nachher sass ich ruhig da und hing meinen Gedanken nach, die sich wieder mit Dave beschäftigten. Jetzt einfach im liebevollen an-ihn-Denken. Plötzlich wusste ich auch, warum ich vor ein paar Tagen die Stimme Jesu deutlich und klar gehört hatte und zwar mit den menschlichen Ohren und nicht nur mit der Stimme des Herzens. Jesus Christus wusste um die teuflischen Angriffe, welche ich durchleiden würde und er kannte meinen Wankelmut. Es war ihm nur zu gut bekannt, wie schnell ich ein unverständliches Erlebnis als nur geträumt oder als Wunschbild abtat, wenn mir es jemand auszureden versuchte oder es gar als unglaubwürdig hinstellte. Darum sprach er derart deutlich zu mir, dass ich eine Waffe in meinen Händen hielt, um mich zu wehren. Jedesmal wenn wieder ein Gedanke wie: ‚Du bist eine schlechte Mutter‘ oder: ‚Du liebst Dave nicht mehr‘, aufkommen wollte, sprach ich von diesem Tage an, ganz laut aus: „Nein, das stimmt nicht, Jesus Christus hat es mir gesagt! Ich habe es deutlich mit meinen eigenen Ohren gehört." Das half mir von nun an, am anderen Gebet für ihn festzuhalten.

Als Brigitta und Dave sich entschlossen, zu heiraten, freuten wir uns alle darüber. Unsere zukünftige Schwiegertochter kam und erzählte mir, dass Dave keine kirchliche Trauung wünsche. „Aber weisst du, Mutti, mir ist nur eine Ziviltrauung nicht genug. Ich wünsche mir so sehr den Segen von meinem Herrn für unsere Ehe. Aber in dieser Sache etwas gegen Dave's Willen zu tun, ist mir unmöglich. Er aber beharrt fest auf seinem Willen. Er wolle bei seiner Hochzeit in keine Kirche hinein."

„Ist es nur, dass er nicht in eine Kirche hinein will, oder weigert er sich ganz im allgemeinen, seine Ehe auch vor Gott zu schliessen?" fragte ich.

„Ich glaube, es ist nur die Kirche."

„Na ja, Dave konnte noch nie viel anfangen mit unserer Landeskirche, das weiss ich."

„Mutti, ich will aber nicht so heiraten." Tränen schimmerten in Brigitta's Augen.

„Und wenn ihr irgendwo im Freien getraut würdet? Denkst du, Dave könnte damit einverstanden sein?"

Brigitta blickte mich erstaunt an. „Was meinst du? Was geht in dir vor?"

„An eurer Hochzeit werden Chris, seine Frau und ihre drei Kinder bei uns zu Besuch sein. Chris ist, wie du weisst, Pfarrer einer charismatischen Gemeinde in England. Ich bin sicher, er würde euch zwei noch so gerne irgendwo im Wald oder in einer Hütte trauen, wenn Dave das auch sehen könnte."

Brigitta hielt vor lauter Überraschung den Atem an. „Meinst du wirklich, Chris würde sich dazu bereit erklären?"

„Bestimmt! Mit hundertprozentiger Sicherheit!"

Bereits am nächsten Morgen telephonierte mir eine überglückliche Brigitta: „Mutti, Dave ist mit einer Trauung im Walde einverstanden. Willst du Chris anfragen?"

„Selbstverständlich!"

Ich freute mich ungemein über diese schnelle Antwort. Plötzlich überkam mich ein Lachen. Brigitta fragte natürlich sogleich, was ich hätte.

„Weisst du, ich finde es jetzt auf einmal alles sehr komisch, Dave wollte keine kirchliche Trauung und nun willigt er in das ein. Ich kann dir versichern, dass jetzt viel, viel mehr für euch zwei gebetet wird und dass ihr das klarere Wort mit auf den Weg bekommt, als wenn ihr nur einfach irgendwo in eine Kirche gegangen wäret und irgendein Pfarrer die Trauung vollzogen hätte."

Brigitta stimmte fröhlich mit ein in mein Lachen.

Genau so war es dann auch. Es wurde mehr und inniger für diese zwei Hochzeitsleute gebetet als je für eines unserer Kinder. Die Trauung im Wald war sehr schön und eindrücklich, Dave zufrieden und Brigitta überglücklich.

Chris wählte als Trauungstext den letzten Satz von Josua 24, 15: *Ich aber und mein Haus, wir wollen dem Herrn dienen.*

Was für bedeutungsvolle Worte für ein junges Paar. Brigitta's Wunsch war es bestimmt. Aber wohl auch Dave's?

## Die Gehorsamsschule

Je mehr David und ich in unserer Freizeit mit der Bewegung Mut zur Gemeinde arbeiteten, umso mehr kamen wir auch in Kontakt mit vom Heiligen Geist erfüllten Menschen. Wir durften langsam erkennen lernen, was für eine Kraft der Heilige Geist war. Wir versuchten, unser Leben nach Gottes Willen auszurichten. Es war eine wunderbare Zeit des gemeinsamen Lernens für uns zwei. Heute staune ich, wenn ich zurückblicke, über die unendlich grosse Geduld von Jesus Christus, die er mit uns, speziell mit mir, hatte.

Ich war einige Jahre als Vermittlerin der Hauspflege tätig und kam so in Kontakt mit den verschiedensten Menschen. Meistens bereitete mir diese Arbeit viel Spass, hie und da auch einmal grossen Ärger oder gar Sorgen. Oftmals musste ich über meinen eigenen Schatten springen, wenn ich gezwungen war, jemanden Unbekannten zu besuchen. Das machte mir immer grosse Mühe.

Ein Jahr lang besuchte ich einen Kurs zur Ausbildung als

freiwillige Helferin. Meinen ersten Einsatz absolvierte ich in der Klinik Hard. Ich betreute dort für zwei Jahre eine ältere Frau. Es war nicht ganz einfach, denn die Patientin hörte zwar zu, wenn ich etwas erzählte, aber gab niemals eine Antwort. Ich war von der Klinikleitung darauf aufmerksam gemacht worden, dass die Frau nie ein Wort sage. Ich glaubte, es werde für mich kein Problem sein, da ich ja durch die vielen Besuche bei meiner gelähmten Schulkameradin daran gewohnt war, keine Antwort zu erhalten. Aber es stellte sich dann doch als viel schwerer heraus als erwartet. Ruth konnte nicht antworten und diese Frau wollte nicht.

Eines Nachmittags sass ich mit ihr auf einer Bank im nahen Wald, als eine Bekannte mit ihrer Patientin bei uns vorbei spazierte. Ich wechselte einige belanglose Worte mit ihr. Nachher sagte ich zu meiner Frau: „Wissen Sie, wir zwei gehen zusammen in den gleichen Hauskreis."

Natürlich erwartete ich keine Antwort. Darum fiel ich dann vor Schreck beinahe von der Bank, als Frau Hess plötzlich erwiderte: "Ach, dann sind Sie etwa auch christlich orientiert?"

Vor Erstaunen vergass nun ich beinahe die Antwort.

„Wissen Sie, ich bin jeden Sonntag mit meiner Tante in die Kirche gegangen und sang später im Kirchenchor mit."

An diesem Tag hatte ich den Zugang zum Herzen von Frau Hess gefunden. Ich will nicht behaupten, dass sie immer sehr gesprächig war, aber sie erzählte mir oftmals kleine Episoden aus ihrem Leben. Jesus Christus war der Grund gewesen, der ihre Verschlossenheit öffnete.

Ich wurde aufgefordert, bei der Klinikleitung vorzusprechen. Sie fragten mich erstaunt, was ich mit Frau Hess angestellt hätte. Sie gebe plötzlich, wenn auch oft ein wenig einsilbig, Antwort, wenn sie etwas gefragt würde. Frau Hess wurde nach einigen Monaten von der geschlossenen Abteilung in ein Altersheim verlegt. Ich freute mich von ganzem Herzen darüber.

Eines Nachmittags besuchte ich, auf die dringliche Bitte einer Bekannten hin, die überzeugt war, dass ich das gerne tun würde, in meinem Heimatdorf eine gelähmte Frau, welche ich jedoch nicht von früher her kannte. Das prächtige, auf das modernste ausgerüstete Haus, das sie mit ihrem Gatten bewohnte, lag in einem riesigen, wunderschönen Garten. Ich staunte über die Blumenpracht und die sauber angelegten Beete. Der Gatte der Gelähmten öffnete auf das Klingeln der Hausglocke. Er blickte mich misstrauisch an und fragte ein wenig unwirsch nach meinem Begehr. Ich wusste gar nicht recht, wie ich meine Bitte, seine Frau besuchen zu dürfen, in Worte fassen sollte. Ich glaube, nur weil er meine Verlegenheit spürte, liess er mich eintreten.

Zu meiner Überraschung zeigte die Kranke dafür ganz offensichtlich ihre Freude über mein Kommen, obschon sie sich den Besuch der ihr fremden Frau bestimmt auch nicht zu erklären vermochte. Ich war froh, drehte sich später unser Gespräch um völlig andere Dinge und sie vergass ganz, mich nach dem Grunde meines Besuches zu fragen. Als ihr Gatte merkte, dass ich gar nichts Besonderes wollte und sich unser Gespräch nur um Belanglosigkeiten drehte, nahm er die Gelegenheit wahr, fragte mich, ob ich bei seiner Frau bleiben würde, bis er vom Einkauf zurückkehre. Ich sagte nur zu gerne zu, denn ich fühlte tief innerlich, dass Gott mich wegen etwas anderem, als nur über das Wetter zu sprechen, hierher geführt hatte.

Die Frau wartete schweigend, bis ihr Mann das Haus verlassen hatte und lauschte angestrengt, bis sie hörte, dass das Auto aus der Garage fuhr. Dann fing sie sofort an, mich über mein Leben auszufragen. Am meisten interessierte es sie, ob ich an Gott glaube.

„Ja, ich glaube an Jesus Christus“, antwortete ich mit fester Stimme.

Ihre Augen leuchteten auf. „O, das ist schön! Ich auch. Glauben Sie auch an ein Leben nach dem Tode?“

„Ganz bestimmt! Jesus ist ja deswegen auf die Erde gekommen, damit unsere Sünden vergeben werden und wir mit ihm in der Ewigkeit leben können!“

„Vergibt er uns alle Sünden?“

„Ja!“

„Bitte sagen Sie das noch einmal.“

„Ja, Jesus Christus vergibt uns *alle* unsere Sünden!"

Die Augen der schwerkranken Frau leuchteten auf. „Wissen Sie, mir ist es klar, dass ich nicht mehr lange zu leben habe und ich möchte so gerne einmal, dass unser Prediger zu mir käme. Aber mein Mann wurde durch mein schweres, unheilbares Leiden derart verbittert, dass er von Gott nichts mehr wissen will. Wir gehörten einer Freikirche an, besuchten jeden Sonntag den Gottesdienst und hatten dort viele Freunde. Jetzt leben wir zwei praktisch völlig zurückgezogen hier in unserem kleinen „Palast". Mein Mann will niemanden sehen, hat dem Prediger und den Freunden verboten, uns zu besuchen. Nur mit der Frau, die jeden Morgen kommt, um zu putzen und manchmal mit dem Gärtner kann ich ein Wort wechseln. Es ist ein wahres Wunder, dass mein Gatte Sie hereingelassen hat und jetzt sogar noch wegfuhr. Ich habe so ein tiefes Verlangen, unseren früheren Prediger noch einmal zu sehen und eine Last abzuladen."

Während der letzten Worte liefen Tränen über die eingefallenen Wangen herunter. Ich wusste nicht recht, was ich sagen sollte, doch dann fragte ich: „Weiss Ihr Gatte um Ihren sehnlichsten Wunsch?"

„Ja, aber er will nicht! Sonst erfüllt er mir jeden Wunsch und gerade das ist so schwer."

Ich blickte auf die Wanduhr. Die Frau erschrak und fragte leise: „Müssen Sie schon gehen?"

„Nein, aber vielleicht kommt Ihr Mann bald zurück. Ich wollte Sie noch etwas fragen." Wieder musste ich einen Sprung über eine dumme Hemmschwelle wagen. „Möchten Sie gerne, dass ich mit Ihnen bete?"

Überrascht blickte sie mich an. „Können Sie das?"

„Ich will es versuchen."

Während meines Gebetes liefen der Frau unaufhörlich die Tränen wie zwei kleine Bächlein aus den Augen. Sie selber betete nicht laut, aber ich war sicher, tief in ihrem Herzen betete sie mit. Ich war froh, kam der Gatte noch ziemlich lange nicht zurück, denn er hätte es sehr wahrscheinlich sehr befremdend empfunden, wenn er die deutlichen Spuren der Tränen auf dem Gesicht seiner Frau entdeckt hätte.

„Bitte kommen Sie bald wieder einmal zu mir", bat sie beim Abschied leise.

Am nächsten Morgen in meiner Gebetszeit, gab der Heilige Geist mir einen deutlichen Befehl. „Schreib dem Gatten dieser Frau einen Brief und bitte ihn, den Prediger kommen zu lassen."

„Wie kann ich das?"

„Mach es einfach!"

„Nein, Herr, das getraue ich mich nicht."

„Die Frau braucht dringend diese Hilfe! Er wird auf dich hören."

Jetzt legte ich wieder einmal ein Vlies aus, denn ich wollte ganz sicher sein, dass es Gott war, der sprach. Obschon das nur eine dumme Ausrede war, ich spürte doch ganz genau, was und wer das von mir wollte. Ich sagte: „Herr, wenn in all den Stellen, in der Bibel oder dem Morgengruss, die ich heute lese, etwas von einem Brief schreiben steht, dann mache ich es ganz bestimmt."

Wäre ich nicht so fixiert gewesen auf das Wort *Brief schreiben*, dann hätte das heutige Wort deutlich genug zu mir gesprochen und ich hätte verstanden, was Gott von mir wollte. Ich las nämlich in Apostelgeschichte 4.29: *Herr, siehe auf ihre Drohungen und verleihe deinen Knechten, dein Wort mit aller Freimütigkeit zu verkündigen* und im Morgengruss stand: *Jedesmal, wenn wir uns mitten in einer Schwierigkeit einen Ruck geben, durch alle Ängste und Befürchtungen hindurch nun einfach den Herrn Jesus beim Wort nehmen*! War das nicht deutlich genug. Aber ich sah es nicht, war erleichtert und unterliess das Schreiben des wichtigen Briefes.

Drei Tage später erhielt ich, früh morgens, die Nachricht vom plötzlichen Heimgang der Frau. Ich fiel auf meine Knie, weinte bitterlich und bat meinen Herrn, mir meine Schuld der Nachlässigkeit zu vergeben. Ich schämte mich schrecklich, dass ich den Liebesdienst, welchen mir Gott aufgegeben hatte, nicht ausgeführt hatte. Jetzt war es zu spät!

Ich schwor mir, das nächste Mal folgsamer zu sein. Aber das Gehorchenlernen ist gar nicht so einfach. Es passiert mir auch heute immer wieder, dass ich einen deutlichen Auftrag des

Herrn nicht ausführe. Ja, unser Gott hat unendliche Geduld mit uns! „Danke, Herr, dafür!“

## Vor Schaden bewahrt

Uschi, Richi, Peter und Susi planten, zusammen ein altes Haus zu kaufen, es zu einem Zweifamilienhaus umzubauen und es gemeinsam zu bewohnen. Sie sahen sich Dutzende von Objekten an und oftmals nahmen sie David und mich als Begutachter mit. Die meisten Häuser waren zu teuer, schlecht gelegen oder es war sonst etwas faul an der Geschichte. Mir wurde es bald einmal zuviel und ich weigerte mich, noch mitzugehen. Aber ich war froh, fand David Spass daran und die beiden Ehepaare hörten auch auf seinen Rat. Wenn der Vater meinte, Hände weg, so unternahmen sie nichts weiteres.

An einem trüben Samstagnachmittag im November befanden sie sich wieder unterwegs, um ein Haus zu besichtigen. Es war abgemacht, dass sie alle zu uns nach Hause kommen würden. Ich hatte ein feines Abendessen zubereitet und wartete auf David und unsere Kinder. Eine fröhliche und aufgestellte Gruppe trat ins Haus. Ich spürte gleich, dass sie guten Bericht brachten.

„Mutti, ich glaube, nun haben wir das richtige Haus gefunden“, sprudelte Uschi sogleich heraus.

„Ja, ich bin auch sicher, dass es diesmal klappt“, doppelte Peter nach.

Ich blickte auf David. Der nickte nur, ohne ein Wort zu sagen, zustimmend.

„Es ist ein recht grosser mittlerer Hausteil. Wir könnten ihn ohne viel Probleme und Kosten in zwei Wohnungen umbauen“, meinte Richi.

Sogar Susi, die sonst in solchen Entscheidungen eher zurückhaltend war, berichtete, mit vor Freude roten Backen: „Denk dir, Mutti, zum Haus gehört ein riesiger Obstgarten mit alten Apfel-, Birnen- und Pflaumenbäumen. Das gäbe einen herrlichen Spielplatz ab für unsere Kinder.“

Nun schaltete sich auch David ein: „Ja, ich finde es auch ein gutes Haus und der Preis ist, bis jetzt wenigstens, auch annehmbar. Auf alle Fälle finde ich diesen Hausteil das bis jetzt geeignetste Objekt, welches wir angesehen haben."

Da das Dorf, in welchem das Haus gelegen war, sich nur etwa 20 Autominuten von Pfungen weg befand, liess ich mich gleich von ihrer Begeisterung anstecken. Es wäre wunderbar, die Kinder mit den Enkeln so nahe bei uns zu haben.

„Denkt ihr, dass ihr das Haus bekommt?" fragte ich.

„Ja, der Besitzer hat es uns so gut wie versprochen. Es ist bis jetzt nur noch ein einziger anderer Interessent gekommen, aber der hat das Geld noch nicht beisammen. Es sieht wirklich gut aus", antwortete David.

Das Gespräch drehte sich natürlicherweise während des ganzen Nachtessens nur um das Haus. Peter sah sich im Geiste schon das und jenes umbauen. In diesem Stück war er ganz genau der Vater. Er steckte, nebst Richi und Uschi sogar seine Susi mit seinem Enthusiasmus an. Ich weiss nicht, ob sie überhaupt das Essen genossen? Mit ihren Gedanken waren sie zu weit weg.

„Gib mir ein Blatt Papier, ich zeichne dir das Haus und den grossen Garten auf, damit du dir etwas vorstellen kannst, Mutti", anerbot sich Richi.

Alle beugten wir uns interessiert über die Skizze. Hier ist es glaub so und hier etwas anders, gab das eine oder andere zu bedenken. Zuerst müssen wir diesen Raum umbauen, dann können wir alle einziehen, dann kommt das daran! Alle halfen beim Planen mit.

Als die Hausglocke klingelte, erhob ich mich nicht gerade begeistert, um nachzusehen, wer zu dieser ungelegenen Zeit zu Besuch erschien. Es war der Gemeindepfarrer.

„Störe ich?" fragte er. „Ich sollte noch den Konfirmandenbesuch bei Ihnen machen und ich dachte mir, bei Ihnen müsse ich mich nicht erst anmelden, sondern könnte einfach vorbeikommen."

„Nein, Sie stören nicht. Treten Sie nur ein." lud ich ihn ein.

Ich konnte ja nicht gut sagen, dass er heute ein wenig ungelegen kam.

Unser Gespräch drehte sich erst um einige Belanglosigkeiten und um Fetene und Falagu, die beiden Konfirmanden. Doch nicht lange dauerte es, waren wir bei dem Thema, welches uns an diesem Abend am meisten interessierte: Der Hauskauf unserer Kinder! Der Pfarrer hörte zu und stellte einige Fragen. Nur zu gerne erzählten sie ihm von ihren Plänen.

Die Zeit verfloss wie im Fluge. Uschi sah plötzlich etwas erschrocken auf ihre Armbanduhr, dann sagte sie zu Richi: „Du meine Güte, es ist schon bald 22.00 Uhr. Wir müssen doch die Kinder bei deiner Mutter abholen."

„Wartet noch, wir sollten doch erst noch alles, was wir heute erlebt haben und den ganzen Hauskauf unserem Herrn hinlegen." Ich stand auf, holte die Bibel, schlug sie auf und las den ersten Vers vom 127. Psalm: *Wenn der Herr nicht das Haus baut, dann mühen sich umsonst, die daran bauen.*

David betete und bat Jesus Christus von ganzem Herzen, den Hauskauf nur gelingen zu lassen, wenn es zum Besten von Richi, Uschi, Susi, Peter und ihren Kindern sein würde.

„Herr, wenn es nicht Dein Wille ist oder wenn etwas Schlechtes daraus entstünde für unsere Kinder, bitte dann verhüte Du den Kauf. Herr, ich lege alles in Deine Hände. Wir wollen alles Deiner Entscheidung und Deiner Führung überlassen. Ich danke Dir für Deinen Segen. Amen."

„Amen!" wiederholten wir alle mit fester Stimme.

Der Pfarrer blickte uns seltsam an. Als unsere vier Jungen aufstehen wollten, um sich zu verabschieden, bat er: „Bitte wartet noch einen Augenblick, ich habe noch eine Frage."

„Ja!"

„Beten Sie immer so, Herr Röschli? Und was ist jetzt, wenn nichts aus dem Kauf wird?"

„Ja, meine Frau und ich versuchen alles auf diese Weise in Gottes Hände zu legen und wie die Sache dann auch herauskommt, wird es gut sein", antwortete David mit fester Stimme.

„Und Ihr?" Der Pfarrer wandte sich an die vier Jungen.

„Ihr rechnet so fest damit, dass Ihr dieses Haus kaufen könnt. Nehmt Ihr es dann auch einfach an, wenn Gott ein Nein dazu hat?"

„Es würde nicht leicht sein, aber Susi und ich würden Seine Entscheidung und die unserer Eltern akzeptieren", bekannte Peter nach einer kurzen Pause.

„Warum?"

„Nicht weil ich besonders an Gott glaube, aber weil ich es so von meinen Eltern her gewohnt bin."

„Auch für uns wäre es dasselbe. Wir wären zwar sehr enttäuscht, würden den Entscheid gegen einen Hauskauf nicht unbedingt verstehen, aber ich glaube, Richi und ich würden ihn auf jeden Fall annehmen", bestätigte Uschi.

„Ihr seid wirklich eine seltsame Familie. Ich bin jetzt schon ein alter Pfarrer, aber so etwas wie heute abend habe ich noch nie erlebt. Bitte erzählt mir später einmal, wie alles herausgekommen ist."

Für zwei Wochen sah alles vielversprechend aus. Der zweite Interessent konnte das Geld nicht aufbringen und ein anderer Käufer zeigte sich nicht. Doch kurz bevor alles festgemacht wurde, tauchte einer auf, der anfing, den Preis hochzutreiben. Wir sechs waren sehr enttäuscht darüber. Auch über die Haltung des Verkäufers, der vorher hoch und heilig versprochen hatte, nicht ein Spiel zu treiben.

Wir sassen mit den Kindern zusammen, um die Lage zu besprechen. David fragte: „Wie weit hinauf wollt ihr gehen und mitbieten?"

„Wir wissen es nicht!"

„Ich denke, wir sollten uns jetzt eine Höchstsumme festlegen und dann keinen einzigen Franken höher gehen", riet der Vater. „Lasst uns alle Kosten genau berechnen und dann alles unserem Herrn hinlegen und ihm vertrauen."

Der andere Interessent bot höher und höher und genau bei der vorher zusammen ausgemachten Summe stiegen wir, sehr zum Missvergnügen des Verkäufers, aus. Die Enttäuschung der Jungen hielt sich in Grenzen, da ja das Ganze nicht mehr überraschend kam. Unser Pfarrer fragte natürlich, wie es die zwei

Ehepaare verkraften würden. Ihn interessierte die ganze Geschichte sehr.

Uschi fragte mich einmal: „Meinst du, Mutti, es sei Gott gewesen, der nicht wollte, dass wir das Haus kauften? Werden wir je erfahren warum?"

„Ich weiss es nicht!"

Als wir von unseren gemeinsamen Weihnachtsferien von Gonten zurückkehrten, vernahmen wir, dass der Hausteil völlig abgebrannt sei und die beiden anderen Teile schwer beschädigt wurden. Die neuen Besitzer hatten bereits angefangen umzubauen und hatten den Ofen geheizt. In der Nacht entstand ein Kaminbrand und bald brannte alles lichterloh.

„Mutti, uns wäre bestimmt dasselbe passiert! Wir hätten auch geheizt, um warm zu haben bei unserer Arbeit. Es wäre furchtbar gewesen, wenn wir das hätten erleben müssen. Gott sei Dank, hat Jesus Christus den Hauskauf verhindert und haben wir euch gehorcht. Obschon ich jetzt bekennen muss, dass es für mich sehr, sehr schwer war, den Entscheid zu akzeptieren. Ich hätte noch weiter hinaufgeboten", erklärte Peter.

„Mutti, als ich dich fragte, ob wir wohl je erkennen würden, warum Jesus es nicht zuliess, dass wir dieses Haus kauften, da sagtest du: ‚Ich weiss es nicht', aber nicht wahr, jetzt wissen wir es alle", meinte Uschi.

Wir dankten Gott gemeinsam aus ganzem Herzen, für die Bewahrung vor grossem Schaden. Unser Gemeindepfarrer staunte nicht schlecht, als wir ihm das Ende der Geschichte des verhinderten Hauskaufes erzählten.

## Gottes Zeitplan

Eine Teamzusammenkunft für die „Christus Dynamik des Lebens"-Woche im Hasliberg, hielten wir am Auffahrtstag bei uns in Pfungen ab. Nach dem Mittagessen unternahmen wir einen langen Spaziergang entlang der Töss. Lydia und ich waren in ein Gespräch über Seelsorge vertieft. Sie erzählte mir von einem intensiven Kurs, den sie besucht hatte.

„Weisst du, Marie, diese Tage dort haben meinem Mann und mir sehr gut getan. Ich glaube, das wäre gerade das richtige auch für dich. Der Kurs wird in Englisch durchgeführt, weil alle Leiter von England kommen. Aber das wäre ja kein Problem für dich. Soll ich dich einmal als Teilnehmerin dort vorschlagen? Ob sie dich nehmen, das kann ich dir nicht versprechen, denn über jeder Anmeldung wird sehr eindringlich gebetet."

„Meinst du, ich solle dorthin gehen?"

„Ja, bestimmt. Sieh, wenn wir anderen Menschen in der Seelsorge weiterhelfen wollen, dann müssen wir erst einmal Seelsorge an uns selber tun lassen. Wir schleppen doch alle mehr oder weniger schwere Lasten von unserer Kindheit, Jugendzeit etc. etc. herum. Wenn wir diese ablegen können, dann sind wir auch besser befähigt, anderen weiter zu helfen."

In mir schlich ein unangenehmes Gefühl auf. Anderen helfen, ja gut! Aber Seelsorge an mir selber geschehen lassen. Nein, dazu war ich noch nicht bereit. Ich wusste ganz genau, dass in meinem Leben, vor allem von der Kindheit her, Dinge waren, die ich noch nie einem Menschen erzählt hatte, die mich jedoch immer wieder beschäftigten und die ich eigentlich gerne losgeworden wäre. Mir war zwar schon länger klar geworden, dass Jesus Christus mich von dieser Last befreien wollte, aber ich hatte nicht den Mut, sie mit der Hilfe eines anderen Menschen vor Gott ins Reine zu bringen.

Nur halbherzig gab ich Lydia die Einwilligung, mich dort als Teilnehmerin vorzuschlagen. Ich konnte ja dann immer noch absagen und überhaupt, war es ja nicht sicher, dass sie mich nehmen würden, beschwichtigte ich mich selber. Als ich das Anmeldeformular erhielt, schob ich das Ausfüllen desselben immer weiter vor mich hin. Ich spürte zwar mit völliger Sicherheit, dass Gott von mir wollte, dass ich diesen Kurs besuche, aber ich hatte wieder einmal lange taube Ohren.

Schlussendlich gewann die mahnende Stimme in mir Oberhand.

Ich setzte mich hin, füllte das Formular aus, brachte es zur Post und hoffte sehnlichst, dass ich nicht angenommen würde. Es war für mich beinahe ein Schock, als ich den Bericht erhielt, dass für mich entschieden wurde und ich im Dezember am Kurs teilnehmen könne.

Als ganz junge Frau hatte ich einmal eine Freundschaft mit zwei anderen Frauen und verbrannte mir zünftig die Finger, oder besser gesagt, die Zunge dabei. Ich schwor mir damals, nie mehr, unter keinen Umständen, eine Doppelfreundschaft zu haben, da ich um die Gefahren des etwas zuviel Schwatzens kannte. Ich hielt mich wohlweislich alle die vielen Jahre daran. Bereits der Apostel Jakobus warnte in seinem Brief, im 3. Kapitel ganz deutlich vor dem Missbrauch der Zunge, Verse 2–12. *Die Zunge aber kann kein Mensch zähmen. Sie ist ein ruheloses Übel voll tödlichen Giftes* (Vers 8). Warum ich meine frühere schlechte Erfahrung vergass und mich nicht mehr an das einmal Gelobte hielt, kann ich nicht sagen. Auf alle Fälle fiel ich deutlich und sehr, sehr schmerzhaft auf die Nase und litt lange Zeit furchtbar unter meinem Versagen.

Das Schlimmste jedoch für mich war, dass ich anderen schrecklich weh getan hatte, weil ich den Mund nicht hatte halten können und sie nun wegen mir – nicht nur an allen Menschen – sondern auch an der Liebe Gottes zweifelten. Ich erkannte klar, dass ich als Seelsorgerin total versagt hatte und dadurch auch meinen geliebten Herrn enttäuschte. Ich kam beinahe nicht über mein Versagen hinweg, litt Höllenqualen und war einfach überzeugt, dass mich Gott in dieser Arbeit nicht mehr gebrauchen konnte und wollte.

Natürlich hatte ich nicht aus Boshaftigkeit etwas weitergesagt, das ich nicht hätte sagen dürfen, sondern ich hatte mit der zweiten Freundin darüber gebetet. Aber das Endresultat war schliesslich dasselbe gewesen. Ja, vielleicht weil es nicht einfach Schwatzen war, noch schlimmer. Wenn ich daran zurückdenke, dann könnte ich heute noch darüber weinen. Es sind zwei tiefe Freundschaften deswegen auseinandergebrochen und wir drei Frauen haben uns gegenseitig tiefe Wunden geschlagen. Ich habe nächtelang geweint und bin monatelang, wegen meiner Schuldgefühle, ein völlig nutzloses Werkzeug für meinen Herrn geblieben.

Als ich zutiefst in meiner Schuld verkettet am Boden lag, kam der gefürchtete Seelsorgekurs immer näher. In der jetzigen Stimmung war ich mehr und mehr versucht, noch abzusagen. Aber da ich mich zu allem zu elend fühlte, unternahm ich nichts und dann war es zu spät. Eine liebe Bekannte holte mich mit ihrem Auto ab. Bereits die gemeinsame Fahrt mit ihr tat mir gut und stellte mich ein wenig auf. Der herzliche Empfang der Schwestern im Ferienhaus Ruotzig, oberhalb Flüelen, tat ein weiteres zu meinem Wohlbefinden und alle Scheu fiel von mir ab, als ich die englischen Leiter kennenlernte.

Es war Gottes wunderbarer Zeitplan gewesen, der mich dazu trieb, das Anmeldeformular zu diesem Seelsorgekurs wegzuschicken. Er wusste genau, wie bitter nötig ich zu diesem Zeitpunkt eine Seelsorge hatte und wie gut mir diese fünf Tage in der Gemeinschaft mit anderen tiefgläubigen Christen tun würden. Ihm, unserem wunderbaren Gott gehört Lob, Dank, Preis und Ehre!

Ich durfte, durch die liebevolle Führung meiner zwei Seelsorger, viele alte Lasten ablegen und auch eine gewisse Linderung in meinem Schmerz über mein Versagen erleben. Voll mit neuen Erkenntnissen über die nun einmal am eigenen Leib und meiner Seele erlebte Seelsorge, konnte ich mit gestärktem Mut nach Hause zurückkehren. Ich wusste wieder, dass mich Jesus nicht abgeschrieben hatte, sondern sobald ich mich wieder selber fähig fühlte, jemanden seelsorgerlich zu betreuen, erneut einsetzten würde. Aber bis dahin verging noch einige Zeit.

Ich erzählte David derart begeistert von diesem Kurs, dass er sich ebenfalls anmeldete und auch angenommen wurde. Ein Jahr später besuchten wir gemeinsam den zweiten und später den dritten Kurs. Wir durften beide tief innere Heilung erleben, viele alte Lasten und Sorgen ablegen und viel Kraft und Mut für unser weiteres Leben daraus schöpfen.

Viele Prophezeiungen für uns deuteten darauf hin, dass wir einmal gemeinsam einem grossen Werk vorstehen würden. Wir waren überzeugt, dass dies in die seelsorgerliche Richtung gehen und bestimmt in der Schweiz sein würde. Wir warteten gespannt auf die Vollfüllung dieser Weissagungen. Ich bin froh, hatten wir damals keine Ahnung von allem, was auf uns zukommen würde. Ich hätte wohl nur ‚nein, nein, nein' geschrien! Doch unser Gott geht behutsam mit seinen furchtsamen Kindern um. Er gibt uns zuerst Stärke, Mut und Zuversicht ins Herz, bevor er uns weiterführt.

Die Zeit heilt Wunden und sie heilte auch die Wunden in den Herzen von uns drei Frauen. Aber die Narben blieben und es kann geschehen, dass durch ein unbedachtes Wort von irgend jemandem die Wunden wieder aufbrechen und neu zu bluten beginnen. Es kann auch passieren, dass wieder Schuldgefühle aufkommen wollen. In solchen Momenten muss ich mir selber in Erinnerung rufen: ich muss nicht mehr darunter leiden, ich habe Jesus Christus und die beiden Frauen um Vergebung gebeten. Mehr kann ich nicht mehr tun. Ich kann das Rad, so gerne ich es auch möchte, nicht mehr zurückdrehen und das was ich gefehlt habe, nicht ungeschehen machen.

Im Psalm 145, 14 steht: *Der Herr stützt alle, die da fallen und richtet alle Gebeugten auf.* Das durfte ich erfahren.

## Unsere Geschichte, andere Geschichten

Dieses Mal ging es in eine Besinnungswoche nach Moscia im Tessin. Wir waren gespannt wie Geigenbogen, wie alles herauskommen würde. Die Zusammensetzung des Teams und auch der Teilnehmer war eine völlig andere als in den anderen Wochen. Wir hatten wohl einen Pfarrer mit dabei, aber der war mehr für die Seelsorge vorgesehen. Dafür sollte nach Möglichkeit jeder vom Team einen Vortrag oder eine Predigt halten. So auch David und ich. Das lag mir wie ein Stein auf der Brust. Ich, vor der ganzen Gruppe von 50 Leuten stehen und einen Vortrag halten! Das vermochte ich wohl doch nicht. Aber je mehr ich mich damit auseinandersetzte, desto mehr nahm der Vortrag Formen an. Ich durfte über Stille-Zeit sprechen und dieses Thema lag mir, verbrachte ich doch jeden Tag mindestens eine Stunde mit Beten, Singen, Bibellesen, einfach nur stille sein vor meinem Herrn und Gespräche führen mit Ihm. Wort für Wort schrieb ich den ganzen Vortrag in Schweizerdeutsch nieder und lernte ihn beinahe auswendig. Ich fühlte mich sooo unsicher!

Mein Vortrag kam zu meinem Erstaunen gut an und derjenige von David noch besser. Ich weiss heute noch den Anfang von seiner Rede. Er stand vor uns allen mit offener Weste. Nach einer Weile fing er sie an, wortlos und sehr langsam, zuzuknöpfen. Aber da er am Anfang ein Knopfloch verpasste, hatte er am Schluss einen Knopf zuviel. Er machte wieder zwei Knöpfe auf, dann wieder zu, aber da es von unten an falsch war, stimmte es wieder nicht. Alles lachte. Er blickte seine Knöpfe und Löcher an, zählte sie, merkte, dass es genausoviele Löcher waren wie Knöpfe, also musste die Rechnung doch am Ende aufgehen! Wieder besah er sich das Ganze eine Weile, dann nickte er, öffnete die Weste bis zum ersten Loch, begann wieder und dieses Mal richtig, sie zuzuknöpfen. Am Ende stimmte es endlich. Dann sagte er:

„Manchmal machen wir etwas falsch. Wir merken es, fangen an zu korrigieren, bemühen uns, es richtig zu machen, fummeln daran herum, aber das Endresultat bleibt immer dasselbe. Wir müssen bis dahin zurück, wo wir den ersten Fehler gemacht haben. Alles andere hilft nicht, es bleibt eine halbe, schiefe Sache. Das kann heissen, weit zurückgehen, jemanden um Verzeihung bitten, einen Fehler eingestehen, etwas zurückbringen, das man entwendet hat, oder vieles andere mehr". Alle verstanden, was er sagen wollte.

Es war eine sehr intensive Woche, die wir miteinander erlebten. Wir hatten viele seelsorgerliche Gespräche. Manchmal zusammen, oftmals alleine. Jetzt konnten wir das, was wir auf dem Ruotzig gelernt hatten, gut anwenden. Meistens wurde es nach Mitternacht, bis ich ins Bett kam. Gegen Ende der Woche spürte ich eine tiefe Müdigkeit aufkommen, aber die Kraft des Heiligen Geistes trug mich durch, so dass ich auch beim letzten Gespräch am Freitagabend noch voll da sein konnte.

Am Mittwoch schalteten wir eine Ruhepause ein. Wir flogen gemeinsam aus. Mit der Drahtseilbahn ging es hinauf ins Dörfchen Rasa. Das selber mitgebrachte Mittagessen nahmen wir oben auf einer Alp ein. Es war herrlich warm und ich genoss es sehr, da an der Sonne zu sitzen, die prachtvollen Frühlingsblumen zu betrachten und dem leisen Summen der emsigen Bienen zu lauschen.

Nach dem Essen machten sich die jüngeren Leute zu Fuss auf den Weg zurück nach Moscia, die etwas älteren, aber noch rüstigen, folgten bald einmal deren Beispiel und nahmen den kürzeren Weg hinunter ins Tal in Angriff. Weder David noch ich fühlten Lust, uns daran zu beteiligen. Wir wollten und mussten unbedingt ausspannen heute. Während ich mit einigen der ältesten Teilnehmer noch länger oben auf der Alp verweilte, ging David mit anderen bereits voraus nach Rasa. Sie alle litten unter Kaffeegelüsten.

Ich lag im Gras in der Nähe von Kurt und Helene, einem älteren Ehepaar, das mir sehr sympathisch war. Sie schienen vorher dem Gespräch zwischen David und mir gefolgt zu sein. Die Bergwelt hier hatte uns an unsere Fahrt mit den beiden Töchtern Marlies und Uschi, sowie ihrem Begleiter, Peter Schneider erinnert, die wir einmal vor einigen Jahren von Addis-Abeba bis hinunter zum Roten Meer unternommen hatten. Diese Reise führte uns über viele Berge und durch tiefe Täler. Wir hatten während des Essens gemeinsam in Erinnerungen geschwelgt.

Plötzlich sagte Kurt: „Helene hat letzthin eine lustige Geschichte über Leute gehört, welche in Äthiopien gelebt haben. Helene erzähl sie doch noch einmal."

Seine Frau wies ihn etwas unwirsch zurecht: „Aber Kurt, es war nicht eine lustige, sondern eine interessante Geschichte. Aber ich möchte jetzt hier nicht darüber sprechen."

Darauf schwieg Kurt, leicht errötend. Nach einer Weile meinte er: „Es hätte ja sein können, dass Marie diese Geschichte interessiert."

„Ja, warum nicht", kam ich Kurt zu Hilfe, „vielleicht habe ich diese Leute sogar gekannt, wenn sie in Äthiopien gelebt haben."

Da gab Helene nach und fing an zu erzählen: „Also bei meiner Schwester, die in Winterthur wohnt, hat im selben Haus ein junges, äthiopisches Fräulein eine Wohnung gemietet. Sie erklärte meiner Schwester, dass sie und ihre fünf jüngeren Geschwister von einer Schweizerfamilie, die bereits vier eigene Kinder gehabt hätten, adoptiert worden sei. Stell dir einmal so etwas vor, zu den eigenen vier noch einmal sechs zu adoptieren, ist das nicht unglaublich?“

Ich nickte verhalten zu ihren Ausführungen, musste jedoch krampfhaft das Lachen unterdrücken, welches mit aller Macht in mir hochkam. Als sie dann fortfuhr, weitere Einzelheiten ans Licht zu bringen, konnte ich nicht mehr an mich halten, ich musste laut herauslachen.

Kurt und Helene blickten mich erstaunt an: „Findest du es auch eine lustige Geschichte?“ fragte Helene etwas aus der Fassung geraten.

„Ja!“ gluckste ich mühsam hervor.

„Kennst du etwa diese Leute, von denen Helene berichtete“, fragte Kurt interessiert.

„Ja . . . (hahaha) ich kenne sie! Es sind . . . (hahaha) . . ., es sind David . . ., ja es sind David und ich. Ihr habt mir nun hier . . . (hahaha) . . . meine eigene Familiengeschichte erzählt!“

Erst schauten sie sich etwas verlegen an, dann stimmten sie fröhlich in mein herzliches Lachen ein.

Wir gewannen in dieser Besinnungswoche, gerade auch durch diese lustige Begebenheit, die Kurt natürlich überall erzählte, viele neue Freunde. Für David und mich war es auch sonst noch ein ganz bestimmter Meilenstein. Wir lernten hier, dass wir sogar fähig waren, Vorträge oder Predigten, vor einer grösseren Gruppe von Menschen halten zu können. Das kommt jetzt, vor allem mir, bei meinen vielen Vorträgen zugute. Ja, Fäden so fein gesponnen!

Manchmal wuchs mir die Arbeit im Haus, Garten, Seelsorgegespräche, Hauspflege und als freiwillige Helferin, beinahe über den Kopf. Auch kam ich so langsam in die Wechseljahre und hatte unter Wallungen zu leiden. Da ich sehr ungern zum Arzt ging, wartete ich immer viel zu lange, bis ich mir Medikamente verschreiben liess. Hauptsächlich wenn dann noch besondere Anlässe zu aller anderen Arbeit dazukamen, vermochte ich beinahe vor Angst, nicht alles schaffen zu können, nicht mehr einzuschlafen. Sonntagnacht überlegte ich mir bereits: am Montag das . . ., am Dienstag dies . . ., am Mittwoch gar noch jenes . . . etc., etc. Ich blickte auf den Wecker: meine Güte schon 23.00 Uhr! Wenn ich jetzt nicht sofort schlief, dann konnte ich schon am Montag nicht alles erledigen, was ich vorhatte. Natürlich, je mehr ich mich dazu zwingen wollte zu schlafen, um so weniger gelang es mir. Ich sah nur noch einen Riesenberg vor mir und wälzte mich weiter unruhig im Bett herum.

Der Montag ging vorüber, dann der Dienstag, nachher der Mittwoch . . . und Ende Woche hatte ich alles Nötige erledigt. Aber leider lernte ich nichts aus dem, denn am Sonntagabend fing das ganze Spiel wieder vorne an.

Eines Morgens, in meiner Gebetszeit, ging mir plötzlich auf, wie dumm ich eigentlich war! Warum die ganze Woche verplanen? Warum nicht einfach jeden Tag so nehmen wie er war? In der Bibel heisst es doch so oft, wir sollten uns nicht sorgen oder fürchten! Matth. 6,34: *Darum sorget nicht für morgen, denn der morgige Tag wird für das Seine sorgen. Es ist genug, dass jeder Tag seine eigene Plage hat.* Und was machte ich? Ich sorgte mich nicht nur von einem Tag zum anderen, sondern Sonntagnacht bereits für alle Tage der Woche. Ich schämte mich!

Dann überlegte ich mir auch, ob wohl damals, als Jesus die folgenden Worte aussprach, er auch die Berge unserer Angst, der Sorgenlast und Kümmernisse gemeint hat? *Wenn ihr Glauben habt wie ein Senfkorn, so könnt ihr sagen zu diesem Berge: Heb dich dorthin!, so wird er sich heben; und euch wird nichts unmöglich sein.* Matth. 17,20. Ich nahm mir fest vor, nicht mehr so dumm zu sein und mir am Sonntag schon für die ganze Woche Sorgen zu machen, sondern von jetzt an wieder der Kraft Gottes voll zu vertrauen. Und siehe da, es funktionierte! Ende Woche war immer alles, was sein musste, erledigt und ich hatte keine Mühe mehr, meinen nötigen Schlaf zu finden.

Hie und da kam ich mir, trotzdem ich gerne arbeite, nur wie ein Lasttier vor. Du musst das, du sollst dies und dann noch jenes. Im Kurs für freiwillige Helferinnen hatte eine Referentin über den chronischen Zeitmangel von engagierten Christen gesprochen. Sie hat uns geraten, neben dem Telephon einen Zettel aufzuhängen, auf dem mit grossen, leuchtenden Buchstaben stehe: *DU DARFST AUCH EINMAL NEIN SAGEN!* Aber das war leichter gesagt als getan!

Für die Zeit mit Gott nahm ich mir, trotz aller Hektik und Hast, doch immer genug Zeit. Die durfte mir nur in Ausnahmefällen jemand stehlen. Eines Morgens las ich die Geschichte von Maria und Martha. Ich seufzte und sagte: „Ach Herr, ich komme mir vor wie Martha und möchte doch so viel lieber Maria sein."

„Da bist du selber schuld!"

„Ja, das weiss ich schon, aber ich kann so schlecht *NEIN* sagen!"

Dann lerne es!"

Um zum Lebensmittelgeschäft zu gelangen, musste ich beim Schaukasten vorbei, wo alle Veranstaltungen der Gemeinde ausgeschrieben waren. Ich sah nach, worüber unsere junge Pfarrerin am Sonntag predigen würde. Lukas 10,38–42. Wie ich mich umwandte, kam mir gerade die junge Frau, ihren Kinderwagen vor sich hinschiebend, lachend entgegen.

„Ich habe mich gerade dafür interessiert, welche Stelle Sie für die Sonntagspredigt ausgewählt haben. Von was handelt der Text?"

„Von Maria und Martha."

„Oh!"

„Ist es nicht recht?" fragte sie sogleich, als sie meinen Ausruf vernahm.

„Doch, doch! Ich habe heute morgen gerade diese Stelle gelesen und dachte: ich komme mir wie Martha vor und möchte so gerne Maria sein. Darum hat es mich jetzt so erstaunt, dass Sie gerade über das sprechen wollen."

„Ich denke, das ist kein ‚Zufall'", meinte die Pfarrerin ernst.

Während der ganzen Woche beschäftigte mich dieses Thema.

Ich kam zum Schluss, dass es wohl im heutigen Leben beides braucht, das Hinhören- und das Dienenkönnen. Ich nahm mir ja viel Zeit, um mit dem Herrn zu sprechen. Ja sehr wahrscheinlich mehr als die meisten anderen Leute und dass dann halt die Arbeit, bei so vielen Bekannten und dem grossen Haus, mich hie und da einmal überrannte, war klar. Ich musste jetzt einfach das *NEIN-SAGEN LERNEN!*

Zu meiner Freude sagte dann unsere Pfarrerin am Sonntag beinahe dasselbe. Martha habe gearbeitet. Für den Herrn gearbeitet! Was ganz sicher gut gewesen sei. Aber sie habe vergessen, sich Zeit zu nehmen, um auf Jesu Reden zu hören und das sei schade gewesen. Sie hätte auch Angst gehabt, dass Maria verloren gehen könnte, wenn sie nicht für den Herrn arbeite. Jesus jedoch hat sie liebevoll zurechtgewiesen, dass das zu beurteilen, sie ruhig ihm überlassen könne. Es brauche beides, das Dienen und das Zuhörenkönnen.

Oftmals, wenn David auf eine längere Reise oder auch nur längere Autofahrt musste, überfiel mich eine grosse Angst, es könnte ihm ein Unfall passieren. Für uns beide war jede Trennung, auch wenn sie nur ein paar Tage dauerte, ein Problem. Der blosse Gedanke, ihn zu verlieren, war beinahe unerträglich. Ich betete viel über dieser Angst, die mir immer im Nacken sass. Ich konnte es eigentlich selber nicht recht verstehen, denn ich glaubte aus ganzem Herzen an Gott, wusste, dass wir in seinen Händen waren und dass uns nichts geschehen konnte, was Er nicht zulassen wollte. Also warum fürchtete ich mich denn immer?

Ich lese jeden Tag einen Psalm. Oft sind es mir die besten Tröster in den verschiedenen Nöten. David und sein Stellvertreter mussten am Nachmittag für drei Tage nach Stuttgart. David würde die meiste Zeit selber fahren. Beim Gedanken an diese Reise, wollte wieder Angst in mir hochkommen. Was, wenn . . .? Krampfhaft versuchte ich mich auf das zu konzentrieren, was ich da im 91. Psalm las. Es gelang mir nicht ganz. Ich überflog den 11. + 12. Vers. Plötzlich stutzte ich. Was stand hier? Jetzt las ich die Sätze langsamer, dann in grosser Freude ganz laut: *Denn er hat seinen Engeln befohlen, dass sie dich behüten auf allen deinen Wegen, dass sie dich auf den Händen tragen und du deinen Fuss nicht an einen Stein stossest.* Das, was hier stand, galt auch für David, für mich, für unsere Kinder, ja für alle, die uns lieb sind. Halleluja! Preis den Herrn! In mir stieg eine unbeschreibliche Freude und Zuversicht auf.

Am Nachmittag blickte ich David und Fritz mit fröhlichem Herzen nach. Kurz bevor das Auto um die Kurve verschwand, sah ich ein wunderbares Bild. Um den Wagen herum sah ich es einen Moment lang blitzen wie ein leuchtender Ring. Jesus Christus hatte mich die Engel sehen lassen, die die zwei Männer begleiteten.

Von diesem Augenblick an spürte ich nie mehr diese krankhafte Angst in mir hochsteigen. Jesus Christus hatte mich selber, durch diese Begebenheit und die Worte aus der Heiligen Schrift, davon befreit. Gerade das ist heute für uns ungemein wichtig, denn wir leben jetzt derart viel und weit voneinander getrennt, dass die Angst das grösste Hindernis wäre, dem Herrn aus ganzem Herzen zu dienen.

*Denn er hat seinen Engeln befohlen, dass sie dich behüten auf allen deinen Wegen.*

## Hunger in Äthiopien

1983/84 hörte man auch in Europa viel über die furchtbaren Hungerkatastrophen in der Sahel-Zone. Ein grosser Teil Äthiopiens gehört ebenfalls dazu. Man sah im Fernsehen schreckliche Filme über die notleidende Bevölkerung unseres ehemaligen Heimatlandes. Natürlich fühlten wir uns alle über das Geschehen sehr betroffen.

Wir hatten schon seit Jahren den Geschenkeaustausch an Weihnachten abgeschafft. Statt dessen stellten wir eine Kasse auf, in die jeder das einlegen konnte, was er sonst für Weihnachtsgeschenke ausgeben würde. Mit diesem Geld hatten wir einige Jahre lang jeden Monat ein Lebensmittelpaket an Freunde nach Polen geschickt und damit viel Freude bereitet. Seither vermochte ich das Weihnachtsfest weit mehr zu geniessen. Ich hatte vor dem Fest nicht den Stress, des zahlreichen Geschenke-Einkaufens und fühlte auch, dass der richtige Weihnachtsgedanke viel mehr zum Ausdruck kam auf diese Weise. David und ich kamen überein, das Geld dieses Jahr einer uns bekannten Mission zu überweisen, welche im Hungergebiet tätig war. Es kam uns überhaupt nicht in den Sinn, es Zahai zu übergeben, die Ende November nach Äthiopien fliegen würde. Wir wussten zwar, dass sie Kleider gesammelt hatte bei Freunden und auch etwas Geld geschenkt erhielt, aber was sie dort in Äthiopien tun würde, war uns nicht ganz klar. Wir verkehrten ziemlich lose miteinander.

Da wir nicht in allem und mit allem, was sie tat, ganz einverstanden waren, hatten wir uns ein wenig von ihr zurückgezogen und sie tat natürlicherweise dasselbe. Sie erzählte uns fast nichts mehr von sich, war inzwischen auch alt genug und selbständig geworden und wollte selber Entscheidungen fällen. Das meiste vernahmen wir dann jeweils irgendwann einmal durch das ,,Buschtelephon", wie wir das nennen. Und das ,,Buschtelephon" sagte auch hie und da etwas viel verletzlicher, als es eigentlich gemeint war. Logischerweise ist diese Gefahr bei unserer umfangreichen Familie auch dementsprechend gross. Ich litt unter dieser unerfreulichen Situation, brachte aber nicht den Mut auf, einmal zu Zahai zu gehen und alles zur Sprache zu bringen.

Am Donnerstagabend ist in Winterthur Abendverkauf. David und ich genossen es, miteinander einzukaufen. Er lud mich zum Nachtessen ins Coop-City-Restaurant ein. Praktisch alle Tische, bis an einen in der hinteren Ecke, waren voll besetzt. Wir steuerten darauf zu und entdeckten erst als wir uns setzten, dass der Nachbarstisch vom grössten Teil unserer Familie beschlagnahmt worden war. Zahai, Muluneh, Mulat, Genet und Falagu, genossen da augenscheinlich ihr Abendmahl. Zahai würde anderntags nach Äthiopien fliegen und sie kamen zum Abschiednehmen zusammen. Sie schienen richtig den Plausch zu haben, uns hier zu treffen.

Ausser Zahai mussten alle noch kleinere Einkäufe tätigen

und sie liessen uns drei für einige Zeit alleine. Natürlich sprachen wir, nebst vielem anderen, auch über ihre bevorstehende Reise nach Äthiopien. Zahai blickte uns nachdenklich an, dann plötzlich gab sie sich einen innerlichen Ruck und fragte: „Sagt mir bitte einmal, warum Ihr mir das Geld, welches wir für die Hungernden in Äthiopien zusammengelegt haben, nicht gegeben habt, sondern es einer Mission einbezahlt habt? Misstraut Ihr mir so?“

„Wie meinst du, nicht dir gegeben haben?“ fragte ich erstaunt zurück.

„Ja, wisst Ihr denn nicht, was ich dort tun will?“ Sie blickte David und mich überrascht an.

„Hast du es uns erzählt?“

„N . . . .., nein, eigentlich nicht.“

„Na ja, also woher sollten wir es dann wissen?“

„Haben die anderen nicht? Ich dachte . . .“

„Nein, die anderen haben nicht. Wir hörten so vage hie und da etwas. Aber warum du nach Äthiopien gehst und was du dort tun willst, das wissen wir nicht.“

Jetzt blickte uns unsere grosse Tochter ein wenig verlegen und auch schuldbewusst an. Nach einer kurzen Pause fing sie an zu erzählen: „Die vielen Schreckensnachrichten und traurigen Bilder von den Hungergebieten, haben mich furchtbar aufgerüttelt und umgetrieben. In mir wurde der Wunsch, ein solches Lager zu besichtigen, immer mächtiger. Aber mit leeren Händen konnte ich ja nicht gehen. Ich fing an, im Gebetskreis, in der Bibelstunde und überall bei meinen Freunden davon zu sprechen. Erst schenkte mir eine Frau 20 Franken, dann eine andere 100 Franken. Immer mehr Geld kam zusammen und nun habe ich über 10’000 Franken, die ich mitnehmen darf. Aber auch viele Kartons voll Kleider stehen bereit. Wisst Ihr, weil so viele Leute mir vertrauten und Geld gaben, darum schmerzte es mich so tief, dass Ihr das euere jemand anderem geschenkt habt.“

„Warum, um Himmels willen hast du uns denn nicht von deinen Plänen erzählt?“ David fragte es leise. Ich spürte seiner Stimme an, wie schmerzlich er berührt war. „Wir wussten nur, dass du nach Äthiopien reisen willst, um deine Verwandten zu besuchen."

„Genau weiss ich es auch nicht, warum ich es Euch verschwieg, aber wir haben uns in letzter Zeit nicht mehr so gut verstanden wie früher und ich dachte, Ihr wäret sowieso wieder nicht einverstanden und an Äthiopien liege Euch überhaupt nichts mehr", gab Zahai ebenso leise zurück. „Erst als Ihr für Äthiopien die Kasse aufgestellt habt, merkte ich, dass letzteres nicht stimmt."

„Ich glaube, zwischen uns stimmt verschiedenes nicht!" meinte David.

War es ein „Zufall", dass wir uns an diesem Abend, unter so vielen Menschen unerwartet getroffen haben und es zwischen uns dreien zu dieser schweren, doch alles klärenden Aussprache kam? Ganz bestimmt nicht! Wir rissen die künstlich aufgebauten Mauern zwischen uns nieder, vergaben uns gegenseitig und durften uns etwas später, Gott sei Lob und Dank, mit leichtem Herzen voneinander verabschieden.

Uns kümmerten die anderen Menschen um uns herum nicht, wir sprachen uns jetzt und hier aus, ohne einander mit spitzen Bemerkungen weh zu tun, die nachher nur wieder schmerzen. Es war wohltuend!

Das Ganze waren wieder so fein gesponnene Fäden unseres Gottes! Denn wäre Zahai mit einem grollenden Herzen gegen uns auf diese Reise gegangen und die dicken, hohen Mauern zwischen uns nicht abgebrochen worden, hätten Misstrauen und Unverständnis weiterhin zwischen uns dreien gestanden, dann hätten wir wohl kaum zur Ausführung des grossen Planes, welcher unser Herr mit uns und vielen Hunderten von den verschiedensten Menschen hatte, zusammengefunden. Gottes Zeitplan ist wunderbar und perfekt!

„Mutti und Vati, ich möchte in mein Heimatland zurückkehren, um dort ein kleines Waisenhaus für einige elternlose Kinder aus den Dürrekatastrophengebieten aufzubauen", erklärte uns Zahai ernst, am ersten Abend nach ihrer Rückkehr aus ihrem Heimatland.

Wir besassen, glücklicherweise, keine Ahnung, dass mit diesen Worten etwas begann, was unser ganzes Leben, alle unsere Zukunftspläne, durcheinanderbringen und uns wieder dorthin führen würde, wo wir felsenfest überzeugt waren, niemals, niemals wieder zu gehen, nämlich nach Äthiopien zurück.

Der Mensch denkt und Gott lenkt!

## Inhaltsverzeichnis